前言

2016 年是人工智能的一年，几乎每个商业技术领袖都有自己的理解和行动。

商业和管理的核心是创新和提高效率，而全数字化转型，特别是结合人工智能，是未来创新和效率提升的核心技术，这需要人们重新思考每一件事，每一个行业，每一个市场。IDC 预测，到 2020 年，全球 1/3 的 2000 强企业 CEO/COO 将花费至少 5 年的职业生涯担任技术领导者的角色。DBT 和思科的研究报告认为，在今后 5 年中，每个行业平均大约 4 个今天市场份额前十名企业将被数字颠覆所取代。本书从这个角度提出了“企业大脑”这一框架来理解未来商业、管理和信息系统的变革，汇集了标杆企业、行业领袖、国际化战略咨询公司的观点，从而为企业或者机构的变革者、管理者、投资者在大数据和人工智能时代如何应对变化提供了一套相对简洁、完整的思考框架。

本书出发点与众不同的地方是，更多从智能化的角度看管理问题，这样会让人更加清晰问题的本质。另外，广泛收集各方思想和观点，深入探讨了数字化转型和人工智能的企业应用。本书主要面向企业和机构的投资者、管理者、CEO、CIO、CFO、CHO。

乔布斯说过，人生经历的每个片段收获，当你在做一件事情的时候，都会像珍珠一样串起来。这部关于企业大脑的著作就是这样一个作品。

企业大脑是我在这部书中第一次提出的概念。它试图对信息技术在企业或者机构中的下一代应用提供一个思考的框架，并能够发现演化的路径。本来只是想从技术层面写到管理层面的，不过后来发现也不能离开商业层面，索性将商业、管理和技术层面都涉及一些。

2016 年是人工智能领域非常具有影响力的一年，最大的事件可能是谷歌阿法狗的人机围棋比赛了，最后是机器战胜了人类。20 多年前，笔者在中科院读人工智能研究生的时候，都知道有个计算机的挑战，或者当时认为不可能的任务之一，是计算机下围棋。还有比较难的任务就是语音识别、图像识别、自然语言理解等，当时我们还给汉王的手写识别写过样本字。中科院数学所有个研究课题，是研究如何让小说自动生成动画片。那是一个充满想象力的 386PC 时代。

现在，随着移动互联网的普及，海量的数据采集后，一切都变得可能。计算机语音识别准确率 2016 年已经超过了最好的速录师。那个小说生成动画片的课题现在也具备了更好的条件，基本上一个人做一部动画片目前在技术上没有困难。

当然，每个人对上面事件的理解和对未来的预期是有不同的，但毫无疑问，未来开始充满了想象空间。

当然其他的情况也是有的，比如，科大讯飞作为语音技术的龙头，目前的一个主要应用却是用计算机去训练人学英语。一开始觉得很搞笑，后来仔细想想，其实也是计算机识别人的水平，并训练人。换句话说，仍然是人教机器，机器教人。而讯飞收购了一个在学校管理系统中占有优势的公司，想必是想研发出第一个能够通过高考的机器人，在常识学习方面获得突破。

本书也有点这个意味，主要探讨的是人工智能技术在企业管理中的深度应用，其中的一个探讨方向是训练人和替代人的作用。

可以预期的是，未来将长期处于一种人机互动持续发展的时代，人训练机器，机器反过来训练人，相互学习，共同提高。需要分析的是人代替机器什么，机器代替人什么。

这个世界的未来依靠想象力和创造力。本书中有这部分内容，不过基本上是自然的逻辑延伸。也对可能的技术做了总结，也是可以期待落地的。任何机会都有一个看不见、看不起、看不懂、来不及的四个阶段，本书希望在人工智能影响你之前做了准备。不过，技术发展得很快，也许已经来不及了。

人工智能技术研究的范围远比大家想象的要广泛，企业大脑的理念只是从人工智能最近的进展中和技术趋势中提炼了若干理念，并用于企业的战略转型、管理变革和信息化建设的一个成果。更注重合理性和实用性。为企业和机构的管理重构提供启示。严格地说，应该属于机器智能的范畴。

笔者把企业信息技术的应用划分为几个阶段，一般的行政办公审批+业务支

人工智能时代如何重构商业、管理和信息系统
第一部系统探讨人工智能、数字化转型与商业管理的专著

企业大脑

人工智能时代的全数字化转型

Enterprise Brain Digital Transformation in Artificial Intelligence Era
How to Refactor Business, Management and System

阮闯 著

经济管理出版社
ECONOMY & MANAGEMENT PUBLISHING HOUSE

图书在版编目（CIP）数据

企业大脑：人工智能时代的全数字化转型/阮闯著. —北京：经济管理出版社，2017.4
ISBN 978-7-5096-5003-5

Ⅰ. ①企… Ⅱ. ①阮… Ⅲ. ①数字技术—应用—企业—管理—研究 Ⅳ. ①F270.7

中国版本图书馆 CIP 数据核字（2017）第 043567 号

组稿编辑：杨国强
责任编辑：杨国强　张瑞军
责任印制：黄章平
责任校对：雨　千

出版发行：经济管理出版社
（北京市海淀区北蜂窝 8 号中雅大厦 A 座 11 层　100038）
网　　址：www. E-mp. com. cn
电　　话：(010) 51915602
印　　刷：玉田县昊达印刷有限公司
经　　销：新华书店
开　　本：720mm×1000mm/16
印　　张：15
字　　数：252 千字
版　　次：2017 年 5 月第 1 版　2017 年 5 月第 1 次印刷
书　　号：ISBN 978-7-5096-5003-5
定　　价：48.00 元

撑（ERP、CRM）系统的1.0阶段，到大集中、BPM、PDM、共享服务中心的2.0阶段，到电子商务、云计算、大数据、移动化、万物互联、互联网+、数字化转型的3.0阶段，下一阶段将进入人工智能阶段，就是建设企业大脑，笔者姑且称为4.0阶段。

现在进入3.0时代，大企业纷纷聚焦到数字化转型，已经让企业家开始广泛的焦虑了，那么4.0时代将会是一个更加迅速变化的时代。全数字化转型的过程，毫无疑问，是一个重新定义人机关系的过程，必须结合人工智能的考量，而不是分离开考量。怎么样结合，原则是什么，这些都是本书试图回答的问题。

IDC预测，到2020年，全球1/3的2000强企业CEO/COO将花费至少5年的职业生涯担任技术领导者的角色。这本书是为了跨越进入信息化3.0~4.0时代的企业家和专业人士准备的，涵盖了对数字化转型和人工智能企业应用的探讨。①

在2017年IDC关于数字化转型的预测中还提到：①到2018年，公司投资在基于IoT的运营感知和基于认知的场景感知将使受影响的关键流程运转时间提升30%。到2020年，近20%的操作过程将是自愈和自学习的，将人工干预和调整的需要最小化。②到2017年，最优秀的20%业界领袖将开发允许用户自己定制产品和服务包的能力，给客户直接控制的体验。到2019年，5%的收入将来自与一个客户的数字助理的互动。③到2017年，全球1/3的2000企业中，基于信息的产品收入将双倍于其他的产品服务组合。到2020年，全球半数的2000企业将连接到一个开放的、自动的信息交换中，建立对数据服务的快速感知，以便治理和产品开发。④到2019年，全球2000企业将利用众筹的方式对15%的新项目筹集资金。目的是提升新产品50%的成功率；数字化相关服务的需求将引发超过70%的外部服务增长和40%的全球服务消费；40%的数字化转型提案将支持认知/AI能力，为新的运营和变现商业模式提供关键和及时的理解。

这些都或多或少涉及机器智能应用带来的变化。所以，本书从人工智能的角度来切入数字化转型的议题，提出企业大脑这一参考框架，包括对企业大脑的定义、预期解决的问题、相关技术的介绍、企业大脑的体系架构，管理框架，实施框架，运营框架做了相对系统的阐述，并汇总了一些标志性商业理念、管理理念、技术观点和应用案例，已有的技术标准和解决方案。系统结合了数字化转型

① http：//www.idc.com/.

相关的内容，务求让读者有一个广泛和系统的了解。

本书第一次提出了企业大脑的MTM2模型，分析了企业大脑的核心元素，提出了企业大脑的参考架构，作为企业全数字化转型和企业大脑应用的参考。企业大脑是一个思考框架，核心是梳理人工智能和管理的融合，适合任何一个企业、机构、城市、国家进行管理再造和管理借鉴。本书从社会、商业、管理和技术等多个层面进行了探讨，并对许多商业和管理经典进行了重新解读，希望能够融会贯通，有所启发。

本书主线主要是企业大脑（人工智能的企业应用框架）、数字化转型两个方面。在每章有辅线，包括管理名著、未来趋势、转型模型、名企观点、技术架构经验、主要应用、经济概念、管理经验、管理风险等多个角度汇总各方观点，务求针对企业的管理者，对数字化转型（或称数字化变革，互联网+）和人工智能的企业应用有全方位的了解，而不局限于一家之言。每个章节相对独立又前后呼应，读者可以自由地选择感兴趣的章节阅读，并与其他章节相互参考。

本书希望与读者群进行深度交流，共同推动企业大脑和数字化转型的广泛交流。

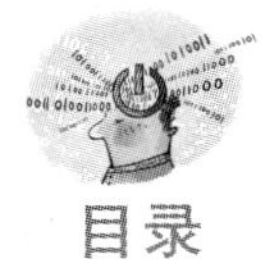

目录

第一章　当机器变得智能

数字化转型是起点，机器智能是终点

第一节　“奇怪的”机器人酒店

很早就在电视上看过日本有一家机器人酒店，得知它在长崎，于是有人专程过来住一住这个有趣的机器人酒店！

走进酒店后，由机器人为您办理酒店入住手续、把行李送到房间、为您开灯、再设置闹钟，这样的“一条龙”服务听起来是不是有点难以置信呢？

这家机器人酒店被称作“奇怪的酒店”，酒店的名字叫 Henn na Hotel，位于日本长崎县佐世保市的主题公园豪斯登堡（HUIS TEN BOSCH）。从前台入住登记到退房，乃至自动行李搬运至房间，都使用机器人以节约人力成本。酒店经营者 Hideo Sawada 认为使用机器人不是噱头，而是利用技术、实现效率的尝试。

酒店的外观很平常，门口摆着一个大大的机器人！空无一人的前台，仔细一看！原来前台负责 CHECK-IN 的是一位机器人小姐和一个机器人恐龙！在酒店门口，设有 3 台帮助客人入住的机器人，它们的外形包括女人及恐龙。

客人通过提示办完入住手续后，将有 2 台机器人引导其到客房。在大厅里，看不到一名员工。这些机器人拥有许多像普通人一样的特征，与客人能够用眼神

交流、阅读肢体语言和应对谈话，甚至精通多国语言，如中文、英文、韩文和日文，与客人进行无障碍沟通，帮助客人打理一切。

在存包处还有机械手帮助客人将行李放入柜子。只要输入行李号码，机器人手臂马上就可以找到相应的行李柜，完成行李寄存后，还会跳一小段舞蹈呢！

咨询机器人，相当于 INFORMATION DESK 问讯处，想了解周边有什么好吃好玩，或者是有什么不懂的都可以向它请教！

酒店内除了保安和清洁员是人类外，其余都是机器人员工，而这些机器人全部是靠太阳能供电，因此节省了不少成本。

酒店目前的定价为每间房每晚 80 美元，约合人民币 490 元。如果到达的时间较晚，没有什么客人等待办理入住，可以和恐龙机器人聊天，这是一个特别有趣的体验！Henn na Hotel 起价 9000 日元（80 美元），在日本是合理的价格，想选择住一个更好的酒店可能是此价的两倍或三倍那么多。

办完入住，拿了房卡准备进房间。第一次进房间的时候，只需要刷一下房卡，站在面部识别机器人面前大约 50 厘米处进行面部扫描，就可以入住了。再次进出就可以不带房卡，面部识别技术会直接为您打开房门。原因在于如果客人丢了钥匙，机器人不擅长寻找钥匙。

进入房间，床头柜上的这款交互式机器人叫“zulijia”，它精通日语和英语，可以帮客人做很多事情，比如咨询旅游信息，或者是开关灯，开关电视，开关窗帘。一切只要声控，和她说话就可以了，它还会讲笑话和聊天呢！这个小机器人瞬间成了随行的孩子最想要的新玩具！伴着 zhulijia 甜甜的笑容进入梦乡……

饿了想来点宵夜？房间走道里面除了普通的饮料机和零食机，还有自动点餐机，这里卖的可不是普通的快餐！而是炒饭、汤面等热餐食！

Henn na Hotel 仍然使用人工的领域是安保。该酒店到处都是摄像头，通过监控以确保客人安全，并确保没有人将昂贵的机器人拆走。“它们仍然不能铺床，”Sawada 说道。

这家酒店于 2015 年开业，除了吸引客人外，使用机器人可大幅降低酒店运营成本。[①] 因为免去了培训、轮班、餐饮采购加工服务等成本。

这个机器人酒店提供了一个体验企业大脑模式的完整体验参考。这是一个成

① http：//blog.sina.com.cn/s/blog_69e72a420102vzxz.html.

功运营的生意，其商业模式、管理和系统都和传统酒店有完全的不同。如何大规模提高效率、什么是智能、人和机器的分工、商业的重新设计、服务的重新设计、技术系统的设计，这些在这个机器人酒店都有所体现，这些也都会在本书中探讨。

第二节　人工智能和机器人是一种指数型技术

企业通过运用指数型技术驱动社会变革，开创新的商业机会。从全球看，一股新的采用指数型科技（成本或规模指标在12~18月内会加倍）潮流正在形成。这些技术包括人工智能、3D打印、虚拟现实、机器人、新能源、生物科技、数字医疗等，而且创造新一轮的创新、发明和发现。

指数型技术对企业和社会具有多重影响。指数型技术是一些成本或者规模指标在12~18月内会加倍的创新，速度甚至超过摩尔定律。

它具有迷惑性，在初始阶段很小，但突然快速增加成为主流，对传统的稳定业务具有破坏性和替代性影响。

企业管理者需要主动拥抱指数型技术来颠覆自己，避免被颠覆的命运。

人工智能是一个指数型的技术，可以帮助人处理复杂事物，进行学习和判断，比较典型的实例是IBM的watson系统，赢得了知识问答比赛的冠军，可以帮助医生进行癌症诊断，提高诊断效率；谷歌的深度学习进行语音和图片识别、语言翻译、计算机围棋赢得了人类冠军。脸书应用可进行人脸识别和物品识别，还可以进行情绪、年龄、鉴黄等识别。

机器人是一个指数型技术，用来代替人的工作。物理机器人，比如亚马逊，用机器人进行仓库的搬运、分拣工作。

知识工作将是另一个领域的事情。机器过程自动化（RPA）将通过桌面软件或者服务器端软件机器人，实现将知识工人中的重复劳动交给机器完成。

企业管理者可以考虑哪些工作可以交给机器做，逐步将员工进行培训，承担新的工作分工。通常，机器和人分工协作将会产生一个更好的效果。国际机器人联合会估计在2012~2016年将创造出90万~150万个新的工作岗位，2017~2020

年，将产生 200 万个新工作岗位。

颠覆性技术的应用——企业大脑的背景。社会进步和企业管理的本质是提高效率。而人工智能重新定义了效率。那么如何理解人工智能时代的管理，如何理解上述颠覆性、指数型技术对企业的影响，企业大脑提供了一个思考框架。

企业的信息化管理技术经历了从一般的行政办公审批+业务支撑（ERP、CRM）系统的 1.0 阶段，到大集中、BPM、PDM、共享服务中心的 2.0 阶段，到电子商务、云计算、大数据、移动化、万物互联、“互联网+”、数字化转型的 3.0 阶段，下一个阶段，将进入人工智能阶段，就是建设企业大脑，我们姑且称为 4.0 阶段。

“企业大脑”相关的类似概念，有麦肯锡提出的“知识自动化”[①]，是从机器对人的工作替代角度提出的。在麦肯锡全球研究所 2013 年发布的《颠覆技术：即将变革生活、商业和全球经济的进展》报告中，预测了 12 项可能在 2025 年之前决定未来经济的颠覆技术。其中，知识工作的自动化智能软件系统位居第二，该报告预计到 2025 年，知识工作的自动化每年可直接产生 5.2 万亿~6.7 万亿美元的经济价值，不计自动化所带来的效率间接提高，相当于额外 1.1 亿~1.4 亿个全职雇员的产出。

“值得关注的是，根据麦肯锡的报告，在其预测的 12 项颠覆性技术之中，知识工作的自动化受到媒体关注的程度差不多是最低的，与其在人人所关心的未来工作性质的改变、组织结构的改变、驱动经济增长与提高生产力等方面可能担当的主导角色十分不符。”[②]

另外，著名调查机构 IDC 提出未来第三方平台将成为主流的理念，这是从管理和技术分工的角度看这个问题。[③]

未来的企业到底是一个什么样子，如何转型？这些众多的概念并没有给出一个特别系统的答案。现在，由于人工智能技术的快速进步，情况逐步明朗，“企业大脑”将成为可能的答案。本书将通过更加完整、简单的方式，分析人工智能时代的企业商业、管理和信息系统的变化，分析企业大脑的概念、技术、管理理

① http：//www.mckinsey.com/.

② http：//www.cas.cn/xw/zjsd/201401/t20140103_4009925.shtml.

③ http：//www.idc.com/.

念、实施落地转型的要点和相关的案例。企业大脑将对现有大企业信息化发展过程中让企业更加僵化的问题给出一个解决方案。

如何理解人工智能的世界？什么是企业大脑？直观地说，“企业大脑”是一套连接管理者、员工、用户的智能终端和中心系统，大家通过自然语言甚至语音直接与“企业大脑”进行交流。“企业大脑”记忆所有的问题和答案，进行任务和信息的分派，完成数据的收集、分析、计算和展示。企业大脑大体上是包含了社会的分工组合、企业内部经营管理的分工组合、系统的分工组合、人与机器的分工组合等多个维度。在原则上是清晰的（见第二章），在架构上是清晰的（见第三章），在表现上是多样的（见其余章节）。

“企业大脑”是现有企业和机构信息化管理和系统的一次理念上的升级。“企业大脑”将对集团员工、外部客户的信息记忆并智慧判断，将整合管理信息系统的数据和内容，从外部整合数据资源。最终将超越企业所有人的基本智慧，而且不断从成千上万人中学习新知识。

“企业大脑”有可能在短时间内成为最了解企业状况的“人”（从问答的体验看），在一个中期时间内成为企业内和行业内最聪明的“人”（从对事的判断决策能力的体验看）。

本书将人工智能和大数据技术在企业管理中可能的管理应用和信息技术实现，都以“企业大脑”这个理念综合体现出来。

为什么需要“企业大脑”这样一个比较笼统的概念，主要是因为现在针对商业、管理和系统相关的数字化转型解决方案名目繁多，而且不断变化发展，从而影响人们的长期判断。企业大脑试图建立一个长期的愿景和预期，能够适应各个方面的发展变化。这些变化主要包括技术的发展、组织的分工、人机关系、商业重构、数字化转型等诸多新概念。

关于企业大脑的详细论述，将在相关章节中依次展开。

第三节 深度学习一战成名——总结 2016 年机器达到或超过人的事件

2016 年，是人工智能成为世界话题的一年。

2016 年，阿尔法狗（AlphaGo）人机围棋大战，机器以 4∶1 战胜了李世石九段。据称，机器动用了 2000 个 CPU，学习了 3000 万盘棋局（国际象棋由于规则简单，所以只需要一台笔记本就可以战胜人类）。

2016 年，阿里小蜜智能客服在购物节日中处理了超过 80%的客服请求。

2016 年，科大讯飞语音识别准确率超过了速录师，做到在会议中直接将演讲者的语音转为文字。

2016 年，谷歌无人车正式上路运行。

2016 年，麦肯锡公司开始针对美国 800 多个工作岗位的 2000 多种工作活动进行分析，预计平均 60%的职业会受到机器人或系统的自动化影响。

这些都是 2016 年上半年发生的事情。2016 年底，谷歌的阿尔法狗进化的 Master“大师”，以 60 胜的成绩 7 天内赢遍所有世界围棋高手。

人工智能作为一个学科，具体表现出来的是一堆五花八门的算法，什么隐马尔可夫模型、神经元网络、产生式系统、决策树等，听名字就知道是个大杂烩，十八般兵器。真正达到实用水平的不多，手写识别算是一个。

近年来，人工智能在多个领域达到或超过了人的最高水平，获得了很大的突破，而且居然源于同一种套路，就是通过大规模的数据收集+算法设计优化+强力的计算能力。核心的算法叫作深度学习算法。深度学习算法来源于人们对人类智能的一个“单一结构”假设，就是人类智能其实是一种单一的构造，叫作深度神经元网络，通过学习训练产生智能。而围棋的成功似乎验证了这一点。

关于深度学习算法，研究人员的观点是，我只是知道它比别的其他的方法都有效，而且有时比人还厉害，但不知道为什么。本书中，我们对算法不做深度探讨。我们关心的是从这些成果中我们可以得到什么样的启示（企业大脑及其基本管理假设），以及这些启示在商业、管理和系统中的应用（企业大脑架构及原则）。

第四节　效率第一——企业管理的目标和途径分析

企业管理体系和系统的核心建设目标是大规模地提高工作效率。而大规模提高效率的途径，根据《国富论》中的分析就是分工。

分工有分工到人，还是分工到系统、组织、制度、软件、表格等不同的形式的区分。换种表达方式，也就是分工到人还是分工到“非人”的问题。可以预期的是，随着效率的提升，分工应该更细，而人应该分到的工作是最少的。

少到什么程度？最理想的情况，少到“上面动动嘴，下面跑断腿”的程度，这就是分工的真实写照。对“上面”领导者而言，说一声事情就办了，事情是以思想的速度在完成，这样的效率是最高的。当然，还有一种情况，就是想都不想，下面就直接把事办了，这就是自动化。

传统企业中，大规模提高一批人员的工作效率方面，具体到管理手段和技术手段等方式层面，主要是以下几种，如表 1–1 所示。

表 1–1　大规模提升工作效率的方式

手段分类	效率提升方式
管理手段	①组织分工：将一件事情分为几个环节由不同的人做 ②企业文化：打造共同的价值观和行为准则，这个是在思想和决策判断上进行是非设定 ③制度化：一切按照制度执行 ④集中化：比如银行系统的大集中策略 ⑤标准化：标准化、制度化都属于将共性部分提炼出来的范畴 ⑥模板化：将共性的部分提炼出来 ⑦计划性：有计划、有预案 ⑧流程再造：优化流程，提高效率或质量 ⑨矩阵式：将共性职能分类管理 ⑩模块化：将共享职能抽出 ⑪外包：简化管理 ⑫信息化：通过系统帮助管理
技术手段	①案例库：提供可参考的历史案例，可以重复使用 ②在线化：马上可以交付使用，提升交付效率 ③虚拟化：将相关的资源数字化，便于数据交换 ④模型化：提供一个可以借鉴的共同框架 ⑤开源化：便于数据交换 ⑥开放化：主要在授权、源代码、接口 API 方面提供，在线的 API 也是更有效的一种形式

续表

手段分类	效率提升方式
技术手段	⑦模块化：将共性模块进行封装，并提供开发接口，便于系统的演进 ⑧平台化：一种快速开发机制，提高交付的效率和质量，但会引起对平台的依赖和局限性 ⑨DSL：领域相关语言，提炼一种特殊的管理定义语言，提升实施效率 ⑩工具化：自动化部分重复功能或支持功能 ⑪自动化：识别、控制、学习、理解、表达、推理、演算、模拟 ⑫敏捷：一种快速软件开发的方式 ⑬开发运维一体化：Devops ⑭规则：明确的业务规则定义和计算机制 ⑮信息配送：一种预先设定路由的信息交流模式

新经济时代，互联网企业和管理界提出了新的效率提高方式，就是发现人的主动性和提升人的主动性。通过谷歌公司的管理，人们认识到一类在企业中占20%的人，称为创意英雄。通过企业的文化、生活方式提高员工的工作效率。通过激发主动性和创造性，内部竞争或者外部竞争，达到提升效率的目的。这种效率不是传统意义上的重复工作效率，而是创新工作的效率。这种类型的工作目前大部分还是人类的特长。

第五节　全方位数字化——什么是数字化转型

目前，传统企业面临的最大挑战是全方位的数字化转型（Digital Transformtaion，也有成为数字化变革，DX），不同于企业大脑从智能的角度看，这是比较多从数据的角度看，相互范围是包容的关系。据国际数据公司（IDC）最新市场研究报告，到 2018 年，在大多数行业前二十的市场份额领导者的 1/3 将受到新的竞争对手的显著影响，将进行企业再造，即积极采用数字技术来创造新的服务和相关的商业模式。[①] 采用数字化转型的方法最终将中断所有传统企业维持商业模式的现状，建立新的战略合作伙伴生态系统。

因此，企业领导人面临的挑战是他们的企业转移到商业竞争力的一个新的阶

① http：//www.idc.com.

段——采用新的数字技术，加上组织、运营和商业模式的创新，在市场上形成差异化。

他们的最终目标是创造经营新途径，在快速发展的全球网络经济中发展自己的商业企业。根据 IDC 的分析，数字化转型包括企业以下方面的转变（见表 1–2）。全方位体验、运营模式、领导力、信息、劳动力资源。

表 1–2 数字化转型的几个转变

全方位体验转型	创造客户体验创新。全方位体验转换定义为通过创建交互式体验来持续吸引和增强客户，合作伙伴和员工的忠诚度的能力	全方位体验转换覆盖包括： ①新兴的客户体验技术，改变市场预期 ②创建综合技术平台，更快速有效地提供全方位的体验 ③使用认知技术提供高度个性化的客户体验 ④组织如何使用第三方平台技术创建共享的数字体验，满足移动，社交连接的客户需求	预测…… ①到 2017 年，CMO 将在内容营销资产方面花费比在产品营销资产方面花费更多 ②到 2018 年，80%的 B2C 和 60%的 B2B 组织将升级它们的数字化界面 ③到 2020 年，50%的公司将使用认知计算来自动化与客户的营销和销售互动
运营模式转型	利用连接系统改造运营。运营模式转型定义为通过利用数字连接的产品/服务、资产、人员和贸易伙伴使业务运营更具响应性和有效性的能力	运营模式转型覆盖包括： ①物联网如何从提高运营绩效到创造新的收入流 ②DevOps 和敏捷开发在创建数字精明的 IT 组织方面发挥的作用 ③增强和虚拟现实如何改变售后服务 ④如何将具有集成智能的资产连接起来，可实现更高的效率和可靠性	预测…… ①到 2018 年，全球 2000 强的 60%企业将通过数字化将许多流程从基于人的流程转换为基于软件的流程，使其生产力翻番 ②到 2018 年，全球 1000 家公司中有 60%将在技术、流程、安全和组织层面集成 IT 和 OT（设备接口技术），以充分实现其 IoT 投资的价值 ③80%的医疗保健消费者的互动将利用物联网和大数据来提高质量，价值和及时性 ④建立数字化领导者
领导力转型	领导转型定义为开发和执行组织数字化转型（Digital Transformation，DX）愿景的能力	领导转型覆盖面包括： ①识别数字技术在哪里可以创造商业价值 ②正在产生新的数字收入流的新兴技术 ③IT 组织如何彻底改革其技术，人员和流程，以成为更有效的数字化转型合作伙伴 ④技术供应商的需求如何改变以满足新数字组织的需求	预测…… ①到 2017 年底，全球 2000 家企业 2/3 的 CEO 将把数字化转型作为其企业战略的中心 ②60%的公司采用数字化转型战略，将创建一个独立的企业高管职位，以监督实施

续表

信息转型	创建基于信息的组织。IDC 将信息转换定义为利用信息来获得竞争优势的能力，使企业能够快速响应并具有卓越的智能	信息转换覆盖包括： ①不断发展的分析计划，提供具有竞争力的业务优势 ②行业云作为新的信息平台 ③实时预测分析如何产生新的收入流 ④支持数字组织的需要与安全性和法规遵从性的无缝集成	预测…… ①2016 年，65%的大型企业将致力于成为信息化公司 ②到 2018 年，超过 50%的大型企业将加入行业云平台，以扩大供应和分销网络 ③到 2020 年，能够分析所有相关数据并提供可操作信息的组织将实现额外的 4300 亿美元的生产力效益
劳动力资源转型	建立创新与生态系统相关的劳动力资源。劳动力资源转型定义为企业通过使用数字技术访问，连接和利用人才方式的转变	劳动力资源转型覆盖包括： ①众包技术，允许组织在围墙外创新 ②协作平台在创造以知识为中心的文化中的作用 ③设备，应用和数据的虚拟化如何使全球工人的表现优于同行 ④组织等级如何让位于自组织团队	预测…… ①到 2018 年，至少 20%的工人将使用自动化援助技术来做出决策和完成工作 ②到 2019 年，超过 10%的工作将来自网络化的自由代理和基于技能的市场 ③50%的执法机构将在未来两年使用外部众包的实时公民数据来预防犯罪，侦查和应对

这种转型，以前大家都比较专注在数字化的领域，觉得只要用计算机就可以了，后来发现没有那么简单，还有移动化、云计算、数字产品、用户体验等。现在随着人工智能技术的发展，人们发现这是在转型中最大的变量。所以这也是为什么商业技术领袖企业都如此多地重视人工智能技术，并将它作为下一步转型的主线，作为企业的未来，作为转型的目标方向。

第六节　数字化转型分步走——成熟度模型

为了便于指导数字化转型，IDC 提出了数字化转型的五阶段成熟度模型。用于分析企业当前处于的阶段和发展的方向，如表 1–3 所示。[①]

① http：//www.idc.com.

表 1-3　IDC 数字化转型成熟度模型

混乱	机会	重复	可管理	优化
数字化阻力	数字化探索	数字化玩家	数字化转型	数字化颠覆
业务和 IT 的数字化方案相互不关联，与企业战略相关度差，不关注客户体验	业务发现一个需要数字化增强的需求，客户驱动的业务战略，但是执行中以项目为主，进展不可预测和重复	业务和 IT 在企业层面目标一致，建立数字产品和体验，但没有关注在颠覆式的数字化潜力项目	集成、一致的业务和 IT 管理原则，可以持续交付数字化的产品、服务、体验	企业积极地颠覆，采用数字技术和商业模式，影响市场。建立生态系统，不断从持续的反馈中进行商业创新
业务滞后，客户体验差，数字技术只是用于应对风险	客户体验数字化，产品不一致，集成度差	业务提供一致的，但不是真正创新的产品、服务和体验	业务在市场中领先，提供世界级的数字化产品、服务和体验	业务重构现有市场，创新新市场，获得自身的优势，是竞争对手跟踪的快速发展目标

数字化转型是一个逐步的过程，每个人的观点各不相同。被 Prophet 公司收购的 ALTIMETER 咨询公司提出了数字化转型的六个阶段成熟度，非常具有启发性。相比较常规的 5 阶段成熟度模型（混乱、机会、重复、可管理、优化）也具有参考价值。

（1）业务如常运作：组织以熟悉的客户、流程、指标、业务模型和技术的传统观点运作，相信这些仍然是数字化相关的解决方案。

（2）当下和积极：各种实验正在推动整个组织的数字素养和创造力，虽然各不相同，目的是改善和放大具体的接触点和过程。

（3）正常化：在更有前途和有能力的水平上进行实验。倡议变得更加大胆，因此，变革者寻求对新资源和技术的行政高层支持。

（4）战略性的：独立团队认识到合作的力量，因为他们的研究，工作和分享的见解有助于新战略路线图，制定数字转型所有权，努力和投资。

（5）融合：专门的数字化转型团队形成于业务和客户为中心的目标，指导战略和运营。随着支持转型的角色、专业知识、模型、流程和系统得到巩固，组织的新基础设施开始形成。

（6）创新和适应：数字变革成为一种商业方式，因为高管和战略家认识到变化是常态。一个新的生态系统建立起来，以动态化和规模化地应对技术和市场趋势的变化。

将企业转型仅仅理解在数字化层面是不够的，在智能层面认识才是更加彻底的，这需要借助企业大脑的框架进行转型的沟通和交流，否则，很难重复体现出转型的价值。而我们之前说了，智能是一类颠覆性技术。IDC 的这个成熟度模型更多是一种静态的评估，并不是一个工作的步骤。真正的工作步骤，应该是目标倒推，从人工智能的角度倒推现有的工作及转型的步骤。

这就比较难了，从一个说不清的地方开始推算现有的工作步骤？企业大脑框架试图解决这个问题，把说不清的目标说清楚一些。

第七节 机器智能的表现形式——企业大脑的行为表现

“企业大脑”在上述提升企业效率的手段中，一般理解上比较多的属于自动化管理的范畴，但实际上，应该是随着应用的深入而涉及管理、商业的所有方面。

我们引入“企业大脑”这个理念后，将它在企业中的行为分为两类：本体类和助理类，如表 1–4 所示。

表 1–4 企业大脑行为分类及内容

行为分类	行为内容
本体类行为 企业大脑作为一个自主体进行的相关自动化行为	①学习：根据样本学习模型，最近比较具有代表性的是深度学习算法和神经网络模型，能够大幅度提升各种识别的准确率。比如图片识别、人脸识别等。可能包括策略生成、分类识别、半随机探索 ②识别：根据模型对新的对象进行判断 ③控制：根据判断结果对外部环境进行操作 ④理解：建立领域的模型并进行相关动作 ⑤表达：领域模型的计算机表示，涉及语言、知识、常识、世界、元世界等 ⑥推理：根据事实和断言，获得判断结果 ⑦互动：与用户互动交流 ⑧数据：保存用户相关数据，理解企业内部相关领域概念集和数据集
助理类行为 企业大脑代表某个真实的个体用户进行的行为，帮助客户做一些工作	①工作提示：进行工作相关的信息提示 ②收集信息：协助个体进行信息收集 ③工作成果生成：协助生成工作成果，可能基于模板，可能基于知识或算法，可以全部生成或部分生成 ④引导填报：协助填报表格表单 ⑤客户服务：处理部分客户服务，判断不会的由人工处理 ⑥多人认知：了解多人多助理概念和关系，并能够相互交流

这些行为主要是针对企业的管理方面。在企业的商业方面，在上述基础上，有着新的变化，这种变化是基于技术和管理基础而进行的，所以我们想将重点聚焦到管理和技术的变化中。

在技术方面，表现在企业业务的数据化和智能化，企业产品和服务的数据化及智能化。每个企业的业务不同，产品不同，相关的方案会有所区别。本质上都是这两个方面。最后，企业产品方面体现为智能网件，我们将在下面相关的章节中涉及。

人机关系重构—从“把人当作机器，把机器当作人“到”把人当作人，把机器当作智能机器”。我们过去的管理，都是强调对人的管理，强调数字化管理，规范化管理。但这仍然让员工感觉到“把人当作机器”，这种工作体验一直存在于职场中，并逐步走向两个极端。比如上班时候的考勤管理，传统企业近年来开始强调打卡，而且采用技术进行时间、地点的锁定，甚至指纹打卡、微信打卡，把智能技术和大数据技术用于强化管理；创新企业强调弹性，并把这个作为招聘的吸引点。传统的信息化模式中，使用者另外一个预期是“把机器当人”，希望能够更加智能和方便自如。但机器做不到，或者系统的设计者常常忽略这部分的需求，或者现有的技术架构、人力资源、技术投入也不支持这种方式。企业作为挣钱机器的管理要求，现在是落实到人，希望人像机器一样可靠、忠诚、值得信赖，理想的状态应该是大部分工作落实到机器。

人工智能技术的出现，给出了人机关系重构的机会。就是“把人当作人”，尊重个体，激活个体（陈春花，2015）。“把机器当作智能机器”，对企业进行全面的数字化转型，通过万物互联的智能化改造，将机械工作尽可能多的让机器去完成。由此引发出客户体验、C2B、体验价值、服务导向这些概念。这不仅需要数字化，而且需要重新注入智能的成分。

第八节　机器对人的取代——“企业大脑”将成为最信赖、最聪明的“人”

当前的大企业信息化，更多地从管理变革、组织结构调整、流程再造的角度重新对企业的工作进行分工，达到提高效率，相互制衡的作用。企业在大规模信息化后，固然对运行管理有了比较大的提升，但也引来一些潜在的问题。

一个潜在的风险是“数据霸占”问题。表现为前端用户不知道数据流到了哪里，也不知道整体的数据情况。本来对企业或者部门有着全面的了解，现在信息化后反而不知道了，被后台信息系统霸占了整个数据资源，丧失了事物决策的依据。这源于数据的获取不够自然，有技术门槛，比如 BI 技术，移动技术；同时在于流程绩效的不透明（可能是因为权限的设定）；另外，是没有广义上的便捷数据服务通道。前台客户不知道数据流，也不知道会发生什么情况，没有自由如同自然语言的没有途径沟通去解决。企业大脑的解决方案是通过自然语言的界面互动，及时发现和解决这个问题。

另一个潜在的风险称之为“知识销毁”。当企业进行过大规模信息化后，将很多企业业务规则知识保存在了系统中，但外部环境变化过程中，特别是外部环境周期性变化过程中，企业的内部知识也是变化的，这部分变化的知识部分存在于系统中，部分存在于企业的技术人员脑子里。源于管理知识和系统知识进入后台，会发生因为组织分工和人员异动引起的丢失，而外部用户由于流动后无从得知。当相关人员流动加大时，会形成“知识销毁”问题，即企业的知识大规模丢失，新人不知道原有的规矩，新技术人员不知道原有的系统。在经济周期、人事波动周期等因素的影响下，企业的系统进入一种周期性的毁灭状态。企业大脑的解决方案是：企业的知识来源于企业的互动，通过对互动的整合保存动态知识，通过智慧化的档案管理解决静态知识。

目前，企业软件最大被诟病的是界面的非人性化。这是由于企业软件是以管理软件为出发点，供应商为了能够销售软件，让系统充斥了管理关键词，包含了所有的管理数据和管理动作，但需要人去寻找每个地方，去理解所有词汇才可以有效使用这个系统，存在不好用，非自动化，使用效率低的问题。菜单、按钮、键盘是一种主要的界面交互模式。

这些问题的本质是现有的系统相关工作都是围绕组织和职能的，而不是关注人和服务，关注数据的使用。所有的行为都是关注所谓业务主体的需求，而不是服务主体的需求。因为业务主人是信息系统的埋单人。而且，从没有渠道去反馈这些问题，也没有技术基础去提供这种服务。

这些问题甚至在类似所谓信息化投入巨大的华为公司，由总裁女儿管理的财务部门都存在，并且受到了直接的斥责（见第五章案例）。这说明许多相关的问题是系统构造中一个固有的基因。

现在企业大脑可以提供一种新的互动模式，自然语音、自然语言。只说需要的语言，只提供需要的信息，就可以获得关联的结果，还会不断优化互动的体验。“企业大脑”的出现将解决这些问题，基本在沟通渠道上是通畅的。用户的所有要求有一个比较畅通的渠道表达。只要是授权范围内的合理需求、数据、信息、知识、智慧，都会得到充分满足，不会存在被某些部门霸占或者销毁的问题。

人们很快会发现，企业中最值得信赖的“人”是“企业大脑”，因为他有求必应，有问必答，事事知道，事事贴心，随时服务，不厌其烦。不但非常聪明，有判断力，还很正直。还能够定期对自己做客观的检查。

第九节　换个角度看商业和管理的数字化转型——企业大脑的特征

企业大脑的相关系统与传统系统在构建和运行方面具有完全不同的特点，其战略意义上也有所不同。比较突出的是用户导向、数据导向、智能导向、服务导向、人机分工合作等。其区别于传统的系统特征如表 1–5 所示。

表 1–5　企业大脑区别与传统系统的特征

层面	特征
战略上	①建立企业大数据战略，形成企业在数据方面的核心竞争力 ②基于大数据建立企业大脑，建立超越竞争对手的企业智能优势 ③尽量让机器做工作
管理上	①积累数据作为一个专门的明确目标 ②机器提供教、学、用、留等服务 ③服务和管理导向并重 ④针对企业战略，通过企业大脑，不断优化企业分工
系统上	①建立以企业大脑为核心的管理和系统 ②人机自然语言界面 ③机器会不断学习 ④开放的需求交流 ⑤建立业务、数据、算法、评审团队，持续完善企业大脑

续表

层面	特征
运营上	①结合企业的战略和管理，不断连接用户、数据、算法、系统、资源 ②不断地优化完善用户体验 ③持续地评估和追踪系统能力 ④建立以一个大数据和服务导向的运行体系，而不是项目、决策导向的

即使是常规意义上的数字化转型，企业大脑也是更加强调机器智能的全面应用，从而提升数字化转型的效果。现在的数字化转型更多的强调在经费上的投入和数据的占有，往往忽视效能的作用，导致整体演化的目标模糊。

由于人工智能涉及的应用面很广，发展很快，所以做每一章都选择一个商业技术领袖公司介绍相关的观点、技术和案例（来自公司网站和相关新闻）。希望读者可以多角度地领略和理解。其中谷歌是最独特的，不论使自动驾驶汽车，还是围棋、游戏。如果这些“大杀四方”的黑技术应用到金融证券和军事领域，既是可以预期的，本质上没有不同，也是颠覆性的。数字化转型是起点，机器智能是终点。

第十节　谷歌观点：从 Mobile First（移动第一）向 AI First（人工智能第一）转变

一、观点

（1）谷歌将从 Mobile First（移动第一）向 AI First（人工智能第一）转变。

（2）通常 10 倍的改进比提高 10%要轻松得多。

（3）如果你不再做一些疯狂的事，那么你可能就在做错事。

（4）世界正在转移，从智能手机时代向“AI 优先”（AI-first）的时代转移，谷歌产品将会以更复杂、更具预测力的形式帮助人们完成任务。

（5）开发普通人工智能，让它以有意义的方式帮助人们，我认为如果用《登月》来描述它还有些保守，它真的很伟大（皮查伊）。

（6）AlphaGo 结合了增强学习和其他元素，如一个分析几千万个专业围棋玩家棋谱从而学会评估不同走法的系统，还有一个搜索机制来选择最佳走法。但是，让 AlphaGo 能够打败世界冠军的，是与自己练习几百万次的增强学习有关。

（7）Atari 游戏和围棋非常不同，但是 DeepMind 用同样的方法解决了它们，从动物的训练方式中获得灵感：驯兽师可以用奖励与惩罚教会动物新的招数。通过被称为“增强学习”的方法，软件被设计为可以探索新的环境，调整自己的行为，以获得某种虚拟奖励。

（8）增强学习方法是让机器学习软件学会更复杂任务的关键，比软件现在能玩的要复杂得多，如记录我们的话语、理解图片的内容。我们不认为仅仅观察就足够智能，你还必须行动。最终，这是唯一你可以理解世界的方法。

（9）增强学习在未来的 2~3 年，会像深度学习一样影响巨大。DeepMind 加强了这项技术，把它和深度学习方法结合起来。深度学习最近有了重大突破，能让计算机解码图片等信息，引发最近机器学习的热潮。

（10）机器学习和人工智能领域中，进步不是线性的；我们有时候会突飞猛进，有时候会慢慢前行。

（11）1997 年，IBM 的深蓝用来打败世界象棋冠军 Garry Kasparov 的方法。平均来说，象棋玩家每一步有 35 种可能的走法；在围棋中，有 250 种。围棋中，位置可能性排列组合的数量，比宇宙中原子的数量都多。象棋是一种计算游戏，围棋太复杂，所有玩家靠的是直觉。在类别上完全不一样。你可以把 AlphaGo 想象成一个超级人类的直觉，而非超级人类的计算。

（12）DeepMind 希望能解决问题的一个非主流办法是，学习真实的大脑。DeepMind 未来可以控制机器人，机器人受限于软件对世界的理解能力。有一些很了不起的机器人，不能充分发挥他们的能力因为还没有算法（Hassabis）。

（13）如果 AI 开始接管现在人类从事的工作，就业市场会发生什么样的变化？技术这一名词诞生以来，就一直在代替人类工作，但与此同时它们也在创造全新的就业岗位。就拿杠杆来说，它的出现让许多原本需要多人完成的工作成了“独角戏”，严格来说，杠杆是一部分人失业的“罪魁祸首”。不过，在绝大多数人眼中，杠杆是个好多西。因为除了帮人们大幅度提高生产力，它还创造出了一个制造杠杆的全新产业链。这一解释套用在人工智能上也行得通，这项新技术将为人类创造大量机会。如果说 AI 将抢走所有工作的话，它们必然也能解决所有问题，但这种情况恐怕很难发生，因此“丢饭碗”的事完全是有些人过虑了。

二、技术

（1）谷歌通过广告赚得无数金钱，然后补贴 Alphabet 至今未盈利的登月式项目，还有新的谷歌项目。2016 年三季度，谷歌 90%的营收来自广告，谷歌占了 Alphabet 营收的 99%。

（2）谷歌云计算业务（Google Cloud）最有潜力成为赚钱机器，规模与广告业务不相上下。云业务的基本概念就是向企业提供按需服务，驱动企业网站和 APP，亚马逊 AWS 业务就是行业的先驱。市场价值至少有 10000 亿美元。

（3）AI 技术可以成为谷歌的优势，公司开发了机器学习技术，这种技术未来可以卖给其他企业。皮查伊谈到云业务时表示：“我们的确看到了巨大的机会，用‘巨大’来形容可能还低估了它。目前的市场可能只有最终市场的 1%~2%。”

（4）2010 年由人工智能程序师兼神经科学家 Demis Hassabis 等联合创立，2014 年谷歌斥资 4 亿英镑将其收购。2014 年，DeepMind 研制的 AlphaGo5：0 战胜了欧洲围棋冠军樊麾；2016 年 3 月，AlphaGo 又以 4：1 的成绩赢了前世界排名第一的李世石；强化学习将系统能做的事情向前推进一步。一旦搭建起一个很善于玩游戏的神经网络，你就能让它和自己对战。随着两个版本的神经网络彼此对阵数以千计次后，系统就能追查出哪些招数回报最高——也就是说，得分最高——并以这种方式学会以更高的水平玩游戏。暴雪嘉年华又传出消息，DeepMind 将与暴雪公司（美国游戏开发商）合作，在 DeepMind 的平台上开发工具，让第三方教人工智能玩实时游戏星际争霸Ⅱ。围棋证实的这类人工智能几乎能用于解决任何可被视为某种游戏的难题——策略会在其中扮演重要角色的任何事情。这包括金融交易和战争。这两个例子都需要更多的研究工作——以及更多的数据。DeepMind 希望创造一种“综合智能”——可以像人类一样通过自我学习完成任何任务。

（5）DeepMind 团队在在线出版的 Nature 杂志上发表论文，提出了一种结合神经网络和数字计算机最强优势的混合计算系统，称为“可微分神经计算机”（DNC），将神经网络与一个可读写的外部存储器结合起来，克服了神经网络无法长时间保存数据的缺点。DNC 拓展的记忆可能将深度学习应用拓展到大数据领域。

（6）开源深度学习系统：2011 年谷歌成立 AI 部门，2015 年 11 月谷歌开源第二代深度学习系统 Tensorflow。Tensorflow 的运转速度更快、更智能、更灵活，可用于语音识别、照片识别等多个领域。该系统使得谷歌翻译有了较大进步。

（7）自主研发 AI 芯片：为提升 AI 软件的性能，谷歌也在研发并使用新的微处理器芯片 TPU，谷歌表示，与当前机器学习常用处理器相比，TPU 具有领先 7 年的优势，计算速度快出 10 倍。谷歌也表示，很可能会为特定人工智能任务开发更多专用处理器。

（8）开发量子计算机：谷歌正努力开发性能远胜传统计算机的量子计算机，但它一直没有透露具体做法。谷歌量子人工智能实验室还曾宣布，其量子计算机 D-Wave2X 的运行速度比传统计算机芯片上运行的模拟装置快 1 亿倍。《New Scientist（新科学家）》称，谷歌这台量子计算机将比人们预期的更快出现，可能就在 2017 年底（量子计算机 quantum computer 是一类遵循量子力学规律进行高速数学和逻辑运算、存储及处理量子信息的物理装置，不仅速度超快，与普通计算机相比，还能解决复杂得多的问题。它在寻找问题解决方案时与人类极为相似，可以执行很多人类才能胜任的工作）。

三、应用

（1）DeepMind 的 AI 系统正帮谷歌节约庞大的电费。该系统通过控制数据中心的部分设备——操纵服务器和制冷系统等相关设备来降低耗电量。谷歌也表示，该技术的确将电力使用效率（PUE）提升了 15%。如果数据中心的耗电量降低 10%，就有可能在几年内为谷歌节约数亿美元电费（这样算来，谷歌收购 DeepMind 花的 6 亿美元很快就能“省”回来）。AI 系统控制着数据中心的 120 个变量，包括风扇、制冷系统和窗户等。DeepMind 未来可能会要求谷歌在数据中心增加传感器，以便通过更加丰富的信息进一步节省用电量。

（2）医疗领域，近期，DeepMind 已与英国眼科医院 Moorfields Eye Hospital 签署了协议，将使用人工智能对伦敦医院中的 160 万名患者的病例进行学习。其目标是教会计算机程序辨认 2 种比较普遍的眼部疾病——糖尿病视网膜病变和老年性黄斑变性。眼科医生通过分析医学图以及向患者询问病情相结合的方式诊断这两种疾病，出错率依然高达 10%~20%。人工智能可以通过机器扫描数百万的文件和记录，对其进行学习，然后做出更快速、更精确的诊断。这是 DeepMind 与英国国家医疗体系的第二次合作，上一个项目是在伦敦皇家自由医院使用智能手机 App 监控患者的肾功能。

（3）语音生成领域，DeepMind 在该领域取得巨大飞跃，他们研发的 WaveNet 系统将机器生成的语音与人声品质的差距缩小了一半。这一进步将使机器像人一样“自然”发声的那天提前到来。

（4）谷歌的人工智能部门 DeepMind 工作室正式对外宣布，他们正在与牛津大学的研究人员进行合作，开发出一款先进的能读懂唇语的软件。目前的研发成功来看，这款软件的唇读准确率高达 46.8%。相比之下，同样的测试内容人类唇读的准确率只有 12.4%。AI 系统的学习对象是近 5000 小时的 BBC 各类节目。DeepMind 这次选取的 BBC 节目数据库却包含了惊人的 17500 个特殊词汇。

（5）谷歌发表声明，基于神经机器翻译的谷歌翻译全新上线。神经机器翻译（Google Neural Machine Translation，GNMT）是端到端的学习架构，它能从数百万的实例中学习，提供大幅提升的翻译效果。让谷歌翻译把当下支持的 103 种语言全部采用神经机器翻译技术。系统采用的 Zero-Shot 翻译是指在完成语言 A 到语言 B 的翻译训练之后，语言 A 到语言 C 的翻译不需要再经过任何学习。它能自动把之前的学习成果转化到翻译任意一门语言，即便工程师们从来没有进行过相关训练。通过 Zero-Shot，谷歌解决了把神经机器翻译系统扩展到全部语言的难题。有了它，一套系统就可以完成所有语言的互翻。从前两种语言之间都需要多个翻译系统的情况，从此成为了历史。这套架构在翻译其他语言时，不需要在底层 GNMT 系统做任何改变。只需在输入语句的开头插入一个输出语种标记，就可以把结果翻译为任意语言。

（6）向产品和服务中注入 AI：目前，包括谷歌搜索、Google Now、GmailY 以及开源的 Android 手机系统中都注入了大量机器学习功能。例如，用深度学习改善搜索引擎、识别 Android 手机指令、鉴别 Google+社交网络图像，用卷积神经网络开发 Android 手机语音识别系统等。

（7）发布智能助理：谷歌年度开发者大会“Google I/O”发布了谷歌助理（Google Assistant），一款智能语音助手，集语音识别、人工智能、自然语音于一身，可在谷歌多款硬件设备和软件产品中使用，并将开放给第三方开发者，这款智能语音助手将与亚马逊的 Alexa、苹果的 Siri 和微软的 Cortana 展开正面竞争。

（8）发布智能音箱：Google I/O 也发布了谷歌助理的实体设备——谷歌音箱（Google Home），未来将成为谷歌智能家居的核心，人们可以通过对话让它播放音乐、查询天气、安排日程，控制家中其他智能设备，与亚马逊 的 Echo 相比，这个音箱将利用谷歌的数据库理解用户需求。

（9）无人驾驶汽车：Google X 实验室研发中的全自动驾驶汽车 Google Driver-less Car，可以自动启动、行驶以及停止。2012 年 5 月 8 日，美国内华达州允许无人驾驶汽车上路 3 个月后，机动车驾驶管理处为谷歌无人驾驶汽车颁发了红色的合法车牌。

本章小结

（1）“企业大脑”是一套连接管理者、员工、用户、智能终端的中心系统，大家通过自然语言甚至语音直接与“企业大脑”进行交流。“企业大脑”记忆所有的问题和答案，进行任务和信息的分派，完成数据的收集和计算与展示。

（2）企业大脑的能力主要体现在信息沟通能力、记忆力和判断力等方面。

（3）企业大脑是数字化转型的核心。数字化转型是起点，机器智能是终点。

第二章　理解机器智能——智能、大数据、算法

第一节　假设是为了说明问题——企业大脑的基本管理假设

企业大脑是对企业或机构中工作自动化（Workforce Automation）的一种系统的表达和探索。企业大脑是针对管理和管理系统的，不是针对具体算法和技术细节的，所以我们将讨论的基础或者基本原则进行一定的阐述和约定。

为了表明其中的核心管理理念，鉴于这类约定属于定性的概念，我们将它们称之为管理假设。这些假设只是在一定语境下有意义，而且简化的主要目的是帮助企业管理者思考和提出管理目标及要求。企业大脑的基本管理假设，源于对本次人工智能热潮中事件的观察，源于对现有技术进展的一些基本原理的提炼和抽象。

不过，客观地说，不是所有企业都有这个条件做出谷歌那样的人工智能工作。我们这里侧重的讨论是由此启发的管理理念，并探讨如何应用到企业的管理和转型中，这不一定需要像上面那些人工智能案例中涉及的天量的数据量和计算量。这种管理理念和体系我们称之为企业大脑。

企业大脑背后的管理假设侧重于解决“人工智能技术与管理结合的最后一公

里”。就是解决从管理者的角度看，智能、数据、算法、人、机器是什么，以及他们的关系是什么。这些假设其中也包含了现在的人工智能技术基础的考虑，涉及云计算、大数据、移动化、社交化和万物互联。

第二节　机器智能的来源——机器智能来源于全样本的学习

机器的智能来源于全样本的学习。本次人工智能的崛起，是来源于全样本和计算能力的提高。这个是问题的关键。

记得在读人工智能硕士的时候，毕业大家一聊，调侃地总结了一下什么是人工智能，就是“凡是说不清楚的就是智能，说得清楚的就不是智能”。

当时关于学习也有两种途径，一种是统计学习，另一种是基于模型和推理的学习。大家都在此起彼伏地追赶，但总是达不到实用的要求。当时记得最成功的就是汉王的手写识别，手工采集了大量的手写笔迹样张，并搞了一屋子的386PC在计算学习，当时已经是最好的计算环境了。但算法并不是当时大家研究的最有科研价值的多层BP算法，而是大家都知道的一个常规单层BP算法，因为多层BP的计算量是庞大的，当时的设备根本无法承受。最终汉王在人工智能领域获得了成功，就是计算机总算可以识别手写体汉字了。这个技术目前已经成为大家日常在手机上使用的功能。

生活中我们发现很多人之所以成为专家，总结经验的时候说是坚持的结果。实际看，就是由于坚持了足够的时间，看到了全样本，产生了智能，所以成了专家。成语中所谓“见多识广”，“厚积薄发”，说的是一个意思。

所以我们总结为：（机器）智能来源于全样板学习。通过全样本学习，就可以把说不清楚的东西说清楚了，给人智能的感觉。因为全样本中包含了那些说不清楚部分的样本，学习时都见过了。有学者认为人的智能判断是一种存储匹配，比如人可以辨认出看到的对象是否是记忆中的对象，但却不能回想出具体的特征。

当然，这里的全样本，在具体的企业应用中，不仅指数据意义上的，也包括规则意义上的，是数据、信息、知识这几个层面的。不然，很容易落入统计学习或深度学习导致智能的一种印象。

凡事都没有绝对的，学者也提出了“迁移学习”这样一种新的避免全样本的学习方式[①]，即如果两个问题是同构的，那么用解决第一个问题的模型，通过少量的第二个问题的样本学习，就可以达到一定水平的第二个问题的模型。这里的前提是，仍需要有第一个问题的模型。

第三节 机器智能的水平——全样本下，机器可以达到或超过人智能水平

全样本下，机器可以达到或超过人智能水平。这里所指的全样本，是定性意义上的。是指机器通过这个样本集的学习，可以达到或超过人对一个具体事物实例的判断水平。

全样本在具体项目中的具体含义，只能由人组成的专家根据一个评估的程序过程，达成一定的共识，并且需要随着时间的推移保持更新。

全样本，或者说足够多的样本，不需要全部是真实的，为了训练机器的某种特定能力，也可以是某些人工或者机器按照一定的策略自动生成的。这点，在阿法狗的围棋学习过程中表现得很突出，它除了学习历史的棋谱外，可以自我学习，或者学习人工生成的案例，达到增加学习量和有针对性的学习的目的。阿法狗不可能穷尽所有的围棋样本，只能是有选择地学习足够多的样本，所以这里的所谓全样本，是一个相对的概念，更想表达的意思是足够多。

由此引申，在企业的大数据竞争策略中，累积全样本成为一个主要的战略目标。而在积累的过程中，算法和数据工程师参与也是一个重要的环节，行业专家设定一个比较明确的预期，也与样本的获取范围和规模有关。作为实际的项目需要兼顾短期目标和长期目标的要求。

所谓的全样本是相对的，一方面和学习的精度有关，另一方面和模型的精度有关。

另外，学者试图从另外一个角度理解人类智能。《人工智能的未来》一书的理

① http：//www.cnblogs.com/Gavin_Liu/archive/2009/12/12/1622281.html.

论简单来说，就是认为智能是一个记忆—预测（Memory-Prediction）的框架，智能是你能够利用对这个世界模式的记忆和预测的能力来衡量的。英国科学家图灵定义图灵智能，是利用行为来衡量，这是另一种不同的对智能的观点。[①]

第四节 机器智能的获取途径——大数据的建设目的是机器智能

大数据建设目的是机器智能。现在虽然大数据的探讨很多，但对大数据的目的通常没有一个明确的说法。这个假设就是建立起大数据和机器智能的联系。

从大数据获得智能，这需要树立概念。先有数据，后有智能。所以企业针对大数据必须有清晰的发展战略，这是形成企业大脑智能化水平的基础。

针对数据的策略，需要结合企业的发展战略和核心竞争力的建立，进行深入的设计，并纳入一个内部的治理体系中。对于数据的战略、规划、投资、建设、运营需要作为一个完整的体系建立起来。什么是企业的核心数据、什么是企业大数据的范畴，都需要清晰地界定出来。

在某些传统的行业，数据的获得可能需要对某些领域进行数据化改造从而可以系统地获得数据，如电信运营商的软件定义网络、网络虚拟化等技术。网络设备供应商，如华为将人工智能的第一应用场景放在了网络的自动运维和故障处理上，这实际上和前文的机器人酒店是类似的。但是，要系统化地改造和获取数据，而不是头痛医头、脚痛医脚的，需要分析最终的智能行为是什么。有些甚至是其他来源的数据，比如天气、雷电、电力等设备外的信息。

大数据体现的智能能够解决过去很难突破的问题，比如公安机关的网上追逃、舆情监控、疾病防治、环境健康等，大数据系统的智能改造还是值得期待的。这需要对传统的人机分工进行更合理的优化，将现有的人工智能能力逐步体现在系统中。

---

① http：//www.leiphone.com/news/201611/wwP4RjqWeQXKlnz3.html.

第五节　机器智能获取的方式——大数据的收集目标是建立机器学习和判断的全样本

大数据的收集目标是建立机器学习和判断的全样本。在企业大脑中，算法是未来将某个领域的样本集转化为判断模型的计算机方法，包括了学习和识别算法。学习算法用来学习获得模型，而识别算法用来做新样本的判断。

为了获得机器智能，我们提出来所谓的大数据，在企业大脑语境下，就是获取机器智能的全样本，而智能终端的布局更多的是为了获得全样本的数据。

有了这个概念后，我们在数据获取和系统建设中，就可以比较清楚建设的目标。

当然，这里的全样本是定性的。大体上如果最终的判断完全由机器做出，我们需要获得某种程度上的全样本。很多情况下，可以妥协为部分机器，部分人工判断的模式。在这种情况下，只是针对机器那部分的全样本。或者另一种情况是没有全样本，仍然是机器给结果，也可以采用所谓“容错答案”的方式，就是类似搜索引擎的搜索结果，根据权重列出不同的结果，然后由用户进行选择。

这里的机器，不一定是真的机器，也可以是指意向中可靠的人力组织，比如决策评审委员会之类，或者法庭的陪审团，他们作为一个基本的元素组成一个结构，具有某种必然的判断智能，但是判断又不依赖于其中的某个个体。

第六节　机器智能的判断——基于算法的智能可能无法解释，但需要评估

基于算法的智能可能无法解释，但需要评估。本次机器人热潮中，很多成就的获取，靠的是学习算法，而且这类神经元网络的学习算法不具有可解释性，无论是对最终的结果或者对未来可能的行为。

针对这种“黑盒子”的能力，我们只能采用评估的模式。

评估需要明确的两个方面：范围和水平。这种评估类似于标准化考试（高考、TOEFL 等）的作用。人机比赛也是一种非常有效的评估方式。不过一两次比赛不能算是全面的。

企业智能的评估目前还是一个空白，企业行为的描述只体现在岗位任职资格、人员的建立经历以及相关直接领导者的个人判断中。对企业的结果评估只在审计体系的离任审计，属于事后评估，异常评估的范畴。企业的标准化体系包括风控体系、质量体系、管控体系、授权体系、安全体系认证，算是一种企业某些能力的超前建立和评估。

企业大脑要做到某方面能力的智能评估，大体上可以参照的基准对象就是人的水平。这个方式很像图灵测试。首先需要明确企业的智能承诺，即要达到一个什么样的人类水平，类似于质量承诺，目前只能结合企业的管理标准化进行，说得清楚的、能够替代人的能力去做的就算智能了。可行的应该是静态评估和动态评估结合，并不断学习和进化。

管理者也许不需要知道机器智能的技术细节，但对评估准则需要有一个基本概念。机器智能的预测误差被划分为三类，模型误差、算法误差和数据误差。最终误差是三类之和。通常我们衡量一个模型的好坏是用推广误差来进行测试，通过推广误差找到原因并得到控制，从而找到一个更好的学习办法。推广误差来自以下几个方面：

来源之一是对模型进行假设，但模型假设是没有最完美的，所以肯定有误差。在概率统计学中有一个著名的说法：你所有的模型都是错的，但有些模型是有用的。

来源之二是数据的不完美，样本有限，或者有噪声，或者有偏差。

前两种不完美都会带来误差，因为典型的统计学范畴忽略了一点：假设了无限的计算资源，这是来源之三。计算机科学做的是实际问题，就会导致计算的不完美，就会导致误差，所以要尽量让假设完美，让假设足够宽泛，收集大量的数据，寻求算法处理大数据。①

模型误差本身的定义，并不简单，通常包括准确率（又称查准率）和召回率

---

① http：//iot.baijia.baidu.com/article/256692.

（又称查全率）两种。图 2-1 是迄今为止看到的最简洁的介绍。[①] 简单地说，准确率就是找得对，召回率就是找得全。更多的还包括多类别的误差评估指标和其他综合指标。总的来说，就是不像表面上看得那么简单，也不算特别复杂。

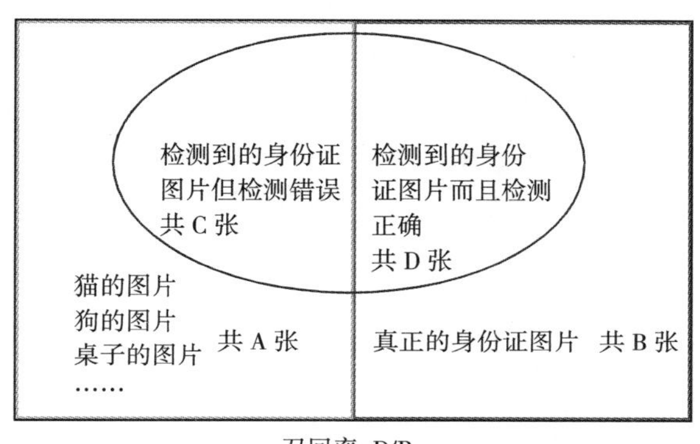

图 2-1 评价模型：准确率和召回率

第七节 机器智能的管理变革——基于大数据和算法带来管理变革

基于大数据和算法带来管理变革。传统的企业变革都是通过组织和流程的重构而带来的变革。互联网、电子商务出现后，为企业带来了一轮商业和技术的变革，是基于大数据和算法产生的，并最终体现在商业、流程、业务和管理中。

企业大脑将导致组织的扁平化。它所引起的管理变革，将起始于数据、算法、管理方式，并最终体现在流程和商业的变革。人工智能的启示是，通过数据和算法，企业可以在某个领域获得核心竞争力，形成某种“超人类智能”，从而获得竞争的优势。

这种变革不同于原有的流程再造或者管理系统变革，可以认为是电子商务或

① https：//www.zhihu.com/question/19645541.

者互联网+转型的一个重要部分或者重要目标，是通过积累企业的数据能力和机器智能来提升企业竞争力的过程。

产品服务的智能化、运营管理的智能化、建立智能化的生态系统，这是未来企业特别是大企业的发展方向。这种智能化建立在各自的大数据化（严格意义上，不仅是传统的数据化，而是大数据化）基础上。这种变革不仅涉及管理，也涉及经营战略、产品和服务。

这些对传统的产品导向的企业而言，是一个全新的挑战，这个挑战需要通过全面的数字化转型来完成。但是在数字化转型的过程中，如何提升效率，则需要更多地考虑机器智能的因素。人工智能是最影响效率的指数型技术，或者说是颠覆性技术。否则，最终在效率上仍然会与先进的竞争对手产生差距或者留下被人超越的空间。

第八节　人与机器的最终关系——人工智能时代是人教机器做事情的时代

人工智能时代是人教机器做事情的时代。企业大脑的时代，人和机器的关系是相互教和学的关系。但是教学的对象中，人的指代是不同的。

作为提高企业效率的工具，理所当然地，能够教或交给机器做的事情就让机器做。这个时候，人的角色是技术工人，是针对某个领域收集全样本，然后设计算法，并教给机器，最后评估通过合格上线服务。这个人的角色可以是专职人员，也可以是全体员工，根据事项的不同而有所差异。

另外，作为企业提高人工效率的工具，机器可以根据人的岗位要求，对用户或者员工（内部或者外部）进行培训和引导，并作为助手支持人的工作。在这个环节，是机器在教或者帮助人。这个时候人的角色可以是有创意的用户，可以是知识工人或者所谓更高级的“创意英雄”。

从最终数据的积累和智力的积累看，最终是人教机器的一个过程。因为最后所有人的数据和能力都沉淀到机器中。从管理者的角度看，“铁打的营盘流水的兵”变成“铁打的企业大脑流水的兵”。最终的结果，意味者“机器换人”。

“机器换人”作为一种结果，返果为因，意味着系统、管理、产品和服务、商业将完全不一样，需要从一个新的角度去考虑。

需要指出的是，目前机器智能在认知方面，如常识、推理等方面还没有本质的突破，所以，本书中提到的“机器换人”，更多的是从系统管理、模式管理的角度看待这个问题，以前这个方面是靠所谓军事化管理、制度化管理处理的。在具体问题的解决方案中，机器可以指代真的物理机器或者软件系统，也可以采用具有严格管理要求的人（这是目前企业常见的管理方式）。

第九节　人与机器的合作关系——人与机器的协同关系是人处理异常样本，机器处理常规样本

企业提高效率的一个有效手段是区分共性和个性，正常和异常。共性统一处理，个性单独处理。正常统一处理，异常单独处理。从个性中提炼共性，从异常中总结正常。

在企业大脑的模式下，人机关系更多地表现出人处理异常样本，机器处理常规正常样本；人处理未知，机器处理已知；人处理个性，机器处理共性，人机协同。

不论是对于企业的决策、企业的数据、企业的规则、企业的案例、企业的风险等各种情况，基本体现这个原则。

人与机器的协同关系是人处理异常样本，机器处理常规样本。通过这种分工，机器不断学习新的知识和样本，在常规工作中代替或者辅助人类。机器成为知识的积累者。当然前提仍然是，机器比人更便宜，效率、性价比更高。

第十节　“企业大脑”——人工智能时代的管理和系统

针对人工智能在管理中的应用，前文提出了管理假设，方便管理者能够忽略

人工智能的技术细节，将注意力关注到商业、管理和系统转型工作本身。当我们直观地了解了智能、数据、算法、样本之间的关系后，我们就可以在一种定性的情况下做出管理和分工上的判断，从而指导我们进行具体的转型工作。

在此基础上，第三章将介绍企业大脑的模型。

企业大脑在管理上的目标，是希望构筑一个在人工智能时代，企业管控特别是大企业管控的一个跨越式框架。这个框架综合了数字化转型的要素。在这个框架下，管理和系统将被重构。这种重构是渐进的，是以信息技术和智能技术的进步为动力，以智能终端、大数据采集为起点，以提升企业的经营管理效率和核心竞争力为目标，以企业的经营管理的智能化、资源资产的智能化、生态的智能化为终点的体系。

IDC 预测，到 2019 年，AI 无处不在，40%的所有数字化转型项目和 100%的 IoT 努力都会支持认知/AI 能力。这是因为，来自 IoT 设备和 DX（DigitalTransform）数字化转型项目洪水般的数据，如果没有能够从数据获得发现的 AI 技术，将价值有限。

在系统开发者加速采用的过程中（到 2018 年，75%的开发团队将在若干项目中包含认知/AI 功能），舞台将从大型云平台（包括亚马逊、谷歌、IBM、微软）的竞争，转为 AI 平台的竞争，在认知/AI 空间的开发者之战。

第十一节　埃森哲观点——人+AI=更大的价值，生产力和创新

埃森哲是全球最大的管理咨询和服务外包公司，在智能化方面改进管理，提高效率是一个主要的方向。埃森哲对企业管理变革的观点非常具有代表性。

一、观点

（1）AI 是自工业革命以来最具颠覆性的技术，并具有巨大的潜力，帮助人们做不同的事情。

（2）AI 以前所未有的速度进步，企业和组织重新想象他们的未来。

（3）我们刚刚开始了解人工智能技术如计算机视觉，自然语言处理，机器学习、深度学习、知识表示、专家系统、生物识别和视频分析的潜力，正在推动一次难以想象的变化。

（4）AI 可以是创新、创造力和增长的一个不可思议的引擎。IDC 预测，在各行各业采用认知系统和人工智能（AI）将使全球收入从 2016 年的近 80 亿美元增加到 2020 年的 470 亿美元。认知/ AI 解决方案将在 2016~2020 年实现 55.1%的年复合增长率（CAGR）。

（5）人工智能对劳动力和经济的潜在影响比所有其他数字技术相结合更强大，这真的是第三代业务流程的转变，真的改变了人与技术之间的相互作用。

（6）人工智能会导致许多行业的劳动岗位消失。更加迫切需要为千禧一代，年轻专业人员，甚至年长的工人提供必要的教育，培训和发展，以获得他们作为未来员工队伍所需的技能。

（7）三个关键领域，我们相信 AI 将创造价值。

1）重新定义业务模型和流程，这是关于查看组织的端到端业务流程和模型，不仅消除时间和距离因素，而且消除人为限制。这不同于只是自动化一个过程；AI 使过程能够提高自身，所以我们真正在谈论的是“智能过程变化的自动化”。

2）转变人与机器之间的关系，AI 将使人们能够在特殊工作上花更多的时间–20%的非常规任务，驱动 80%的价值创造或破坏，为客户创造解决方案。

3）解锁数据的潜在价值，每天我们创建一个天文数据量，这与世界上每个海滩上的砂粒数量同一数量级。使用 AI，数据将以前所未有的速度移动，为应用程序的指数演化创造了模式。AI 将是最终的数据科学家，使我们能够了解数据的价值在哪里，并帮助解锁，以便为行业和社会带来更大的好处。

（8）虽然有很多关于 AI 的炒作和末日标题，需要从虚构中区分事实和消除对 AI 的误解，更好地了解如何应用它来产生新的来源增长和商业价值。决定因素将是公司发展其人才和企业文化的能力，不仅要利用 AI，而且要拥抱它驱动的新业务战略。

（9）人 + AI = 更大的价值，生产力和创新。

二、应用

（1）在埃森哲，运营业务开发了超过 7250 机器人过程自动化解决方案，这

些解决方案被嵌入在超过 80%的每个行业的最大的客户关系系统中。

（2）使用机器学习解决方案，帮助保险市场优化客户获取和利润。

（3）帮助意大利政府机构通过实施由 IBM Watson 提供支持的虚拟代理来转变退休人员的客户服务。

（4）部署 AI 和虚拟现实技术在一家大型制造商转变机器装配过程，提高生产率的 500%。

（5）在自己的业务中注入 AI，以改善客户的结果。例如，一个智能自动化平台，具有 6 个具有机器学习功能的虚拟代理。有个代理，作为虚拟数据科学家，挖掘 PB 的数据，并检测风险和问题，如潜在的网络攻击和改善服务的机会，另一个帮助项目团队及时提供预算，通过提醒项目主管潜在的问题，所以他们可以立即采取纠正措施，否则难以检测。已经在超过 275 个活动中部署，超过 7000 个活跃用户，能够向客户提供更好、更有效的服务。

（6）AeroFarms 利用 AI 在完全控制的室内城市环境中种植婴儿蔬菜和草药，没有太阳或土壤。公司从其植物收集数据以创建生长算法，构建其自身的软件，其获取叶的图像以了解高度、宽度、长度、茎率、弯曲、颜色、斑点和撕裂。它的科学家每次收获监测超过 30000 个数据点，不断审查，测试和改进其增长的系统，使用预测分析创建一个优越和一致的结果。

（7）西门子在其所谓的“黑灯”制造工厂使用智能自动化，使一些生产线能够无监督运行几个星期。以前，即使有智能自动化，制造工厂仍需要 1150 名员工；他们只是有不同的角色，许多现在专注于编程、监控和机器维护。

本章小结

本章重点讨论了企业大脑八个管理观点，建立和解释了在一个机器与人共存的管理系统中，机器与人的关系。对智能技术应用于管理中的一些基本概念，如智能、学习、大数据、样本、算法给出了通俗的解释。

（1）机器智能来源于全样本的学习。

（2）全样本下，机器可以达到或超过人的智能水平。

（3）大数据的建设目的是机器智能。

（4）大数据的收集目标是建立机器学习和判断的全样本。

（5）基于算法的智能可能无法解释，但需要评估。

（6）基于大数据和算法带来管理变革。

（7）人工智能时代是人教机器做事情的时代。

（8）人与机器的协同关系是人处理异常样本，机器处理常规样本。

第三章　机器智能下企业的结构——企业大脑模型

第一节　成功秘诀——本次人工智能兴起依靠“大数据+算法+云计算”

20 世纪人工智能高潮中，人工智能的成功基本上是模型和算法的成功，发明了大量的模型和算法，但在应用方面逐步限于停滞，最主要的是在面对实际的一些问题时，总是无法获得超越人类的结果，被称为积木世界的解决方案。

当前这个阶段，人工智能的成功是大数据 + 算法 + 云计算的成功。实际上核心算法几十年前就发明了，但本次人工智能的成功是因为现有数据的大量积累，从而以廉价的方式获得了数据资源，计算和应用水平获得了非常大的提升，在某些领域，智能居然超过了人类的水平，这大大刺激了人们的想象力。

人们发现，当数据量达到一定程度时，即所谓的学习全样本时，计算机的智力能力超过了人类。现有海量的数据提供了一个统计学意义上的全样本环境，结合现有的计算和存储能力，使得原来在有限样本情况下总是不能识别准确的问题得到解决。

以前的许多管理系统，很多人认为是填报系统，没有智能，因为所有的都是需要人去电脑输入和操作，拨一下动一下。企业大脑模式期望的是，通过智能终端等多种数据来源渠道和架构设计思路的变化，系统可以在拥有了数据和算法后，变得具有判断力，变得具有智能。这种思路，将引导我们研发下一代管理系统，基于数据、算法、模型的系统，而不是传统意义上基于功能的系统。

第二节 “人教机器和机器教人”与“机器换人”

在围棋人机比赛中，棋手与机器既是竞争关系也是相互学习的关系。但机器最终战胜人更厉害的还有两点，机器还可以自我学习，以及机器后面还有科学家对机器进行改进。

在互联网发达的今天，人也是随时学习，也可以咨询顾问寻求改进，但在某些特定的领域机器可能学习得更快。

所以回到企业大脑的问题，企业是否愿意投入资源让机器自我学习和学会自我学习，或者投入资源持续地改进机器，这个可能没有一个统一的答案，需要随着企业的需求寻求到一个合理的解，甚至针对某些领域，还需要一定的科学探索。

从整体的社会经济效益的角度看，人教机器的过程具有更大的社会价值。当然，前提是机器能够以合理的成本教会并使用，并达到一定的智能水平。这个成本和水平需要与人的成本和水平进行比较。

需要知道，人教机器的过程实际上是一个创造新的软件的过程，企业和社会的资产最终都会体现在这些智能软件中，最终的结果具有边际效益递增的收益。

企业大脑这种基本理念，换个角度看，就是“机器换人”。通过“人教机器，机器教人”这个过程，实际达成的是“机器换人”的效果。以机器人酒店作为例子，人教机器就是设计酒店的服务机器人，而机器教人，就是服务机器人向客户提供服务的过程，而从企业的结果看，就是“机器换人”，服务人员都变成了服务机器人。服务机器人具有高效、容易培训、不会出错、不用轮班、服务态度好等特点。“机器换人”体现在人与机器的新的分工中，人教会机器做事情，而机器对外提供服务。这在传统人与人的交流活动中是可以改善的，比如管理活动或者服务活动，都属于人与人之间的交流互动，在企业大脑这种中间层引入后，会得到相应的改善。

第三节 简单又复杂的人机关系——企业大脑的基本理念模型（MTM2）

企业大脑的基本理念模型（见图 3-1），既简单又复杂。简单地说就是“人教机器，机器教人”（MTM2 模型）。（Man Teach Machine）。复杂之处在于，前一个人和后一个人的角色有所不同。

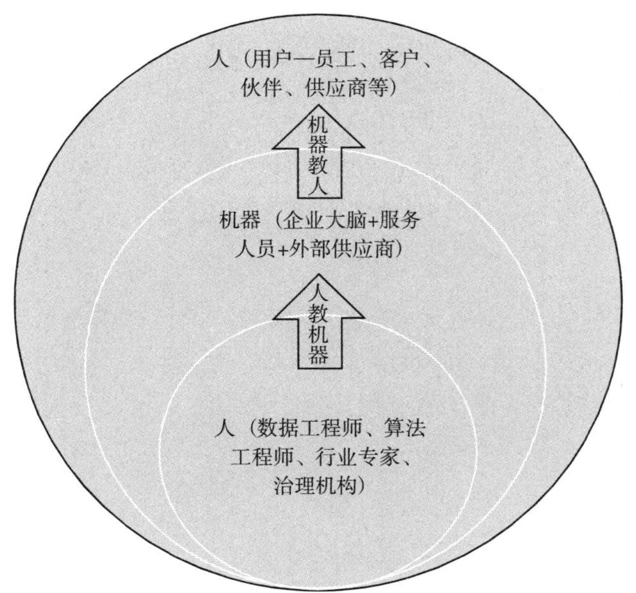

图 3-1 企业大脑 MTM2 模型

传统的企业管理是人教人，人管人，人管机器。IT3.0 之前，基本上是这些管理元素建立在信息系统之上，将现有的业务流程逐步搬上系统，并积累数据。

企业大脑时代，企业管理的模式将发生变化，其中最大的变化是机器逐步替代人的一些工作，而且这个过程逐步深化。最终表现出来，就是：

（1）【技术工人的人】（管、教、用、带、选、留、学）机器。

（2）机器（管、教、用、带、选、留、学）【知识工人的人】。

其中，技术工人的人，可以是企业内部人员，也可以是合作伙伴人员。知识工人的人，可以是内部员工，也可以是用户。这个过程的纽带，是移动化、大数据、云计算、社交网络、万网互联这些基础设施。

【技术工人】人教机器的过程：是指负责系统研发的数据工程师收集数据，算法工程师设计算法，并在领域或行业专家的指导下对系统进行研发和设计，让机器学习相关的数据并能够对新的工作样本进行识别判断。最后由行业专家制定评估标准对机器能力进行评估验收。

机器教人【知识工人】的过程：是指机器面向最终用户提供各种服务，并通过判断用户的水平帮助用户理解的过程。同时也是通过互动了解学习的过程。

企业大脑的基本理念模型，如果更详细、复杂的描述，就是“人（管、教、用、带、选、留、学）机器，机器（管、教、用、带、选、留、学）人”模型，简化为 M（MTUGCKL）M2 模型。(Man Manage-Teach-Use-Guide-Choose-Keep-Learn Machine)（见图 3-2）。

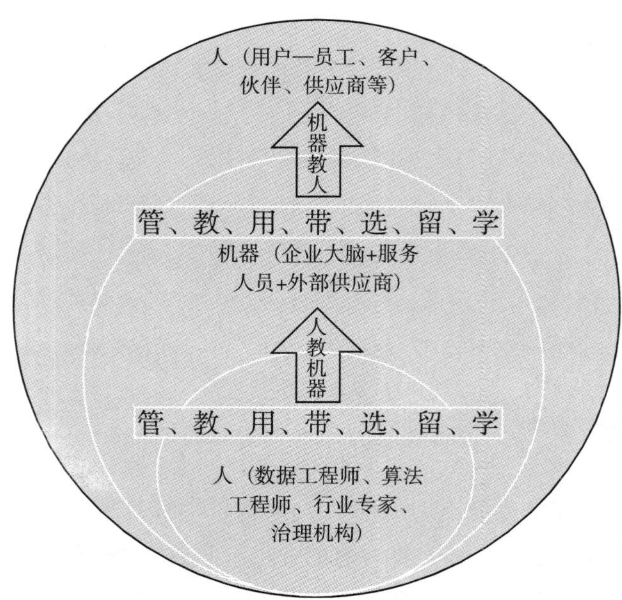

图 3-2　企业大脑 M（MTUGCKL）M2 模型

人管机器：对机器的能力水平进行评估判断，对机器的数据进行管理。

人教机器：机器通过与人互动采集数据获得学习的结果，并通过人的行为进行优化。

人用机器：使用机器帮助自己的工作，同时机器采集相关数据。

人带机器：对机器提供相关数据帮助机器水平的提高，帮助评估机器的问题。

人选机器：对机器的能力进行评估，对问题进行反馈。

人留机器：机器保留人的数据。

人学机器：人了解学习机器的行为。

机器管人：提供人的工作计划、任务、培训、提示、决策支持等。

机器教人：根据人的岗位和工作内容进行培训和评估。

机器用人：按照内部的机会给人分配工作并进行评估和电子商务交易等。

机器带人：根据人员的技能水平进行评估并提供相关的培训。

机器选人：机器根据人员和工作量、价格等因素分派任务，或者推荐人员。

机器留人：机器在互动或者采用多媒体手段感知用户状态甚至情绪，提供相关的挽留服务。

机器学人：机器了解学习人的行为要求。

最后谁做主，取决于企业对事情本身的定义和发展阶段。最后的结果当然是人做人胜任的工作，机器做机器胜任的工作。谁胜任就让谁做。首先是需要能够胜任，需要一方比另一方强。

其中，学习是一个独立的过程，需要单独处理。

本次人工智能的兴起，也是因为计算机在某些方面体现出比人强或者基本达到普通人的水平以上，不论是围棋，还是语音识别。

企业大脑中，哪个在某个方面存在竞争优势，哪个就胜任某个具体的职能。相信这是一个逐步演进的过程，而最终机器将不断学习进化，在某些相对稳定的领域形成优势。

由于现在不论是机器还是人，都是在网络上的，都是可以通过网络互动的，所以对于一个需要服务的人来说，线上提供服务的渠道是一样的。对于很多数据的收集而言，也是可以在线上获得和加工的，所以形成了一种新的技术/管理交付方式，就是通过线上，通过数据驱动的智能的形式来提供。

企业大脑除了系统和数据，也可以包括人工服务和外部服务接入，这些共同组成了企业大脑的服务能力。在下面的表达中，主要指软件系统，也可能指整个系统。在起步阶段，也可以包含人工服务能够补偿技术发展过程中的某些能力缺陷，形成一种人机混合智能。比如客服服务系统，可以是全人工，可以是半机器、半人工，也可以全自动化为机器服务。目前，机器在某些特定领域可以处理大部分的常规在线服务。

第四节　未来管理的通用参考结构——企业大脑架构

企业大脑架构图涉及商业、管理和技术三个层面。现代大型企业的发展，在商业、管理和信息系统中，都是数字化层面的决策和运行，未来通过万物互联的智能化终端也将快速连接起来，在这种背景下，作为一个转型的参考架构，不可能没有涉及行业、管理的元素。在架构设计中，不可能只考虑当前状况，不考虑以后的发展；只考虑管理，不考虑商业和经营。

企业大脑的架构更加考虑到的是通用性、完整性和前瞻性。这区别于传统的类似 ISO2001、两化融合等贯标模型，也区别于战略和管理咨询公司的模型。企业大脑的架构针对大型企业或者大规模的数据机构更有参考价值，是以千万亿企业为参考蓝本的，如图 3–3 所示。

从商业层面看，大型的企业表现为企业主业的资源相关业务，这是常规的传统行业业务；数据业务，这是数据化后产生的业务；生态业务，这是通过产业链和跨产业生态融汇产生的业务（企业的金融业务，通常是产融结合相关的金融业务也属于这个范畴，包括银行、保险、投资、证券等诸多领域）。

从管理层面看，是主业业务的数据化和智能化，管理（投资管理、经营管理、生产管理）的数据化和智能化，生态的数字化和智能化。

到了技术层面，就是大数据和算法以及智能终端，当然这是在云计算等基础技术平台之上的。

企业大脑是一个跨越商业、管理和技术的超融合结构。所以在企业大脑应用到企业的过程中，不论是规划、管理变革、流程再造，还是系统重构升级，核心的关注点手段上是大数据和算法，理念上是 MTM2 或者“机器换人”，当然最终

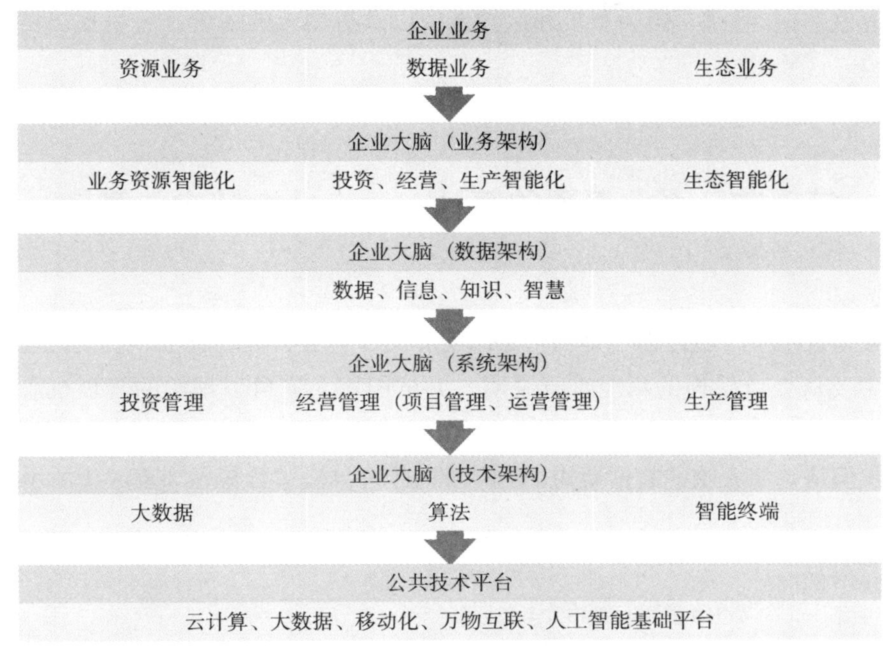

图 3–3　企业大脑架构

是为了企业的发展战略需要。

企业大脑是建立在现在所谓 DT（Data Technology）基础之上的一套体系，本书中的侧重点会比较多地放在智能部分。

企业大脑从软件系统的角度看，除了需要依托传统的计算（云计算）和业务系统环境外，主要增加的构成是大数据、算法和智能终端。.

传统的企业信息化到企业的“互联网+转型”，关注的是组织重构以及流程再造，并通过用户导向和数据导向的方式，让系统实现整体的信息融合，解决的关注点主要是数据化，数据的准确性和分析能力，关注数据打通和报表出来。

企业大脑则是“互联网+”后的一个新阶段，关注数据化之后的智能化，关注于大数据的建立、算法的应用和智能终端的普及。通过无所不在的智能终端促进大数据的建立，并成为算法应用的基础。通过这种途径，增强或者建立企业的竞争力，并对企业进行再次的优化重构。

智能终端，初始大家理解为智能手机之类的小部件，随着智能相关的硬件和服务的完善，如指纹、扫描、自动识别、网络互联、支付等技术融合，后期随着万物互联、5G 网络、感知系统和认知系统以及机器人的完善，将呈现出更多样的特点。

第五节　企业管理的算计——企业大脑中的算法

人工智能中，机器学习是一个专门的分支，包含无数的算法。我们这里的算法，主要从企业管理的角度进行说明，并试图用大家可以理解的管理概念进行说明。

我们从企业大脑的数据架构中对涉及的管理算法进行梳理如表 3–1 所示。

表 3–1　企业大脑中的算法

企业大脑数据架构	算法
数据	数据收集、数据加工、数据分发
信息	定价数据库、方案数据库、制度库、人才库、资产库、培训库、技能定义库、技能检验库。信息收集、信息加工、信息存储、信息分发
知识	方案检索，方案建议，技能检测，知识创造
智慧	预测、决策、判断、方案准备，方案审查、审计、校验、客服

这些算法都是基于企业大脑在数据方面的各种积累，都是基于数据的计算。

我们常说，科学的管理是基于数据的管理。现在是，科学的企业大脑是基于数据（包括信息、知识和智慧）的管理支持系统。熟悉企业管理的人也许觉得表格内容非常熟悉，事实上企业大脑更多的是将现有的工作在数字化的基础上，进行智能化和自动化。它的内容更多是代替现有人工的工作内容，提升品质，解决问题，降低工作负荷等。

第六节　企业真正的资产——建立数据优势

企业需要建立大数据意识，大数据规划，并积累大数据。虽然数据作为企业的核心资产被广泛认同，“三分系统、七分实施、十二分数据”，但在实际操作过程中，数据仍然是封闭在各个业务系统中的、受供应商制约的因素。

客观地说，有些供应商是有意识地选择不开放数据，让用户形成依赖。这些都阻碍了企业的深度应用。有些提供所谓的“一体化”系统，从技术架构上对用户的数据利用进行了限制，这些都是需要警惕的。“一体化”在大数据时代是需要警惕的词汇，传统的一体化会简化技术部署，但最终都会对用户的发展形成限制，这是一体化架构本身制约的。一体化架构满足的是功能变化、界面变化的需求，而在数据的开放性方面是不足的。

另外，有些数据属于大数据范畴的，但不属于现有业务范畴，往往都被忽略掉，没有进入企业数据收集保管分析的范围。比如客户的行为数据等。

现有信息系统的建设过程是业务驱动和功能驱动的，或者说是管理驱动的。可以说，一个管理概念就有一个业务系统，系统呈竖井状不断增加，与企业的组织结构相匹配。在方法论上，每个组织对应系统的责任人，这种方式本质上与数据驱动的模式是不匹配的。这是具体工作推进中的一个困难所在，按照现有的管理模式，只能通过建立专门的数据管理（如 CDO）、智能管理机构（也许以后叫作 CIO，首席智能官），为企业的数据和智能找到责任单位来解决。

建立一个分级分类的大数据规划，将企业的管理模式和大数据的收集、加工、保存有效地统一，是企业大脑实施过程中的关键环节。通过智能提高效率的基础是先有数据，从数据产生智能。

第七节 企业发展的新基础平台——建立算法和计算能力优势

数据的加工利用，算法是关键。数据能够加工利用的前提是首先得有数据，即上面所说的大数据规划及其数据的积累。目前在数据的利用算法方面还没有系统性的解决方案，通常的报表工具和 BI 工具基本上是 PC 时代的产物，是面向专业人员的工具，而不是面向最终用户的产品。面向人工智能界面的，以自然语言为交互基础的数据利用体系，目前还是一个空白状态。

这其中不仅涉及数据的加工算法，也涉及自然语言对领域概念的映射、对数据的语义理解等方面的工作需要实现，才可以将整体的企业大脑落地。

这方面的技术基础可以依托互联网公司现有的技术平台实现。现有互联网公司在基础智能平台方面已经逐步开放出来智能互动部分的接口，如语音识别、语义理解等，这些功能是互联网公司开放平台战略的一部分，这些都是在具体实施落地中需要合作的地方。

数据加工和利用算法方面，还等待具体应用的创造。但基本上都可以落入MTM2 模型中。

另一个需要纳入考虑的是计算能力。某些深度学习的过程需要消耗大量的计算能力。好消息是目前云计算公司都在逐步开放这种大规模的机器学习相关的计算能力。在嵌入式领域，还有专门的芯片发出来，用于具体的终端应用中。

机器学习中，计算能力和计算算法是公开的，对客户而言，数据以及相关的人才和经验积累才是真正有门槛，有价值的。这就好像打印机和纸是随处可得的，文章是独特的一样。目前，在行业中，熟悉算法和计算能力（超级计算、高性能计算、GPU 计算）的人才还不多，所以这方面仍然是一个企业应用的瓶颈。这方面又涌现出算法工程师、数据工程师、计算工程师等相关的新岗位。

第八节　价值链中的新成员——智能终端=智能网件=实体+联网+数据+智能

企业的产品和服务、企业的员工、企业的供应商及合作伙伴、企业的生产资料、生产工具这些在企业大脑中都会逐步抽象为智能终端。这些智能终端通过网络形成一个价值网络，并通过大数据平台提供给企业大脑。使得企业在商业上、管理上和系统上形成一个企业大脑框架的网络连接结构。

每个智能终端的形式可以抽象为一个网件（网件是海尔针对智能家电提出的一个概念，我们这里只是借用这个词汇，作为一个广义的智能终端指代），智能网件=实体+联网+数据+智能。具体到每个终端是否全部都有这些功能需要看具体的问题。大致是这样一个方向和目标。

我们现在每个人加上智能手机后，对整个的经营系统而言就是一个智能终端，保持这个智能终端的正常运作是商业、管理和信息系统体系的一个主要职责；连接的终端越多，互动的越多，公司越有价值；连接的成本越低越好，最好是几乎无成本的连接；覆盖面越大越好。

当然最主要的，首先需要合规，所以治理，包括终端的治理是一个必须关注的环节。机器人也算作智能终端的一种高级的形式。在后文对企业大脑模式下的治理有专门的章节阐述。

智能终端是企业价值链中的新成员。

智能终端除了上面表述的形式外，还可能存在于每个企业分工的环节、工序中。一个新的概念正在产生，叫作机器人过程自动化，RPA（Robotic Process Automation），形式上是取代人工某个工作环节的物理计算机或者虚拟计算机软件。通过这种技术将原来的外包服务部分自动化，取代人工大幅度提升效率。

第九节　互动起来——获得大数据的秘诀

企业大脑的大数据来源于几个方面：采集、购买和互动。

最基础的是企业本身系统的数据采集体系。通过明确企业终端的范围，可以获得企业现有能够延伸到的范围的相关数据。这包括企业的消费者、员工、供应商和合作伙伴。企业的产品和服务本身，也可以进行大数据化改造和标记，比如产品本身、包装、说明书、宣传材料、服务点之类。通过战略合作或者广告合作，将营销、销售、服务和合作渠道的数据资源纳入到企业的大数据体系。

企业大数据还可以进行外部采购，外部来源包括互联网平台公司（BAT）大数据服务、政府大数据、第三方行业大数据服务公司等。目前，在贵州还启动了数据资产交易所模式，可以进行数据的公开交易和交换。也可以委托第三方进行采集，比如数据堂就是进行这种专项采集数据的专业公司。

企业大数据的另外一种非常重要的获取方式是与用户主动互动。可以向用户发出主动的请求，或者促进用户之间的互动，然后根据互动的数据获得新的认识。这种互动可以主动设计，从而知道互动活动的分类标签，并根据用户的行为获得用户的潜在意向，最终对用户进行画像分类。

比如，以前我们如果想在人群中发现一批人的内心想法和偏好倾向是很困难的，但如果我们有他们转发文章的信息，只需要一个查询语句，将一定标签的文章转发的数量做个排名，就可以轻松发现人群中某一类有意见倾向的人。这在以前是很难的，现在掌握了用户行为数据，并对这些行为内容进行分类后，我们可以轻松地发现人群深处的意念倾向。这种智能更多地来源于对行为数据的大量收集和分析，与传统的管理数据收集有很大不同。这种情况下，用户并不知道行为数据的用途。如何规范这种数据收集活动已经进入数据隐私的范畴了。

现在在即时通信这种系统中，可以通过主动发出信息并进行分类统计，从用户的行为获得用户的想法。这已经算是一种“超智能”了，不是一个人可以做到的，也不是一群人可以做到的。

以微信的朋友圈转发为例，以前如果需要了解一个人在某个方面的观点和态度是很难的，现在只需要对转发文章进行一个统计，根据文章的观点分类标签，就可以在人群中发现持有某种观点的人。通过系统，只需要一个条件查询就可以即刻完成了。

互动是一种有效价值的数据获取方式。

第十节　参考人来评价机器——企业大脑的评估和管理

企业大脑管理的一个主要方面是能力测评。由于人工智能一些算法无法用概念进行解释，所以需要针对每个学习能力模块的个案定出评估标准。对于另一些实现机制上是基于内部规则的，可以明确解释和评估的系统模块，基本上内部组织评审自行设定评估标准就可以了。

机器智能模块如果能够达到或者超过最好的人的水平，那么就是机器智能进入实用化的标志。

对人而言，企业大脑通用体验预期一般情况下都是比较正面的。企业大脑作为一种理解人类意图、辅助人类判断的手段，互动的水平一直处于一种发展阶段。如何评估这种水平，并管理人们对于企业大脑的预期，是应用中的一个课题。

人们测试人对环境的各种反应时，设计了多种体系来进行评估。常见的是智商、后来又有情商、速商；最后又发展出各种的商，表 3–2 对现有一些测量方式和企业大脑预期的水平做一个简单的梳理。可以看出，企业大脑预期可以达到的综合水平还是比较高的。

表 3–2　企业大脑的通用体验预期

十商	企业大脑通用体验预期的水平
德商（MQ）：它指一个人的道德人格品质。德商的内容包括体贴、尊重、容忍、宽容、诚实、负责、平和、忠心、礼貌、幽默等各种美德	高，需要专门的工作
智商（IQ）：它是一种表示人智力高低的数量指标，其包括文商（CQ），也可以表现为一个人对知识的掌握程度，反映人的观察力、记忆力、思维力、想象力、创造力以及分析问题和解决问题的能力	高，除了想象力、创造力、分析能力、思维能力外
情商（EQ）：它指管理自己的情绪和处理人际关系的能力，其包括导商（LQ）	高
逆商（AQ）：它指面对逆境承受压力的能力，或承受失败和挫折的能力，至关重要	高
胆商（DQ）：它是一个人胆量、胆识、胆略的度量，体现了一种冒险精神	高
财商（FQ）：它指理财能力，特别是投资收益能力。财商是一个人最需要的能力，可往往会被人们忽略	高
心商（MQ）：它是维持心理健康、缓解心理压力、保持良好心理状况和活力的能力。心商的高低，直接决定了人生过程的苦乐，主宰人生命运的成功	中
志商（WQ）：它指一个人的意志品质水平，包括坚韧性、目的性、果断性、自制力等方面，其包括责商（RQ）、律商（DQ）	高
灵商（SQ）：它是对事物本质的灵感、顿悟能力和直觉思维能力，其包括速商（SQ）	高，除了顿悟、直觉外
健商（HQ）：它是指个人所具有的健康意识、健康知识和健康能力的反映，其包括体商（BQ）、性商（SQ）	中

人类评估智力等各种水平有标准化考试和专项的认知、倾向、智力、情商的测试。企业大脑的出现同样也需要一个相对完整的测试体系，并对结果进行相关的标识，解决人机互动结果的可信度和友好性的问题。

一般而言，企业大脑的人格特征和一般相应水平会影响到最终用户对人机互动的体验，需要设定和测试一定准则。一个基本的原则应该是相对肯定的，即企业大脑不能随意胡说。

企业大脑水平的定义与一般信息系统不同。通常信息系统的适合度定义基本上是以简单的数据指标为度量依据的。但企业大脑作为一个人工智能的应用，虽然最终也是若干数据指标，但与常规的信息系统指标有所区别。

体现智力相关的能力指标有：①记忆力，包括容量和时间。②判断力，包括规则和案例，以及成功失败的判定。所谓有导师学习还是无导师学习，对应着人工智能技术属于模式识别的范畴。③学习能力，对应着人工智能技术是机器学习的范畴。这些都需要进行细粒度的度量。

目前，人工智能领域每年定期有若干个比赛，但基本上属于基础科学研究的范畴。主要在感知智能和认知智能方面。比如，语音识别比赛，分词比赛，语义理解比赛，聊天机器人比赛等。

针对企业大脑，我们还需要新的评估专项、评估形式来促进相关的技术发展和应用的深度。针对不同的领域的企业大脑能力模块，也需要定义出评估的标准。

企业大脑也需要体现出智力水平的更新节奏。针对不同的领域和具体的职能，按照人类的职业能力成长预期，应该需要基本是每年甚至到每月、每周、每天更新的程度。因为这种能力是与人类比的，所以在更新时间上，需要体现出相关能力对人的要求。

百度是中国互联网企业中在人工智能领域投入比较大的一家企业，并且在许多领域有一定的技术领先性，是一个潜在的核心技术提供商。百度对于人工智能应用的理解是独到的，在高性能计算技术方面具有领先性。

第十一节　百度观点：人工智能是新电能，我们需要重新想象每一件事情、每一个行业、每一个市场

一、观点

（1）大数据和云计算都不是互联网的下一步，人工智能才是。互联网的下一幕就是人工智能的时代。

（2）移动互联网时代已经结束，未来的机会在人工智能。

（3）我们在座的每一个人，你们所处的每个行业、你们每一个国家会因为人工智能的到来发生重大的改变，我们需要重新想象每一件事情、每一个行业、每

一个市场。

百度首席科学家吴恩达：

（1）人工智能是新电能，未来将改变很多行业。这是一个非常高的目标，这是我们可以实现的。但有一个更高的目标，人工智能就是人想去做什么人工智能就可以做，第二个目标的路还不太清楚。

（2）谈人工智能对人类的影响还比较远，展望行业影响就比较切实。因为就全世界范围来说，人工智能都有可能对就业产生影响。

（3）人工智能虽然会取代一部分工作岗位，但也会创造出新的工作机会。当务之急是提供足够的教育机会，让可能丧失工作机会的人群有足够的技能储备迎接新挑战。

（4）人工智能的成功需要找到有效应用场景进行商业化，人工智能虽然可能取代一部分工作岗位，但也会推动新岗位的诞生。

（5）有人问我，人工智能发展这么快，它到底可以为你做什么呢？我今天想给大家两点想法，第一，假如有一件事是一个正常人可以一秒以下做到的，我们就有很好的可能，也可以使用人工智能来自动做。人工智能有第二件事可以做到非常好，就是假如在一个具体重复发生的事情你可以拿到海量数据，可以拿到很多数据，你就可以用这些数据来预测下一次的结果。我觉得在非常短期的时间你一个问题是一个正常人一秒以下做，或者这些预测下一次结果的工作，我们就在非常短期的时间人工智能可以做到非常有效。

（6）从长期的维度来讲，我也是对人工智能的未来充满信心。我希望未来我们会做到陪伴机器人，或者做个性化私教，做音乐作曲，做机器人医生，这些很多项目都是在研究阶段。在手机，你使用百度的语音识别能力，你处理信息可以快三倍，而且你的错误率也降低，大家用手机想更快更方便，更自然地输入信息，我希望大家都会更多用百度的语音识别能力。

二、技术—百度大脑

百度在大会上首次展示人工智能成果——“百度大脑”，并宣布对广大开发者、创业者及传统企业开放其核心能力和底层技术。吴恩达在会上公布了百度人工智能的两大开放平台：百度深度学习平台（PaddlePaddle）与百度大脑开放平台（ai.baidu.com）。百度深度学习平台以更少的数据准备及训练配置，实现易学易用、性能高效。百度大脑开放平台则向合作伙伴开放技术与培训资料，实现因智而能，促进行业发展。语音、图像、自然语言处理和用户画像，都是当下人工智能领域既强大也是核心的能力。而百度在这四大领域的应用，已经深入到了日常生活当中。

中国具有领先的人工智能技术，而且许多人工智能产品不只需要用到语音识别、图像识别或机器学习技术，很多新的商业模式需要选择几种不同的人工智能技术融合才可以做出一个成功的产品。

“我们想使用我们的人工智能帮助第三方，想找到办法让这些技术改变更多行业，从而改变社会。不过这些工作在百度我们没有办法逐一做，所以是想支持第三方，跟第三方公司和开发者一起去做。”吴恩达认为，人工智能时代可以改变行业的机会实在太多，比如用人工智能做新药，用人工智能在农业中精确杀虫，这些机会只要去探索都有很大价值。

其中，在技术领域上，“百度云”将集云计算、大数据、人工智能三位一体，凭借天算、天像、天工三大智能平台，涵盖了众多行业的解决方案和产品，构成成熟、完整的产品矩阵，成为百度在云服务领域的新增长点。百度公司从先进算法、超计算能力以及海量数据三个方面取得了明显进展。此外，语音识别、图像识别等方面达到较高准确度，语音识别准确率目前在安静环境下可以达到97%，比人类还要准确一些。

三、应用

吴恩达认为人工智能未来可能在自动驾驶、金融、医疗行业的影响比较大。

百度金融在未来3~5年内将依靠百度的流量和技术优势，结合云计算、大数据、人工智能，将在身份识别、大数据风控、智能投顾、量化投资和金融云5个方向进行发展。同时，集合了百度金融人工智能、安全防护、智能获客、大数据风控、IT系统、支付等金融解决方案的百度“金融云”，将正式向业界开放。

当下，基本上所有AI的经济价值都来自一种叫作监督式学习的模式。什么叫作监督式学习？输入什么就输出什么，如果说进行人脸识别，你想对人脸识别的系统进行训练，首先是一些数据组，如一张脸和一个不是脸，我们对神经网络通过不同的矩阵相乘进行训练，这就是我们进行人脸识别的做法。很多深度学习的经济价值在于找到非常聪明的办法来使用监督式学习。

深度学习需要海量数据才能得到想要的结果。比如百度语音识别系统深度学习了 5 年的数据，如果按正常速度播放这些语音，可能要听到 2021 年才能听完。但是有许多业务场景，具备这样的海量数据，那么经过人工智能深度学习后就会产生价值。

最近使用超级计算机才能更加促进深度学习算法进步，所以最先进的深度学习的系统已经开始使用高性能算法了。我们要训练一个语音识别的模型需要 20 百万亿次，我们需要花 100 万美元的计算机进行一个模型的训练。

本章小结

（1）企业大脑的基本理念模型，简单地说就是“人教机器，机器教人”（MTM2 模型）。（Man Teach Machine），从另一个角度看，是“机器换人”。

（2）企业大脑的基本理念模型细化而言是：【技术工人】人（管、教、用、带、选、留、学）机器，机器（管、教、用、带、选、留、学）人【知识工人】。

（3）人工智能应用有这样几种常见表现：基于规则的学习和推理（模型或规则）；基于统计的学习和推理（数据+算法）；基于案例的学习和推理（案例+算法）。

（4）企业大脑=企业业务+企业大脑

企业业务=资源业务+数据业务+生态业务

企业大脑=业务架构（业务资源智能化+投资、经营和生产智能化+生态智能化）+数据架构（数据+信息+知识+智慧）+系统架构［投资管理+经营管理（项目管理+运营管理）+生产管理］+技术架构（大数据+算法+智能终端）+公共技术平台（云计算+大数据+移动化+万物互联+人工智能基础平台）。

第四章 机器智能下的生意经——重新定义商业

第一节 新经济“三位一体”—微经济、平台经济、共享经济

从社会商业发展的宏观上看，新经济（信息经济）目前占到社会在增长总量的一半以上，说明依托新经济的商业重构是一个需要关注的核心。如果要明确管理变革和技术系统变革的方向，首先需要明确重构的方向。新经济的重构是“三位一体”的方式呈现出来：微经济、平台经济和共享经济。①

这种重构目前最明显的趋势是：个体和团队形成微经济，大企业形成平台经济，巨型企业和行业形成共享经济。微经济的代表如淘宝店、微商、上门服务、网红、团购等，涉及产品和服务的交付。大企业的平台经济：互联网公司阿里巴巴是比较明显的例子，传统企业以海尔的转型为代表，是共享服务中心的一个深度变革版本。共享经济：滴滴是典型的代表，这是影响一个行业的例子。

这种新经济重构可以说一切都是新的，也可以说一切都是旧的。从范围和内

① http：//www.aliresearch.com/.

容看，无非还是传统的商业领域提供产品和服务，花钱消费。但所有的场景都经过了信息化的改造，而且随着信息技术与时俱进。同时解决了基础服务的标准化问题，以及技术和管理平台的建立，使得运行更加有效率。

这种新经济对管理和信息系统的要求是基于数据更加的智能化、人性化，能够使得平台上的资源更加有效地利用和管理。最明显的是滴滴总裁发布消息说，滴滴的调度算法比谷歌的阿发狗要复杂得多，这类算法可以让司机与客户更好地互动和匹配，提高资源的利用效率和满意度。恐怕没有人会否认，基于地图、交通大数据和智能调度算法的系统是滴滴企业的核心。

这种企业的商业转型，如图 4–1 所示，从内部看（见图左部分），就是不断地从前端的微经济体将部分职能沉淀到平台经济上，并依靠外部的共享经济平台进行支撑的过程。从外部看（见图右部分），则是社会经济生活的各个环节不断分解并循环包容的过程。每个环节都按照自身的效率和效益诉求，进行分工的组合优化。企业大脑作为一个机器智能体系，比较多地体现在平台经济和共享经济的环节。

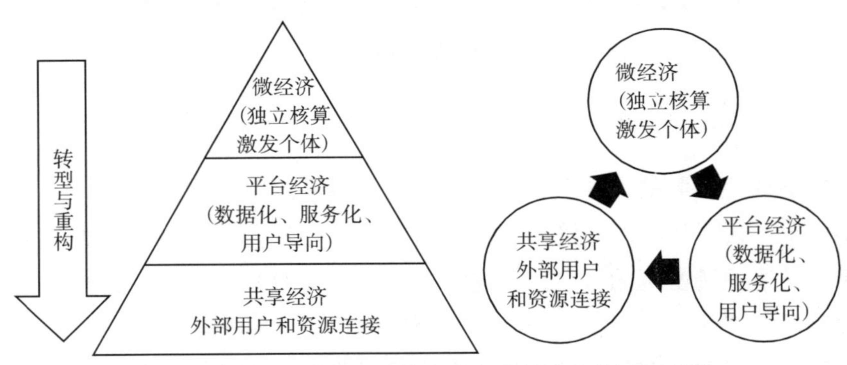

图 4–1　从企业内部和外部两个视角看商业转型与重构

第二节　同质化与创新——大型企业商业模式的同质化

目前国内的大型企业（特别是民营企业）都在追求无限的发展空间，希望突破发展的天花板。而由于国内金融体系不断开放，提供了优化的空间。所以国内企业不约而同地都选择了"金融投资+实业+互联网化创新"的同质化的商业模式。传统的内部研发创新方式由于周期长、不确定性强，而一定程度上让位于创投、并购的资本经营模式。由于金融的泡沫化，企业在金融方面的收入和成本很多已经超过了实体经济的收入和成本。从经营管理的角度看，金融业务及其影响都是不能忽视的。

这种商业模式体现在管理上，就是大家都关注用户、数据和金融，并作为一个企业的核心竞争力对待。这种模式下，数据化和金融化将渗透到企业的各个方面。长期看，能够持续发展的仍然是以数据为主的，金融业务受外部调控和经济周期的影响比较大。

从资产角度看，以前关注的是实物资产，后来关注的是权益资产（比如股权、知识产权、无形资产等），现在开始关注数据资产。将大量的权益资产（资金）投入到数据资产（文创 IP、互联网+等）中。

而数据资产最大的收益目前来自于金融，未来是否能够通过数据产品来增值或者获得独立价值，还需要观察。目前所谓的数据资产，从企业管理的角度看，还是一项成本，或者说战略投入，能否变现还需要看具体的行业和应用。这使得企业的管理系统，需要同时面对三条资产线的管理，并且在数据资产过程中扮演日益重要的角色。因为数据资产本身的价值就是需要信息系统及其支撑的信息网络来管理和放大的。

在这种同质化的过程中，出现了一个有趣的现象，就是每个企业都想挑战行业领袖，很多企业主都有成为马云的梦想，万一实现了呢？最典型的例子就是"腾百万"。

目前企业发展的同质化，是因为金融和信息技术仍有深度应用的地方，还有规模化的优化空间。但随着企业的进步，差异化、专业化、创新驱动将带来企业利润的增长。

我们对比海尔和美的管理变革例子就可以看出，从规模、利润而言，美的都是成长性最强的，而美的的发展选择性地吸收了"互联网+"和金融化的优势，但还是专注于核心业务的创新能力和运营能力的提升。原有的创新驱动的企业发展模式目前看仍然是更有效的，区别只是创新来自外部还是自身。而网络化、智能化仍然是一个主要的创新方向。GE 公司一直是金融化的一个范本，但是在 2015 年，GE 宣布将金融业务出售，希望更加专注主业。

从管理和信息技术的角度看，已经涉及投资管理、经营管理的内容，涉及云计算、大数据、移动化、信息安全、数据治理、智能化等各个不同的领域。超出原有管理和信息技术范围很多内容。

目前大企业还是希望将信息化、互联网化作为企业转型和创新的最主要手段之一，在这个基础上，未来基于数字化转型的企业大脑模式将是最大的差异化创新来源，体现出企业对数据资产的控制力，体现出智能技术、数字技术、金融技术渗透到企业的产品和服务、数据和金融应用、运营管理、生态环境建设等多个方面。

第三节　平台经济——“大平台+小前端+富生态”

美国哈佛大学托马斯·艾丝曼教授的一项研究表明，全球市值最大的100家互联网公司中，有60家公司主要收入来自平台商业模式；而排在前15位的公司(其中4家为中国公司，其余11家为美国公司)，无一例外都是平台模式。平台，已经成为一种重要的社会现象、经济现象和组织现象。

不但互联网企业，传统大型企业的未来运作模式，更加体现平台经济的特点，就是“大平台+小前端+富生态”。

银行企业在经历了多次大型的卷款潜逃事件后，于20世纪开始了流程银行的再造过程，形成了前中后台的管理格局。大型企业从集约化经营的角度，也开始了共享服务中心的建设，很多企业目前也是按照这个思路逐步进行业务流程再造和管理重构。从管控的角度看，的确减少了很多问题。但同时也引发了许多新的问题，见前文的背景介绍。

互联网企业给出了大型企业信息化的一个新的范式，就是平台经济范式。这种范式不但适合于技术，而且适合于管理，甚至适合于商业重构。

所谓的商业重构就是利益的再分配。通过再分配达到调动各方（前端、生态伙伴）积极性的目的，同时保证企业的管控水平和质量（平台）。

企业在这种商业重构落地的过程中，由于大家理解和预期不同，由于每个人对进程的预期和判断不同，会引发各种管理的震荡、系统需求和技术选择的变化。可以说，在管理和技术领域都颠覆了原有的理论和技术。人们开始质疑管理的价值，开始抱怨技术的不给力。从最终胜出的案例可以看到，都是那些受到约束最少的，给出最大自由空间的团队，而在这些团队上花的每一分钱都是值得的。在失败的案例中，我们可以看到转型代价惨重。

这种平台在大企业内部，被员工们诟病最大的是不够人性化，像迷宫，对最终用户的要求高，宁可问人也不用系统，这种结果也是由现有的技术架构体系决定的。人们越来越多地从互联网公司借鉴一些界面设计、人机交互的理念。但这个过程代价很大，并没有成熟的套路可以遵循。

企业大脑可以算是一种更好的实现路径，通过人性化的自然语言界面，通过语言理解和记忆推理，通过交流和服务学习改进，可以不间断地优化平台经济体系。目前，相关技术开始走向成熟，比如阿里云推出了“人工智能 ET”，具有智能语音交互、图像/视频识别、交通预测、情感分析等技能。阿里云总裁胡晓明说，也许在 20 年后，管理阿里巴巴的将是一位商业领袖 ET；为大家进行疾病预测和健康管理的是专科医生 ET；ET 还可以精准地告诉农民该种什么、怎么种、种多少；甚至可以打造和管理工业 4.0 时代的“数据化工厂”。[①]

所以，更好的平台经济模式应该是：企业大脑+大平台+小前端+富生态。

当企业的产品和服务本身进行数字化转型后，客户价值将有很大一部分来源于数字产品。这个时候，数字生态系统将浮现出来。从原有的数字商业到参与数字生态系统。领先企业将更喜欢创建或者参与数字生态系统。一个数字生态系统是一个独立的群（企业、人、事物），分享标准化的数字平台，获得一个互利的目标。不同的生态系统可以共存，如果地理、市场或者类别上不同。

通过构建和参与数字生态系统，领先的企业发展迅速，会达到一个对手不可能追上的状态。要成为一个领先企业，通常表现在技术上会参与创业企业和投资，更多地采用创业企业的产品和服务，并融入自己的数字生态系统中；在组织上采用一种双模式运作，成立一支队伍进行创新，付出一定代价来获得创新的能力；在投入方面，更加专注于数字化业务而不是 IT 成本，关注创新而不是日常的 IT 服务，关注企业优先的项目，关注业务成长和企业的数字化。

① http：//news.ifeng.com/a/20160812/49767212_0.shtml.

第四节 从智能角度重新理解竞争——企业大脑与竞争优势

企业大脑将全面提升企业的竞争优势。结构—行为—绩效分析模型（Structure-Conduct-Performance，SCP）模型是由美国哈佛大学产业经济学权威贝恩、谢勒等于20世纪30年代提出的。该模型提供了一个既能深入具体环节，又有系统逻辑体系的市场结构（Structure）—市场行为（Conduct）—市场绩效（Performance）的产业分析框架。这个模型常用于企业的发展战略分析中，如表4-1所示。

表4-1 企业大脑与企业竞争优势

行业结构（Structure）	企业行为（Conduct）	经营绩效（Performance）
①需求经济学 替代产品可获得性 产品差异性 增长率 变更性/周期性 ②供给经济学 生产商集中度 进口竞争 生产商差异性 固定/可变成本结构 产能运用 科技机遇 供给曲线 进入壁垒/退出壁垒 ③产业链经济学 供应商讨价能力 顾客讨价能力 信息市场失败 纵向市场失败	①营销 定价 批量 广告/促销 新产品/研发 分销 ②产能改变 扩张/收缩 进入/退出 收购/合并/剥离 ③纵向整合 前向/后向整合 纵向合资企业 长期合同 ④内部效率 成本控制 物流 过程发展 组织效能	产品质量 技术进步 利润率 生产效率

表4-1中，企业大脑可以发挥作用的地方都用下划线标记出来。针对企业的行为和经营绩效，我们可以看到，几乎所有环节，企业大脑都可以发挥作用。所以企业大脑及其相关的信息技术和服务体系在企业达成经营战略中具有非常重要的作用。如果运用得当，将全面提升企业的竞争力。

机器竞争—从计算智能到感知智能和认知智能。企业大脑区别于传统信息系统、管理理论和商业模式的最大不同是，将感知智能和认知智能的技术进步纳入系统、管理和商业的考虑中，并从技术发展的周期性规律（指数型技术，爆炸式创新）、经济管理的升级（共享经济、平台经济、微经济），以及企业产品和服务的升级中寻求融合的结果。

计算智能体现的是机器能记会算的能力，目前我们管理信息化用到的是一种初步的计算智能的能力。因为对很多员工而言，数据仅仅是录入，甚至不知道到了哪里。

随着互联网和智能终端的出现，以及机器学习的进步，感知智能和认知智能逐步进入实用阶段。所谓感知智能就是能够听、说、看、识别（语音、图像、文字、视频等），认知智能就是能够理解、判断、归纳、推理、抽象、简化等。

在大企业应用中，企业大脑有机会的一个应用领域是判断/决策智能，就是基于数据、模型和案例的机器判断/决策能力。我们知道企业和企业的竞争，归根结底是人与人的竞争。当这个人已经变成机器的时候，竞争的方式将会完全发生变化。

第五节　把生意说明白——企业大脑时代的商业模式

企业大脑时代的商业模式，整体说来主业的数据化和虚拟化，加上数据和金融及研发 IP 类业务。这种模式成为大型集团企业数字化转型的常规模式。金融的全渗透，交易的全渗透，数字化的全渗透，智能化的全渗透，除了专业的技术创新外，这些将逼近现有商业盈利的终极模式，如图 4–2 所示。

由于智能手机的大量使用，网络的普及，使得电子元器件的成本大幅下降，各种类型的智能设备的制造成本也随之下降，从而带动了万物互联和智能硬件的大规模应用。

传统商业在新时代体现出来全面的大数据化、信息化、智能化、智能硬件化、金融化。数据、科技［智能（企业大脑）、硬件、应用软件］、金融成为企业渗透式商业改造的核心。

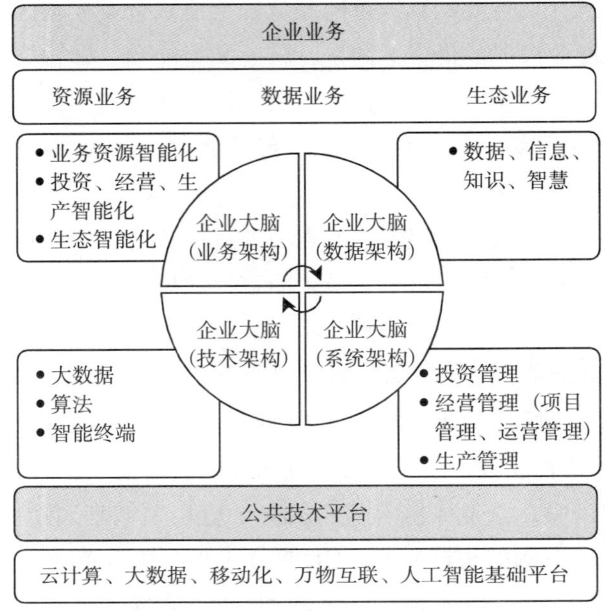

图 4–2　企业大脑时代的商业模式

传统商业结合智能软硬件的改造，加上全面的大数据能力和金融能力，成为各个大型集团企业进行商业改造的模式。这种模式要求对企业的每个业务环节探讨大数据化、金融化、智能硬件化、智能化的可能性，而且是从商业模式上进行探讨和改造。

智能化是上述转型的最后一站，但也是最具有提升潜力的一站。如果能够提前规划，将大大提升转型的附加值。

传统实业集团的业务互联网转型后会分为三大块业务，详细如下：

（1）资源业务，通常是相关集团的主业，这些传统产业面临着数字化和智能化的改造升级过程。

（2）数据业务是由于主业通过数据化、信息化的方式改造后，派生出的数据相关业务。其中，文化类业务也属于这类范畴。这类业务会成为企业的主营之一，并且随着时间的推移进行智能化的优化，由于本身具有数字化的特点，所以更加具有成长性。

（3）生态业务是基于主业和数据基础上派生的金融投资类增值服务，一个主要的业务是金融产业，其他还有终端、渠道、文化、影视、体育、消费金融、供应链金融、投资、基金等产业，因为投资业务通常都没有成长的天花板或者与主业存在互补性。

金融视角的业务有其特殊性，并且属于专营业务，但也看业务设计的方式。支付宝早期，大家不明白为什么支付不收费，还担保，这就是金融业务的设计，需要一定的规模，并在很多其他环节收费，是从改善现有银行效率出发的，最终支付宝通过资金利息、小额贷款等多种方式获得了收入。携程在航空公司取消代理费的情况下，设计了旅行套票的业务，比一般机票便宜，但如果消费者取消就不退款。这实际上是利用统计规律设计的商业模式，类似于保险的业务，但又不是保险产品。微医在患者和医生之间建立桥梁，但收入是来自为医生设计的医生保险产品。这些都说明，在大数据的情况下，商业产品设计最终可能来源于金融类或者类金融产品，通过用户的数量和统计规律去获得收入。有些处于创新，提升传统的业务效率；有些属于无奈，通过传统方式无法获得收入。

但由于术业有专攻，在主业和辅业运营水平有差距的情况下，企业转型中通常仍然以主业为核心，结合主业的金融创新是一个变现的亮点。

下一个技术竞争的领域将是智能领域，企业大脑领域。在商业上主要体现为降低成本、提升体验、提升业务扩张能力。区别与现有的比较侧重与生产领域的信息系统，企业大脑是结合了投资管理、经营管理层面的体系和系统，更加体现金融化和数据化的企业转型运营模式。

未来的商业将在用户、数据、金融方面趋于同质化，而在智能领域产生差异化，这也许是 IBM 将咨询业务出售，而开始认知计算业务的原因之一吧。

作为对比，我们列出凯捷咨询与 MIT 商业中心合作提出的数字化转型框架如 4-2 所示。[①]

对比两个框架，我们可以看到，在概念内涵和外延方面，基本上相互都有对应到。而企业大脑除了数字化的要求外，更加系统地融合了智能化的要求，最终的交付结构更加简洁，从而更具有目的性和实用性。

据 IDC 预测，到 2020 年，全球 50%的 2000 强企业将看到大部分的业务依赖建立数字化增强的产品、服务和体验的能力。为了便于开发这些产品和服务，投资与数字化转型的项目将达到 22000 亿美元，几乎超过 2016 年的 60%。数字

① https：//www.cn.capgemini.com/.

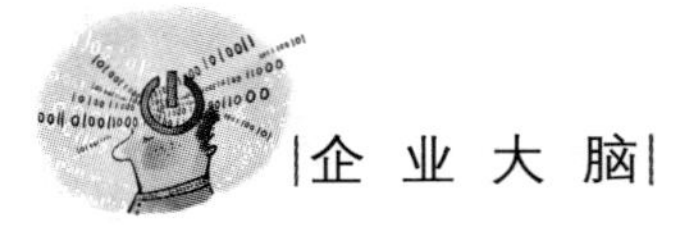

表 4-2　凯捷咨询：数字化转型框架

数字化转型愿景		
客户体验	运营过程	商业模式
客户理解：基于分析的分类，确切的知识 领先增长：数字化销售，可以预测的营销，流畅的客户体验 客户接触点：客户服务，交叉销售，自服务	过程数字化：性能改进，新功能 员工赋能：任何地点任何时间可以工作，更广泛快速的通信，社区知识共享 绩效管理：运营透明化，数据驱动的决策	数字化修改商业：产品/服务的数字化赋能，从物理转向数字技术，数字化包装 新数字化生意：数字产品，重构组织边界 数字全球化：企业集成，重新分配授权，分享数字服务 数字化能力 统一的数据和过程，分析能力，业务和IT整合，解决方案交付（相关因素：技能、文化、IT）
数字化治理：协调，KPI		
数字化参与：技能，领导力，动员		

化转型开发人员团队更快扩张。到 2017 年底，超过全球 70%的 500 强企业将有专门的数字化转型/创新团队。未来迎接数字转型经济的挑战，企业将更快地发展自己的开发团队，到 2018 年将扩大 2~3 倍。同时，基于软件的创新将加速，企业将拥抱 DevOps 和相关技术，增加每年发布的应用代码量 50%。这将大大增加企业通过产品和服务货币化软件价值的能力。

第六节　集中管理、管理共享到经济共享——企业大脑与共享经济式管理

“企业大脑”的运行会演变成一种共享经济模式。“企业大脑”将带领企业逐步进入一种共享经济管理方式。在这种管理模式下，每个人都贡献自己的时间、劳动和社会资源，获得自己的价值。而企业或机构获得设定的目标。

同时，企业大脑不断地提升自身的能力，将相关工作不断分解、自动化、提高调度效率等，能力将变得越来越强，而成本将不断降低。

企业的劳动工作也将不断从传统的工作劳动、实体劳动转变为信息劳动。

优步是一种典型的共享经济模式。每个司机都分享自己的时间，而消费者可以根据手机软件的调度获得便宜的专车或拼车服务。另外就是优步公司并不拥有司机和汽车资产，共享了社会资源。

企业大脑整体运作起来后，就如同优步。在企业大脑的模式下，决策者、管理者、员工、客户、伙伴不断通过终端与企业大脑发生互动，企业大脑完成整体的调度和每个人的目标的实现。在企业大脑中，每个人分享的是时间和自己的资源，获得各自认为合理的经济收益。

从任务管理和调度角度看，企业大脑让组织彻底地扁平化了，并且给了每个人最大的自由度。而这个时候，整个组织就剩下企业大脑以及后台的配套服务了。当然，和每个人的契约关系以及品牌、资产、资金仍然是存在的。

企业大脑是一种人员智力（或劳动力）的共享经济系统。用户分享了时间或者能力，以及相关的数据和基础判断，或者说分享了样本，而企业大脑分享综合判断和综合信息服务，并在过程中持续改进提升。

随着"企业大脑"的深入应用，企业大脑可以将工作分派给连接的任何合适人员（结合认证和信用系统，现在通过电子商务已经非常普及了），从而打破过去企业工作必须明确岗位、明确时间的传统模式。可能不再有固定的、稳定的工作岗位了。

企业从一种追求大集中管理，到进行管理共享，到最后建立生态系统，形成一个经济体，成为一个共享经济的模式运作。

第七节　分摊成本——大数据、算法、智能终端的社会化分享

大数据、算法、智能终端会逐步走向社会化分享。大数据、算法、智能终端本身都具有非常高的技术难度，需要比较高的投入，而且可以预期是各类企业的共性需求。为了促进企业大脑的普及，有必要探讨三方面的社会化分享机制问题。具体而言，包括标准化问题（数据格式、算法使用、终端共享）和共享机制

问题。

标准化问题的关键是数据格式和数据交换制的标准化。那么数据的收集利用、算法的应用和终端的共享方面就有了基础。

共享机制的关键包括法律合规的问题，共享运作的问题。这种共享和企业现在共享人力资源、共享管理经验、共享终端渠道的道理是一样的，都是企业共性模块在社会环境中的共享和演化。这些促进了行业和社会的进步，降低了企业使用的门槛。

自带设备（BYOD）其实是一种智能终端的共享，未来，员工本身大部分都是共享模式。大规模的共享会优化企业的操作，也会带来新的问题。比如共享的管理和成本分摊机制以及财务税务处理，共享的标准约定，共享配置的更新周期等。

共享的资源在摩尔定律指数技术发展速度中，需要重复考虑到配套的制度体系，不然就很容易政策制定出来就过时了。

企业大脑架构下，对于社会化的基础架构共享需要非常的关注，比如阿里巴巴提供了交易的基础设施、腾讯提供了社交的基础设施，这些设施虽然相互之间缺乏贯通，但因为本身规模的庞大和技术的积累，仍然是社会企业需要密切关注的共享平台。这种共享平台会越来越多，每个企业需要结合自己的资源优势来判断是为社会提供共享平台，还是充分利用社会的共享平台。每个共享平台在用户数量达到一定规模后，都是不可忽视的。

第八节　价值来源于交易，创新来源于效率——企业大脑提升交易效率

从微观上看，企业大脑作为一种分工的交换中心，是可以进一步进行延伸的，就是把部分的工作商品化，成为一种可以用标准和价值度量的服务或产品，也可以按照规范接入外部的服务和产品。在这种模式下，企业大脑成为一个企业内外的一个公共服务和产品交易平台，把企业内部的工作社会化了。从而让企业成为一个社会企业，而不是传统意义上的一个相对封闭的企业。当然，这是考虑

了企业的安全后做出的选择。

可以预期，当多个企业具有企业大脑这种服务购买和交互中心功能后，将出现可以对接的第三方的服务和产品交易中心。

由于每项工作都有公共专业和行业专业的不同，工作可以逐步细分，并在很多细分市场形成一个网状的交易合作体系，为了能够更方便地对接和集成，相信会出现少数几个汇聚的交互平台，并形成一定的行业事实标准，对于服务的分类和认定，以及对于服务的交付模式，都需要规范才可能互换。这种开放交易结构，将使得企业大脑中的部分工作具有商品和货币属性。

从宏观上看，新经济的一个特征是提升了交易效率，让交易效率超过生产效率。而从商业角度看，企业大脑应用的基本单元将是交易，不管是大的还是小的。企业大脑的价值之一是提升现有企业的交易效率。而现有企业的所有活动、工作、行为都逐步标准化为交易。通过标准化为交易，达到管理者期望的“人单合一”，单就是客户价值，是其中的一个可规范描述的交易。我们看到企业大脑潜在的应用领域（如客户服务、销售、员工任务管理和培训、决策判断支持等），背后都是有某个交易需要达成。

整合了电子商务的企业大脑，将体现出服务交易中心的特点。

这种交易体现了交易费用降低的情况下，不断地细分分工，不断地通过企业间的交易和企业内交易的规范化降低交易的成本，使得原来需要管理人员投入的工作管理（其实就是工作服务的交易管理）变成通过企业大脑完成的交易管理。去管理化的结果是企业大脑成为一个企业内的交易平台，降低企业内部管理成本和交易成本，并且对接当前日益广泛的企业间交易。

可能有两种结果，如果对接外部交易成功，并且外部交易满足企业要求同时更具有性价比，那么可以转化为外部交易。如果内部优化提升，增加智能化处理，提升性价比后，内部交易的成本更低，那么可以将内部交易的服务保持，并可以通过性价比的模式将交易外部化，成为面向社会服务的交易平台。

这种分工协作日益变得大规模、社会化、实时化、在线化。生产者和消费者合二为一。

第九节　解读经典——陈春花《经营的本质》

《经营的本质》语录解读。《经营的本质》（陈春花，2013）[①]提炼了许多企业经营中的经验之谈，下面从企业大脑的角度重新解读这些针对人的管理警句，相信会对企业经营有不同的理解，如表 4–3 所示。

表 4–3 《经营的本质》管理语录及企业大脑解读

《经营的本质》管理语录	企业大脑解读
经营的基本元素只有四个：顾客价值、合理成本、有效规模、深具人性关怀的盈利	企业大脑可以在经营的四个要点中起到一定作用
经营：是用有限的资源，创造一个尽可能大的附加值，再用附加值来满足人们无限的需求	企业大脑具有边际价值递增，边际成本递减的特征
真正影响企业持续成功的主要重心是专注、集中焦点为顾客创造价值的力量。伤害顾客价值的选择一定会使自己失去顾客，从而失去存在的价值	企业大脑具有专注、集中的特点
就其本质而言，企业应当贴近顾客，去满足顾客的需求，围绕顾客需求展开日常工作	企业大脑可以贴近顾客，努力了解和满足需求
“顾客价值”是一种战略思维，是一种准则，是“以顾客为中心”。“以顾客为中心”的思维式涵盖着这样的思考：顾客的需求和偏好是什么？何种方式可以满足这种需求和偏好？最适合于这种方式的产品和服务是什么？提供这些产品和服务的投入要素是什么？使用这些投入要素的关键资产与核心能力是什么	企业大脑可以和客户沟通，后台人员可以介入
传统的经营思考起始于这样的假设：价值由企业创造新的经营假设的核心是：价值是由顾客和企业共同创造的	企业大脑可以和客户沟通
消费者正努力争取在经营体系中的每一部分发挥影响力	企业大脑可以和客户沟通，参与其中
今天的竞争却依赖于完全不同的、新的价格创造方法——基于以个体为中心，由消费者与企业互动共同创造价值，我称为“顾客价值时代开始”	企业大脑可以和客户沟通，参与其中互动
世界知名品牌其共同的特点就是每一个品牌都是人们生活中的一部分	企业大脑有这个可能，如同顾客认识一个人一样

① 陈春花，华南理工大学工商管理学院教授、博士生导师，新华都商学院教授、新加坡国立大学管理学院组织与人力资源管理教授，广州市政府决策咨询专家。曾任山东六和集团总裁，并担任多家企业独立董事或管理顾问。

续表

《经营的本质》管理语录	企业大脑解读
把优秀的人放在一线，放到最靠近行动的地方去。是因为在很多企业的管理中，优秀的人往往被提拔起来，放在离顾客最远的地方	企业大脑也是一种优秀的人员
一家企业需要对三件事情做出评估衡量：客户满意度、员工满意度和现金流	企业大脑可以做到
尊重人性中最自然的光辉	企业大脑可以进行文化传播交流
管理的目标：使个人在实现明确规定的目标时有充分的行动自由，从而鼓励人们的主动性和创造性	企业大脑可以灵活进行目标管理
以公司为经营重心的时候我们追求的是成本、品质和规模，而以价值链为经营重心的时候我们追求的是服务、速度和顾客价值	从追求规模到追求客户必须解决成本的问题，企业大脑这种方式，使得服务的成本达到最低
对于品牌而言，7 种核心价值最重要：①简洁；②耐心；③关联性；④可接触性；⑤人性化；⑥无处不在；⑦创新	企业大脑可以作为品牌载体
产品是企业生命与品牌的载体	企业大脑是产品服务的一部分，产品是企业大脑的载体
服务本身就是承诺和行动，但是一个真正带来顾客忠诚度的服务，却必须是给予顾客意外的惊喜，并超越顾客的期望价值	对企业大脑作为一种服务的要求
服务与产品之间不是一个相互提升价值的关系，而是为顾客创造价值的两个同等重要的方面，两者不是互补关系，而是平行关系。产品的价值须由产品自己来解决，服务的价值须由服务自己来解决。绝不能把服务当作弥补产品不足的手段，服务必须是能够带来增值。如果服务没有增值，服务就没有意义	对企业大脑作为一种服务的要求
价值链上的每个企业都是流程的一个部分或者环节，只有每一个企业的经营被看作始于顾客需求止于满足顾客需求的整体流程和价值链的时候，企业才能够适合这个竞争的环境也才拥有价值	企业大脑作为一个价值链平台
用顾客管理替代营销管理，就需要营销体系转换角色，这需要实现以下几点：第一，营销是顾客管理的一部分而不是顾客管理是营销的一部分；第二，优秀的人才应该放到顾客管理活动中，确保高层营销管理人员从事的是顾客管理工作，确保营销资源投放到顾客管理的活动中；第三，撤销营销部门，用顾客管理部门替代	企业大脑是顾客管理部门的一部分
唯有创新并持续累积自己独特的能力，才会不受环境的约束，缔造属于自己的辉煌	企业大脑是一种独特能力
在科技面前，没有人能一直高高在上，时代会抛弃一切落伍者	企业大脑就是新科技集大成者

第十节 思科的观点：在今后五年中，每个行业的前十名中四个将被数字颠覆所取代

思科作为全球最大的通信设备公司，在技术前瞻方面具有领先型，在对数字化转型创新的理解方面有自己的视角，下面将介绍思科的观点。

数字颠覆有可能推翻现有企业，并可能比任何历史上的力量更快地重塑市场。全球数字业务转型中心（DBT 中心），IMD 和思科计划，致力于原创研究，为管理层创造机会，为数字时代创造新的商业模式。为了了解更多关于数字颠覆的现状和行业前景，中心调查了全球 12 个行业的 941 名商业领袖，获得以下洞察。[①]

（1）调查结果表明了一些令人不安的发现，关于潜在的颠覆和现有员工的适应准备。调查受访者认为，在今后五年中，每个行业的平均大约 4 个（今天前十名）老牌（在市场份额方面）将被数字颠覆所取代。

（2）尽管有这些可怕的后果，但在大约 45%的公司（平均跨行业）中，数字颠覆并不被视为值得董事会级别的关注。此外，43%的公司不承认数字颠覆的风险，或者没有充分解决这个问题。近 1/3 的人正在采取“等待看”的方法，希望仿效成功的竞争对手。只有 25%的人将他们的数字颠覆方法描述为主动—愿意为了竞争而颠覆自己。

（3）通过构造涡旋可以最好地理解数字颠覆的影响。涡流施加旋转力，将其周围的一切吸入其中心。数字涡流是行业朝着“数字中心”的必然运动，其中商业模式，产品和价值链被最大限度地数字化。

（4）随着行业朝着数字涡旋的中心移动，抑制竞争优势的物理组件（如手动，基于纸张的过程）被淘汰。任何可以被数字化的都是数字化的。数字价值的组成部分然后可以容易地组合成为破坏性商业模式。这些模型将不同类型的能力结合在一起，以新的方式提供客户价值。最成功的破坏者采用“组合颠覆”，其

---

① http：//www.imd.org/dbt/digital-business-transformation/.

中价值成本，经验和平台的多个来源被融合以创建破坏性的新商业模式和指数增长。

(5) 研究的 12 个行业中的每个行业的高管基于 4 个变量估计颠覆的可能性：①颠覆投资；②颠覆时机；③颠覆手段；④颠覆影响。从现在到 2020 年将经历最大数字颠覆的行业是高技术产品和服务行业（依次是高科技、媒体娱乐、零售、金融服务、电信、教育、交通、快消品和制造、医疗、公共事业、石油天然气、制药），制药行业可能经历最少的数字颠覆。然而，随着创新变得越来越成倍变化，所有行业都将面临竞争激烈的动荡。

(6) 根据其在数字涡旋中的排名和位置，企业可以评估其行业将遭受破坏的速度。他们然后可以选择“破坏自己”或潜在地被新的商业模式所取代。这并不意味着丢弃什么使他们成功或模拟时尚的数字战术。相反，他们必须挑战支撑先前成功的假设，并压力测试他们为客户提供价值的方式。这意味着改变组织本身，包括其运作、文化、收入模式，或者更多，进行根本上的或者永久性的改变。

以金融行业为例。金融界的全数字化创新所能创造的潜在价值巨大，仅零售银行业的全数字化创新就可以在 2015~2017 年推动产生 4050 亿美元的潜在价值。然而，2015 年，整个金融服务业只把握住了这其中不到三成的商机。严格复杂的监管和网络安全的漏洞固然是减缓增长和阻碍创新的桎梏，再加之敏捷的金融科技颠覆者带来的竞争压力，在 3 年内，全球前十位零售银行中将有 4 家被挤出榜单。实现全数字化转型，是金融行业保持竞争优势、赢得市场份额的必经之路。全数字化的机遇不仅局限于产品创新、生产流程的改造和成本的节约等方面，更会进一步带来业务模式的改变、创造更大商业价值。比如，销售与服务转型、互联网支付、互联网广告与精准营销、产品创新、虚拟柜员、咨询服务、金融生态服务、基于视频的顾问、下一代金融从业者；信息安全、整合 AI、数据分析及远程专家等技术的金融机器人等。

思科全数字化转型解决方案包括：

(1) 全数字化客户体验：为客户提供全渠道无阻碍的客服顾问沟通，推进基于 360 度客户分析的向上和交叉销售，并进行个性化的忠诚度管理。

(2) 全数字化协同办公：增强金融机构、代理、客户多方的互动体验，吸引并保留优秀人才。

(3) 全数字化业务运营：实现快速服务交付以缩短创新周期。通过跨云服务商和数据中心的自动化运营，降低基础架构和应用开发投入成本。基于可视化的运营数据，降低运营风险。建立于生产数据实时分析基础上的业务洞察。

（4）风险及信息安全：满足监管与内控合规要求，确保机构声誉，避免损失，以强健的信息安全能力作为机构可信度的背书，提升金融产品的市场竞争能力。

本章小结

（1）新经济三位一体：微经济，平台经济，共享经济。

（2）商业模式同质化：核心业务数字化，数据业务智能化，数据业务金融化。

（3）平台经济：大平台，小前端，富生态。

（4）智能终端=实体+联网+数据+智能。

（5）企业大脑核心目标是提升交易效率。

第五章　机器智能下的管理——重新定义管理

第一节　同时演化——技术范式、管理模式、商业模式

企业大脑将从一种技术范式演变为一种管理模式和商业模式。企业大脑作为一种完整的管理方法论、技术手段，使企业获得前所未有的竞争优势。同时，随着数据的收集，以及智能水平和治理水平的提升，在企业内部会产生长期持续的变革，并影响到企业内部的管理及分工。

新的技术发展、新的管理模式和商业模式是一种共同进化的状态。意识到这种状态，可以在商业转型、管理转型和技术转型的同步转型中少走弯路；没有意识到这种现象，就会产生许多的理念和预期的冲突、落差。所谓“头转了，身子没转；身子转了，脚没转”的现象。商业、管理和技术同时演化才可以达到最佳的效果。

企业大脑作为一种技术范式，具有一些结构和技术上固有的特点，比如用户导向、平台导向、服务导向、数据导向、交易导向、以用户为中心、机器学习、快速迭代等。这些技术实现中的特点，同时也会成为新的管理模式呈现出来。

随着“互联网+理念”的深入和普及，人们认识到企业的互联网化也是一个可以预期的未来。在这个不断深入的过程中，特别是“逆向互联网”化，由消费者或者消费行动的互联网倒逼着企业的管理和商业进入互联网化的范式中。

由于历史上没有现在这种快速的变化阶段，所以很多企业都感觉到不适应，有焦虑感。同时即使是了解和学习了别人的经验，也感觉无从下手，因为看到的都是已经演化过的结果，而每个企业都需要有一个自身的演化过程才可以到达相应的阶段。

企业大脑的优点是，在商业、管理和技术三个层面都提供了一个一致的概念框架，而且非常简洁。可以看到，本书中虽然讲人工智能，但不了解技术的读者也可以毫不费力地理解和在具体工作中提出自己的商业要求、管理要求和技术要求，并对结果进行自己的判断。

第二节　投资管理、经营管理和生产管理

机器取代人，不仅是在生产制造环节，而且是需要在全部企业环节进行重新再思考。在大型多元化集团中，企业可以分为项目型企业和运营型企业。或者分为项目型企业阶段和运营型企业阶段。整体的管理体系，按照管理的层级，可以划分为投资管理、经营管理和生产管理。制造业企业也可以做这样的划分。

下面我们将每种类型的企业在各个管理层级所涉及的管理内容做一个梳理，如表 5–1 所示。

表 5–1　企业管理的各方面所涉及的管理内容

	投资管理	经营管理	生产管理
项目型企业	投资融资	产品设计、原料采购、定价销售	项目建设、运营管理、订单管理、终端零售
运营型企业	投资融资	产品设计、原料采购、定价销售	项目建设、运营管理、订单管理、终端零售
制造型企业	投资融资	产品设计、原料采购、批发经营	生产制造、仓储运输、订单管理、终端零售

通常，在投资管理和经营管理部分，企业追求的是数字化管理、标准化管理。比如，决策的标准化和数字化、产品的标准化、采购的标准化、招标的标准化、定价的系统化等。这些都是机器所擅长的，并在机器拥有全样本的情况下会

比人更完整客观。

在生产管理阶段，企业一方面也追求数字化、标准化管理，另一方面也追求自动化、人性化等多种提升品质、降低成本的手段。但是人的能力、时间、素质毕竟是不可控的，而且是有限的。只有采用智能设备和人工智能服务，才有可能在一定成本下不断地提升，达到边际效益增加和边际成本递减的效果。

总体来说，机器和机器智能会全面渗透到企业管理的各个环节，并提供经济上的优势，使得企业在企业大脑这类系统上的投入具备更好的回报。

第三节　当管理对象变成了机器——原有的管理理论面临挑战

在企业大脑的“机器换人”管理语境中，机器与人分担了各自的工作。这种场景与传统的纯粹考虑面向人的管理理论和实践中，会发生很大的不同。而且由于机器智能还在创新变化中，不断具有新特征的能力被创造出来，融入企业应用中，这些将使得原有的管理理论面临挑战。

原有管理理论比较多的在组织、人、流程、产品的生产过程中进行优化，没有考虑机器的环节和智能的环节。所以大家总是觉得管理和管理信息系统是两张皮，而且在沟通上大家没有共同的语言。

当智能终端、智能机器、企业大脑更多地承担了，并且不断增长地承担了人的工作后，管理就需要重新设计，并考虑到企业大脑及其配套终端在管理提升中的作用。

原有的管理理论，比较多地把管理本身和信息系统作为两个单独的东西规划，而且要求信息系统与管理匹配。现在则更多地需要进行一体化的考虑，从企业的竞争力创造、从企业的大数据垄断力的打造，甚至从企业重构的角度进行完整的规划和考量。

原来的管理理论，比较多的是从人的角度提升。加入企业大脑的考虑后，作为企业的长期核心资产，需要从企业大脑的提升中体现企业的价值，并且需要规划，逐步将人的基础智能转移到企业大脑中。

原有的管理理论对企业的经营绩效优化都是战略性的，而加入企业大脑这种边际效益递增同时边际成本递减的方式后，对企业的经营绩效规划有了新的要求，并将逐步转变为企业内部的竞争力和事务决策依据。

以上这些因素，在企业重构过程中，因为企业大脑的原因，在管理上，需要重新考虑。管理从关注人和企业到关注人、企业和科技，并且科技作为一种比人变化更快、更难以理解的管理元素，将对管理提出新的挑战。

企业大脑从企业智能的角度提供了一套管理语言，去与原有的管理理论或者我们日常的管理常识进行融合，以便让常规的管理人员适应人工智能时代的管理要求。

IDC 预测，到 2020 年，全球 1/3 的 2000 强企业的 CEO/COO 将花费至少 5 年的职业生涯担任技术领导者的角色。为什么呢，因为未来的管理更多地会体现在技术系统中，不论是管理本身还是管理对象。

第四节　把事情说明白——企业大脑是一套新的管理语言

曾几何时，管理和管理信息系统是两张皮。信息技术人员必须说出管理语言，才可能更好地在企业生存。而每个企业会发明不同的管理语言，从而造成五花八门的企业管理系统。造成企业的管理者无法有效地与技术管理者沟通，并形成有效预期。

也出现投机的技术管理者把管理沟通变成一种沟通表演，有人甚至采用背熟十几个企业个性的管理关键词就去与管理者沟通，而不管最后是什么结果。这造成企业最终在这种虚假的沟通表演中迷失了方向，造成了知名的“不上 ERP 是等死，上 ERP 是找死”的现象。

而今，随着技术越来越渗透到企业的各个角落，在机器不断取代人的职能、智能的时候，我们还是用面向个性的管理语言来沟通吗?

当我们面对一个日益变化的世界时，我们的语言在随时变化。特别是在某些周期性行业，不同的时间，管理的要求甚至是矛盾的。不但人在其中很难生存，甚至机器，当机器承担了很多人的职能后，也会很难生存。

探讨事务的本质，才有可能形成一套公共的管理语言，才有可能在一个变化的世界，理解世界的本质，并生存下来。

企业大脑就是这样一套管理语言。它试图厘清管理语言、技术语言和商业语言三个层面的关系，并在人工智能时代形成一致的结果。

（1）管理语言：管理假设，企业管理层面管理的三个层次（投资管理、经营管理、生产管理）。

（2）技术语言：技术和管理，技术假设，技术架构。

（3）商业/财务语言：管理和信息技术管理的经济目标，以网络经济理论为基础，就是需要边际收益递增和边际成本递减。

第五节　企业大脑就是组织——企业大脑对组织结构的影响

企业大脑的深度应用，会对组织结构产生深刻的影响。结果是：企业大脑最后成为组织本身，或者最大的组织。

我们经常听到笑话，现在朋友在饭桌上交流都用手机。企业大脑为了企业整体的数字化交流的获取，建立企业的大数据，甚至会考虑在系统设计上鼓励和引导企业员工将相关工作更多地通过系统进行互动。

全面的通过系统进行互动，并结合视、音频沟通的结果是企业大脑将代替企业组织而成为最大的“组织”，从而直接破坏了企业的常规组织，将企业彻底扁平化。人们将更多地通过企业大脑进行沟通，或者管理目标上说，需要逐步让企业大脑覆盖所有的沟通职能，而将线下沟通作为一种并行的补充手段。

未来组织的一个趋势是平台化，这种平台化最终体现出来的需求是企业大脑的智能化，包括智能化的决策和智能化的服务。

目前，大企业在建立后台系统的过程中，重点还是在管控，没有智能化的决策和服务，前台人员将成为数据输入的工具，而不能获得应有的服务和尊重（参考后面的华为案例分析），而这些都将是未来企业大脑系统非常适合改进的工作。

我们在互联网企业已经看到小团队运作、甚至跨地区团队运作，这是因为软件企业和互联网企业的所有基础设施诸如版本管理、项目管理、项目协同都是在网络上已经具备的，所以实施的门槛很低。

当跨地区的高清视讯成为标配，当人们大部分工作需要企业大脑的支持才可以完成的时候，也就是组织解体的时候。组织将扁平化，所有的组织服务都将在线上完成，组织将不再那么重要。

我们看到类似优步这类企业，他们的整体工作模式已经非常的网络化，参与的司机及其车辆基本上是独立于公司的，而内部团队也是全球协同的，每个地方都是比较小的团队。但是中心系统非常的复杂和智能化。

那么，什么将对拥有企业大脑的组织是重要的？这类组织重要的是对事务的理解分工，重要的是企业大脑中连接资源的数量和知识。回归到生产力的本质，重要的是企业大脑连接的资本、劳动力、生产资料和生产关系。

传统科层组织的效率主要体现在分工以及对分工关系的维护。不同层级的管理者都在维护各自的目标、分工和与之相关的决策判断，并进行沟通。企业大脑将分工、分工关系的维护、常规重复的分工工作环节整合在一个平台上完成，将人解放出来做更多需要创造力的，面对不确定的环境的工作。将企业组织分工本身转变为一个支持工作的智能化平台，让员工更自由地对付外部的不确定性，而获得内部的稳定支持。

由于企业大脑的自然人机界面属性作为组织需要承载的各种元素，都可以叠加而不需要增加很多成本，比如企业文化、岗位培训、员工关怀、情绪检测、问题反馈、视音频互动等。这些都会逐步让企业大脑成为一个更加适合管理沟通的“中间人”。这有点像古时候，太监传话传多了，在很多环节就有可能代替了皇帝的工作。

企业大脑与无组织的组织。传统企业的组织方式是通过层级、资源、权力、激励、机构政治和寻租等方式组合起来的。舍基认为，互联网中看上去“有组织的行为”，并非某个处于金字塔顶端的权力意志发号施令的结果，“合作状态”完全可以从表面上看“无组织状态”中涌现出来。在互联网时代，著名的互联网思想家凯文·凯利，曾把这种“无组织的组织力量”称作“舍基原则”。

这一“涌现的过程”有四个关键：第一是分享。通过大量貌似无序的节点，错综复杂的链接、转发、评注，互联网上的海量信息，处于充分的“搅拌、流转”形态，成为“活力之源”。第二是对话。这些交织而成的“内容之网”，本质上是“对话行为”、“沟通行为”、“商榷行为”。对话在不同节点之间展开，在开放的空间中展开，任何新鲜的内容都瞬间被卷入“对话”中，参与“社会计算”的“势场”中。第三是协作。对话背后蕴含的意愿，催生大量的合作和博弈，产生了“自如的分工”，并让更多的合作在陌生人之间顺利展开。第四是集体行动。这种分享、对话、合作的“细碎进程”，会时常越过某个“临界点”，凝聚成“群体智慧”、“群体意志”，产生“集体行动”。值得注意的是，这种“集体行动”并非刻意为之，也不是可以事先“谋划而成”的，它完全是一种生态的“喷发”。①

这种无组织的特点在许多所谓的公民运动中有着充分的体现，表现为参与的人很多仅仅是临时起意，去现场看看热闹，最后混合进入了滚滚人流。

企业大脑应用中，可以把这种能力作为一种动员能力、营销能力和组织动能，达到事倍功半的效果。企业大脑在分享、对话、协作和集体行动的召集中可以发挥核心的作用，并且需要将这种“无组织的组织能力”作为企业大脑的一个设计要点进行考量，并在企业的用户服务体系中有所体现，最终产生“共生共赢共享”的状态。当然，也需要进行风险控制。

组织的形式将最终体现为企业大脑。当我们看到企业大脑的诸多功能和优点时，当企业大脑无所不在地提供服务时，当企业大脑能以让人愉悦的方式提供各种组织服务时，企业大脑就是组织本身。

那么现在的管理者或者创意精英与企业大脑是什么关系？企业大脑的使用者分为用户和技术工作者两个类型。而他们将同属于这两种类型。他们在企业中的作用就是影响这个企业大脑，并进而影响他人。

当然现在大家认同的是直接沟通，并对人员有文化认同、团队精神等附加要求，这些要求同时也阻碍了企业招聘和使用人员的效率及范围。

未来的趋势是知识工人更加独立，更加大规模的协同，企业的很多环节没有人身、资产依附关系。这种情况下，通过企业大脑作为组织形式是更加有效的一种方式。

如果说，线上线下整合（O2O）是一种趋势的话，那么企业大脑就是组织和管理的 Online 部分。由于企业大脑的经济属性，最终它会演化为企业沟通的主要途径。

理论上说，企业大脑可以包含现在所有的基于电子终端的沟通交流。但具体

① http：//www.chinavalue.net/biz/blog/2011-11-29/858871.aspx。

到实际中，还是有许多技术和规则问题需要解决。比如，从隐私的角度考虑，智能手机是防止电话录音的，这样就不能够将语音沟通部分录制下来并转成文字供企业大脑分析使用。如果使用专用的软件，又影响用户体验和使用的范围。这些具体落地的细节问题会影响到企业大脑作为一个战略的具体实施。

第六节　系统治理——企业大脑对内部治理的影响

以前主要是通过制度机制的角度考虑，现在可以考虑通过数据和算法的配合，以更多地解决或者辅助解决人的可靠性问题。这涉及现有制度、机制和流程的再造。也呼唤第三方服务的出现。第三方服务也可以用企业大脑的机制来构造，并获得客户在某个具体企业治理领域的信任。

内部治理包括授权、定价、决策、审核（支付、收款、范本合同、合同）、招标等几个核心的环节。传统的管理都是采用自己人管理模式，或者独立机构+自己人管理模式。

企业大脑的出现让这些企业的核心环节多了一种机制，就是自己人+企业大脑，或者独立机构+自己人+企业大脑。最终可以简化为人+企业大脑+审核人，或者企业大脑+审核人的模式。就是重新的业务再造，将更多的人纳入信任的范围，降低自己人的劳动强度和数量。

定价、评审，这些工作在以前都被认为在企业管理中是最有智能，最需要管控的核心职能工作，现在可能逐步让位于系统。

我们看到房屋的销售定价、车险的小金额直接理赔、电商的小额贷款评审都逐步基于大数据进行了简化和重构，由计算机更多地辅助或代替人的工作。

凡是现在需要通过内部治理进行管控的，未来都会看到企业大脑的影子。例如，投资决策委员会、经营分析会、销售定价会、采购定标会、招标过程控制、支付审核、人力招聘评审、制度评审、供应商评审、产品部品校验等。

可以预期的是，未来有可能通过租用多个第三方大脑进行数据和决策信息的比对，所谓“两打一校”模式（保险保单集中录入时，为了防止出错和保密，采用两个人同时输入同样的内容，计算机比较如果不同就由第三人进行校验），即两个系统同时独立操作，对比结果相同就通过，不同就由第三个系统来分析处理。这在以前实际上也是一个比较简单的人工（非智能）容错算法，现在更加可以通过直接的智能识别系统解决。当各个环节的企业大脑成本大大降低的时候，而且相互独立，并可以通过标准化的协议互通时，这种机制可以建立起容错的机制。

互联网企业中，采用技术手段进行治理已经成为商业的必需。比如很多线上视音频社交网站的成功，最主要的是采用了技术手段控制了非法内容的播出，而没有采用技术治理的手段的都走向失败。淘宝的假货识别也是同样的道理。

这些背后都靠人去训练一个智能识别的核心系统。未来，人的作用将在于研究算法、模型、数据及其与业务的关系，而这些研究的来源主要来自业务的发展和异常样本的出现。

第七节　成本重构——企业大脑是企业成本的再分配平台

企业大脑从成本角度看是一次成本的重构。企业的成本包括员工的薪酬、业务相关的成本。企业的互联网化首先是对这些成本的信息化，特别是这些成本形成过程的信息化，通过这些成本的形成过程，可以考察出更加合理的流程，更加有效的业务处理机制。

保险公司在汽车保险方面总是存在骗保的问题，后来通过信息化，由保险业务员拍照后上传，在保险公司后台集中审核。后来，针对 5000 元以下的，采用用户直接手机拍照上传后处理。

这个例子说明，采用企业大脑这种架构，原有的很多工作成本都可以分摊到客户和系统中，从而优化企业的运行，反而提高了客户满意度。配备手机的客户就是一个智能终端，也可以看作是一个小前端。

引入一个集中化的企业大脑系统后，原有的工作不是照搬过来，也不是全部交给企业大脑，而是按照事务最有效率的方式进行调整分工。从内部比价变成外部比价，从企业付薪变成客户付薪（企业付薪就是企业对员工考核，给付薪酬；客户付薪就是根据客户对员工考核决定企业给付薪酬）。

这种情况在一些能够直接换算出成本收益关系的环节都可以采用，比如面向订单的员工薪酬激励机制，面向项目的投资收益激励机制等。

在“大平台+小前端+富生态”模式下，大平台中的技术工作者应该采用的是企业付薪，外部比较的模式，因为他的工作具有边际效益递增的特征，这些人员包括核心管理层和资深的技术人员等具有创造力的岗位；大平台中的知识工作者和小前端以及富生态的知识工作者，可以采用客户付薪模式，做到绩效激励的直接对应关系。

这种模式让企业的运行成本在一个优化控制的状态中，就是说一类是给人员高薪但对企业价值越来越大，一类是企业的收益和人员付出对等。这种模式下，企业的发展才是成本和风险可控的状态。

企业大脑的优化以交易为核心。在新的架构中，企业全面管理优化、互联网化、智能化的最小单位是一个交易。这个交易可以是标准意义上的合约交易，也可以是某个可以进行数据和价值度量的分工工作事项。

管理的目标无非是提高效率。当以交易为基本单位时，可以从各个方面提升交易的效率。车险理赔就是一个非常好的交易优化的例子。一个车险理赔最后变成了一种分布式的、网络化的、去中心化的交易和传播模式。而作为支持的企业大脑系统（智能手机 APP、移动网络、后台理赔识别和交易处理、智能或人工的查看判断等）是完成这个转变的基础。

从宏观上看，社会上的交易主要是企业间和企业内的。企业内包括企业和员工之间的工作及劳动关系都是交易关系。现在随着技术的发展，交易的设定和发生更加容易及频繁，交易已经变得无所不在、无时不在、跨越组织、跨越地域、跨越时空。交易变得更加可控、可靠、清晰，这使得企业传统的可标准化的工作日益成为一个可以非常容易交易的工作，当然仍然具有对背景知识积累的要求。而企业期望员工做得更多是更加具有创造性、主动性、非确定性的工作。

企业大脑与外包。企业大脑会将企业中间的工作、任务和行为碎片化贯通。这将使得任务可以游离独立出来，并获得企业大脑的支持而单独完成。这样，企业大脑可以把任务指派给一个新人，并辅助他进行过程指导，或者根据知识调动另一个资源给这个新人帮助他完成任务。当然，这种方式需要任务是相对独立的。

这种情况下，能够对人和事有完整的描述、判断和调度，就有可能产生大规模的外包行为。当相关的外包人员已经整合到企业大脑中时，内部人员和外部人员对于企业大脑而言已经没有本质的区别。

优步就是一个比较明显的例子。司机、车、任务、客人都是由一个集中的系统分派的，而不是自己的雇员或者资产。优步或者滴滴成为最大的出租车管理企业，但是本身却没有拥有司机、车、客人。他们的系统就是一个比较典型的特定领域的企业大脑系统，只不过是以一个打车工具软件的形式，以智能系统的形式体现给消费者。

最终，从结构的角度看，企业＝企业大脑＋外包。企业大脑将内部交易外部化。从交易角度重构了企业。

第八节　有限的资源，无限的管理——应对管理的无限要求

传统的管理模式依靠组织分工的调整，这种调整在企业高速发展过程中主要靠人员的扩张，在企业遇到发展瓶颈的时候，主要靠裁员。企业管理者可以理解的管理效率主要体现在人员方面，非常直观而简单。

阿里巴巴给出了另外一个例子，就是在企业高速发展的过程中间，人员不扩张，甚至反而压缩。就是所谓的“在晴天的时候修理屋顶”，在企业发展好的时候追求管理，区别于一般企业是在企业遇到困难的时候才搞管理而打发时间。阿里巴巴这种方式的结果是让企业更加依托自动化系统管理和外包合作来解决发展的问题，而更加专注于企业的核心业务，并且避免人员规模扩张后的大企业病。

企业大脑这种模式与上面阿里巴巴的例子有类似之处，即尽量地将现有的工作转移到企业大脑系统中，通过系统支持业务的全面展开，不断深化应用。企业大脑就如同一批新的员工，更加具有性价比，更加具有效率的提升空间。通过这种方式，可以将企业的常规工作自动化并且高质量地完成，让现有员工可以有时间从事更加具有创造性的工作。

而通过企业大脑这种模式，人们可以理解为什么要尽量提升企业大脑的效能，这是为了可以满足各种各样的管理需求，应对管理的无限细致要求。与其大量招聘新员工培训承担过去的重复工作，不如采用企业大脑这种系统的解决方案来提升管理效率，最终达到减员增效的效果。

辩证地看，传统的管理仍然有许多可取之处，研发机构仍然是需要巨大投入的地方。互联网公司的管理方式不一定适合其他企业。

互联网公司具有天然垄断性。另外，互联网公司是以用户体验为核心竞争力，所以管理相对自由，.这也是早期企业研发机构采用弹性工作制的一种延伸。但并不是没有管理，或者去管理、去中心、去中介，只是管理起来比较随意。从效率的角度看，因为没有相互对比，所以很难有好的比较。又由于具备网络的放大效应，所以互联网公司即使浪费点，和收益相比都不算什么。

比如，以前电话时代，有一个业务是来电显示，研发的成本只有十几万元，但由于用户数量大，收益却是每个月几千万元。所以对于一个网络化的垄断企业，在现有网络上进行创新的研发投入回报是巨大的，相对而言，管理可以是比较灵活的。

事实上，谷歌所谓的创意精英，只是针对一小部分产品经理，而不是所有人。也不是所有人都适合创意或者喜欢按单聚散的模式。事实上，做过设计工作的人都知道，搞设计比赛并不能创作出好的作品，好的作品还是向名家约稿或者名家独立创作的优秀作品。海尔在建立创新平台方式中，最后总结为，不是让原有的人员变成创意精英，而是吸引创意精英来海尔平台。

第九节　有些事情不如不做——如果人都做不好不妨研究教机器做

企业大脑的思路给人的启示是：如果人总是做不好一件事，不妨研究教机器做。从国家治理、行业治理、企业管理、非营利机构管理等方面，通常人做不好的地方，不是因为复杂，而是因为有巨大的利益冲突。不是因为来不及，而是有意拖延，造成时间很短而来不及。比如招投标，比如土地拍卖，比如安全监控等。

新的基于数据和算法的技术手段，也的确解决了很多这类困难。比如人们通过计算机模拟可以预测天气；比如通过航拍照片分析解决国土使用的监控问题。

对于企业的管理事务，也可以考虑这种方式，就是数据+算法的模式。在这种管理体系的建设过程中，数据规划和收集，算法的设计和实现，系统的能力评估以及后续的维护是非常重要的。

未来从社会共享的角度看，会有许多企业管理的功能以 SAAS 方式交付提供。所以，教机器做事情，应该纳入国家的一个长远战略，统一进行投入研究，并可以在公共服务领域公开给社会使用。①

第十节　谁跟谁学——企业大脑对企业管理的影响

有了企业大脑，各种规章制度和管理要求将结合到每个具体的动作中，并对每个动作的人员进行培训和提示。人员的培训和提示也可以是系统来完成的，并进行系统化的测试。

如果是相对规范化和流程化的企业，企业的每个环节将可以进行数字化的管理，并提供数字助理提升个体效率，同时结合视音频交流辅助信息的交流。

企业的整个活动可以通过系统的建模方式，将企业、员工、用户、合作伙伴、供应商的整体关系进行梳理，在数据大量收集、引入机器学习和识别后，整体的企业效率提升作为一套管理方法论。将过去流程再造的管理实践变为数据再造和智能再造。

其中，智能再造涉及之前提到的，人训练机器和机器训练人的问题，通过将工作和培训、监督分离并整合，达到人机分工合作的目的。

企业大脑对决策有着巨大的支持作用，可以通过外购的服务建立决策和授权模型，并建议决策的依据和支持资料，可以提供决策建议和意见，甚至可以自动化决策。这取决于企业大脑的应用企业在决策逻辑方面的成熟度。理论上说，企业的核心管理活动就是决策。

企业大脑与企业决策的关系是什么？一开始当然是辅助决策。但如果一开始是人辅助机器决策呢？

本来企业大脑与人的关系就是相互训练的关系，那么当我们把决策的关系反

① 比伦定律：失败也是一种机会。若是你在一年中不曾有过失败的记载，你就未曾勇于尝试各种应该把握的机会（美国考皮尔公司前总裁 F. 比伦提出）。

过来，用人去辅助机器决策，让机器学习人的决策并最终超过人的决策，而让人最后变为一个所谓审核者，又如何呢？

这种情况将影响到信息系统的整体构造目标和构造过程。假设有两个企业，采用不同的途径，一个是企业大脑辅助决策者，另一个是决策者辅助企业大脑，最后的赢家将是谁？

同时，在人辅助企业大脑学习决策的情况下，在有限的案例学习中，如何对企业大脑的决策水平做一个有效的判定（用人工智能的话说，就是样本有限情况下的模式识别）？

从资本家的角度看，很多企业对管理者期望的角色可能更喜欢后者这种模式，只是目前技术上还不能够实现罢了。

第十一节　60%的岗位可以自动化——企业大脑对于人员和岗位的影响

麦肯锡 2016 年分析了美国 800 个岗位的 2000 多个工作内容，区分哪些工作机器可以替代人类，给出了如下的初步分析结果。①

表 5–2 是各行业机器可以代替人类工作的时间比例。可以看出部分行业都超过了 50%。也就是说部分行业的行政成本有 50%的内容可以优化。

表 5–2　各行业机器可以代替人类的时间比例

行业分类	行业	机器可以代替人的时间比例（%）
商品生产行业	制造	59
	开采	50
	建筑	47
服务行业	吃、住	73
	零售、贸易、运输	51
	金融、保险	43
	艺术、娱乐、休闲	41

① www.mckinsey.com.

续表

行业分类	行业	机器可以代替人的时间比例（%）
服务行业	专业服务	39
	政府、管理机构	38
	医疗、社会救助	36
	技术、媒体、电信	36
	教育	27

每个工作岗位的工作内容按照类型进行了划分，并统计出可以自动化的比例。

工作内容主要按照以下的分类进行分别统计（见表 5–3）：①可预测物理工作；②数据处理；③数据收集；④不可预测物理工作；⑤与利益相关者交流；⑥经验利用；⑦管理他人。

表 5–3　每个岗位可以自动化的比例

每个岗位的工作内容类型	时间花费占比（%）	自动化潜力（%）	企业大脑点评
可预测物理工作	18	78	全样本
数据处理	16	69	算法
数据收集	17	64	智能终端
不可预测物理工作	12	25	企业大脑可学习
与利益相关者交流	16	20	还可以更多，企业大脑可改进
经验利用	14	18	还可以更多，企业大脑可改进
管理他人	7	9	还可以更多，企业大脑可改进

可以从表中企业大脑点评列看出，最具有自动化潜力的部分与企业大脑的构成元素是有一致的地方，非常匹配。后面的一些工作内容都是企业大脑可以参与学习、改进和提升的。

企业大脑不同于麦肯锡这个报告的思考角度是，企业大脑是从企业的整体看待工作自动化的，这方面事实上能够提升的比例更高。所以在表 5–3 中最后一列，我们又从企业大脑的角度进行了点评。

以优步这种大数据驱动的企业为例可以看出来，在经验利用和管理他人方面，自动化程度要比表 5–3 中高许多。

总体来说，有 60%的工作相关内容是可以自动化的。如果说麦肯锡这个分析提供了一个现有岗位可供改进的可能的话，那么企业大脑则提供了一种有效的手段。

未来人的作用主要体现在哪里？我们可以将表 5–3 换个角度看，就可以得到表 5–4 的结果。

表 5–4　每个岗位的工作内容及人的工作预期的占比

每个岗位的工作内容类型	时间花费占比（%）	人的未来作用
可预测物理工作	18	22
数据处理	16	31
数据收集	17	36
不可预测物理工作	12	75
与利益相关者交流	16	80
经验利用	14	82
管理他人	7	91

让人去做人真正应该做的事情，那是什么事情？那些计算机做不了的事情，那些说不清楚的事情。比如那些具有创造力、想象力的事情，那些需要探索，需要胆量的事情，那些需要人与人之间沟通的事情。还有就是培训、评估、监督企业大脑行为的事情。

可以说，人工智能对就业所带来的是产业的升级机会，这需要系统化的对人机分工进行流程梳理和优化，并进行重构，同时对现有人员进行重新培训和知识结构的完整提升。现有的教育和培训体系需要进行配套的升级及完善。

第十二节　更好的管理沟通——企业大脑与管理沟通

企业大脑是企业管理沟通的超级中间人。企业大量面临的问题是管理沟通问题。华为内部有用于讨论的论坛，用来交流一些工作中遇到的问题，但这种形式如果不配合一个收集整理和分发解决的角色，很多问题仍然会一直存在那里。

企业大脑就是这样一个超级中间人，通过自然语言的方式收集各种管理问题，并且以合适的形式、在合适的时间地点进行处理和解决。这种形式将首先出现在比较简单的客户服务、产品问答领域，等待技术和实践成熟后，向内部管理领域进行渗透。

未来的企业是无边界的企业，无边界企业维护是需要成本的，如果维护每个用户的成本很高，成本会自然形成一个边界。无边界企业的用户是免费的，客户是收费的。免费用户的服务成本需要趋近于零，服务能力不亚于客户服务水平，才是合适的解决方案。无边界企业的维护如何效能最大化，企业大脑是一个解决方式。企业大脑在面向用户的沟通中会首先成为主流应用方式。

公司内部的管理沟通以往是一个大家都不满意的地方。所谓 360 考评体系也是走形式，并不能达到期望中的目的。虽然有人说没有沟通就没有管理，企业管理者 70%的时间用在沟通上，而企业中 70%的问题是由于沟通障碍引起的，但大家还是知道越大的公司沟通越困难。我们看看专家给出的沟通技巧：①赞美对方；②移情入境；③轻松幽默；④袒胸露怀；⑤求同存异；⑥深入浅出。我们看看专家给管理者的建议：①让管理者意识到沟通的重要性；②公司内建立良性的沟通机制；③从领导者开始抓沟通；④以良好的心态与员工沟通。我们再看常见的沟通障碍：①以为沟通过，别人就清楚了；②不敢越级沟通，不敢与高层直接沟通；③害怕被拒绝；④没有提前计划沟通活动；⑤缺乏适当的沟通技巧。[①]

我们可以看到，沟通对管理的双方（管理者和员工）都是一件看上去很麻烦的事情，而沟通的障碍几乎存在于每个人。在企业大脑这种管理模式下，按照我们人做不好就让机器做的原则，企业大脑实际上是一个很好的沟通渠道。对双方都没有上面的那些要求，也不存在任何的沟通障碍。而且，企业大脑可以在沟通方面做得更加人性化，让沟通的双方更加乐意交流。

第十三节 机器人和机器换人

企业大脑模式做到极限，可以理解为是一种管理上的“机器换人”。与服务行业、制造行业的“机器换人”本质上类似。在实际中，由于技术的局限，没有

① http：//baike.baidu.com/link?url=nKzAA9bGHHzKkUwWoRASbg7MhDttiPjujNDbwQqSkSff23TOPySAsKAjfqyno45C.

那么智能的情况下，人与机器也可以是互补的关系，但是，对企业而言，更具有性价比。因为换的对象成本高（更多是管理人员的时间成本和沟通成本），投入成本低（更多的是软件）。

由于人工成本的增长，2013 年开始，制造业开始了一种“机器换人”的运动，通过机器的引入来降低生产成本。在服务领域，也开始出现了机器人的应用。2015 年，日本出现了一家名为“海茵娜”的机器人酒店，有 72 间房，10 个机器人，6 个员工维护，还对房间进行了智能化的改造，而且房价更便宜。据称颇受欢迎，入住率达到 100%（可能是位于一个度假区的原因），2016 年扩建了。

在“机器换人”案例中，智能终端或者机器主要是机器人，需要考虑投入机器的成本及更换调整的成本问题。从组织结构和财务上，我们看到“机器换人”后，机器人酒店是另外一个不同于常规企业运行的模式，没有招聘、培训、轮岗等岗位，相应地组织规模也变小了。人更多的是作为技术工人出现，是机器人的服务定义、检查、维修方面的工作。

企业大脑模式下，智能终端也可以是机器人，也可以是智能互联设备，也可以是手机，可以随着技术的发展随时演进。

“机器换人”这种趋势本身是一个商业选择、经营选择，不是技术选择，而技术需要配合商业和经营的需要，达到相关的体验预期。这方面，人工智能技术还需要不断地进化和发展。

第十四节　解读经典—明茨伯格《管理进行时》，陈春花《管理的常识》

明茨伯格《管理进行时》（明茨伯格，2010）解读。

亨利·明茨伯格是加拿大麦吉尔大学（McGill University）管理学院的资深教授，被世人誉为最具原创性的管理大师。他特别之处是相关的工作都是研究真实的管理者后得出的。在《管理进行时》一书中，根据明茨伯格的观察和研究，在经理的工作中，有着明显的六大特点，即工作的紧张和繁重，工作的简短、多样和琐碎，关注现实而不假思考，喜欢口头交谈方式，处于组织和外界联系网络的

“瓶颈”，权力和责任混为一体。经理在工作中具有 10 种角色，包括挂名首脑、领导者、联络者、监听者、传播者、发言人、企业家、故障排除者、资源分配者和谈判者。这 10 种角色可分为人际关系方面、信息方面和决策方面三类。按照角色的不同，明茨伯格又把经理的类型分为 8 种：联系人、政治经理、企业家、内当家、实时经理、协调经理、专家经理、新经理。概括起来，可以用一组数字来描述经理角色学派，即六大特点，10 种角色，8 种类型。这是管理学史上第一次从实证角度全面分析经理的活动，如图 5-1 所示。

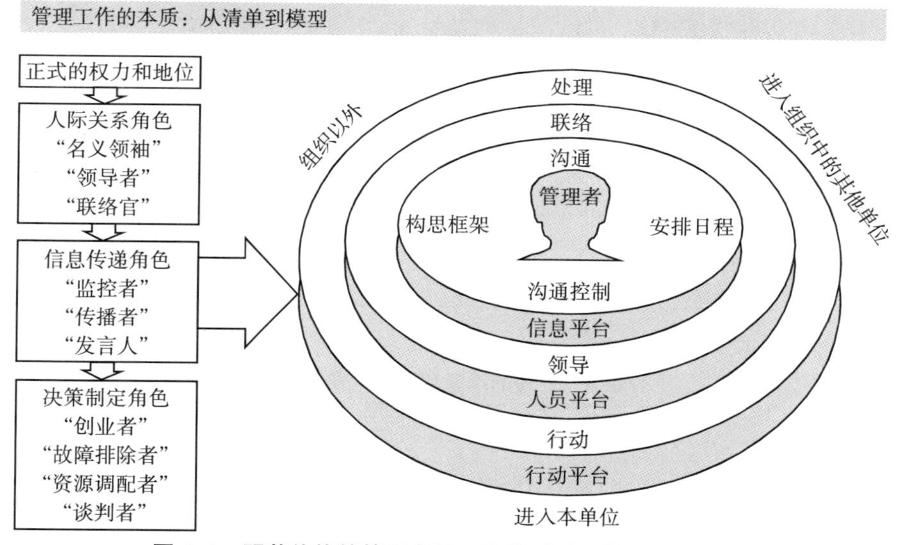

图 5-1　明茨伯格的管理者的工作模型（明茨伯格，2012）

企业的管理者是最大的知识工作者。在一个拥有企业大脑的企业中，企业变得扁平化，所有的企业知识工作者都将成为某种程度上的管理者。所以，可以探讨企业大脑如何支持管理者的相关工作。

根据上面的模型，企业管理者做的工作如表 5-5 所示。可以看出，企业大脑可以在各个部分进行技术上的支持。

书中总结了管理者的 12 个难题，从表 5-6 我们看到企业大脑都可以发挥作用。这印证了一个观点，即人做不好的，不妨用机器来做。

表 5-5　管理者的角色和企业大脑的辅助作用

	管理者 构思工作框架和安排工作时间		企业大脑对管理者的支持作用
	内部	外部	
信息平台	沟通 • 监督 • 神经中枢	• 发言人 • 神经中枢 • 传播	辅助支持
	控制 • 规划 • 委派 • 选定 • 分配 • 评价		辅助支持
人员平台	领导 • 激励个人 • 培养个人 • 打造团队 • 加强文化	建立关系 • 建立关系网络 • 代表 • 传达和说服 • 缓冲	辅助支持
行动平台	行动 • 管理项目 • 处理危机	交易 • 建立同盟 • 动员支持	辅助支持

表 5-6　管理的难题和企业大脑的作用

	12 个管理难题	企业大脑的作用
思考难题	肤浅综合征 当管理压力特别巨大时如何深入管理？ 规划的困境 暂且抛开超前思考，怎样在如此忙乱的工作中制定规划、设计战略并进行正常思考？ 分解的迷宫 在一个被分析分解了的世界中，管理者如何将繁杂的事物综合在一起？	通过企业大脑深入管理 通过企业大脑进行计划、战略和思考的引导 通过企业大脑进行信息综合
信息难题	联络的困惑 当管理本身要求管理者脱离所要管理的事务时，怎样才能保持信息畅通？ 委派的困境 大多数相关信息都是个人的、口头的甚至经常是特权的，这时又该怎样委派任务？ 衡量之谜 在无法依赖衡量的情况下应当如何管理？	通过企业大脑进行事物沟通 通过企业大脑进行委派和任务跟踪 通过企业大脑进行分类分级反馈

续表

	12 个管理难题	企业大脑的作用
人事难题	秩序之谜 管理工作本身无序时，怎样给其他人的工作带来秩序？ 控制的悖论 当上层管理者强加秩序时，怎样保持必要并可控的无序状态？ 自信的把握 在不自负的前提下，怎样保持足够的自信？	通过企业大脑给他人秩序感 通过企业大脑进行控制，保持可控的无序感 通过企业大脑反馈信息，提升企业大脑能力，企业大脑带来自信
行动难题	行动的模糊性 如何在一个复杂而又微妙的世界中采取果断行动？ 变化之谜 如何在需要保持连续性的情况下管理变化？	通过企业大脑主动沟通收集信息，分级分类处理信息 让企业大脑保持连续性，让人来处理非常规事物
综合难题	终极难题 管理者怎样才能同时管理所有这些难题？ 我的难题 尽管所有这些难题可以分开陈述，但又都看似一样，我该怎样调和这一事实呢？	通过企业大脑管理 通过企业大脑收集反馈信息，让别人来判断反馈，然后再调和

企业大脑是一个合适的管理者。《管理进行时》（明茨伯格，2010）中梳理了52 条有效管理者的素质。书中认为做到了这 52 条，一定会成为一个有效的管理者，但不一定是人性化的管理者。我们可以从表 5–7 看出来，企业大脑在技术和不同水平上可以体现出这些素质。

表 5–7　成功管理基本素质综合和企业大脑的体现

	企业大脑 能够体现的素质
勇敢	√
尽责	√
好学	√
自信	√
正直	√
善于思考	√
见解深刻	√
开明/宽容	√
（容忍他人、含糊的语言、不同的想法）	
创新	√
善于沟通（包括是个良好的倾听者）	√
保持联系/信息畅通	√
敏锐	√

续表

	企业大脑 能够体现的素质
有思想/有才智/聪明 善于分析/客观 务实 果断（注重行动） 主动	√ √ √ √ √
精力充沛/满怀热情 高昂/乐观 雄心壮志 坚决/执着/热忱	√ √ √ √
有魅力 热情 鼓舞人 有远见	√ √ √ √
协作/参加/合作 参与其中 乐于助人/同情/体谅	√ √ √
稳重 可靠 公正 负责 道德/诚实	√ √ √ √ √
坚定不移 灵活变通 善于平衡 擅长综合	√ √ √ √
高大①	√

《管理的常识》语录解读。《管理的常识》（陈春花，2010）是陈春花教授的管理著作，总结了许多管理体会。表 5-8 试图从企业大脑角度重新观看一下管理者的视角。

表 5-8 《管理的常识》管理语录的企业大脑解读

《管理的常识》语录	企业大脑解读
管理没有对错，只有面对事实解决问题： ①管理就是让下属明白什么是最重要的 ②管理不谈对错，只是面对事实，解决问题 ③管理是“管事”而不是“管人” ④衡量管理水平的唯一是能否让个人目标与组织目标合二为一 ⑤管理就是让一线员工得到并可以使用资源	企业大脑是管事的“人”，帮助一线员工得到并可以使用资源

续表

《管理的常识》语录	企业大脑解读
管理始终为经营服务 （经营：做正确的事） （管理：把事做正确） ①管理做什么必须由经营来决定 ②管理水平不能超越经营水平	企业大脑始终为经营服务
有效管理 第一个特征：时间管理 第二个特征：系统思考（认知到个人和组织的关系、整体和局部的关系） 第三个特征：培养人	企业大脑达成有效的管理
管理是一种分工 权利归属于组织而非个人 激励要以团队精神为导向	企业分工包括了企业大脑的工作安排
企业的管理内容包括：计划管理、流程管理、组织管理、战略管理和文化管理	还需要包括企业的智能化管理。这些管理内容将集成到企业大脑中
组织结构设计原则： ①指挥统一，一个人只能有一个直接上司 ②指挥幅度。从理论上来讲，一般的管理跨度比较合适的是五六个人 ③分工，横向分工（资源线）及纵向分工（经营分工），职能部门要专业，而非细分 ④部门化。把做同一件事的人放在一个部门里交由一个经理来协调	通过企业大脑的组织是扁平式组织，更灵活的分工、组织、指挥
向上管理：管理自己的老板 与上司建立并培养良好的工作关系： ①和谐的工作方式 ②相互期盼 ③信息流动 ④诚实与可靠 ⑤合理利用时间与资源 技巧和注意的问题： ①利用上司的资源和时间 ②保持正式的沟通 ③发挥上司的长处 ④欣赏和信任	这是很多人头疼的问题。企业大脑将是最好的沟通中介，可以规范化企业内的沟通，降低沟通的困难。人做不好的事情试着让机器做做看
决策的第一个重点：做任何决策的时候，首先不是判断这件事情要不要做，而是判断能不能找到人去做	企业大脑将可以主动推介人员、进行任务分工、监督任务执行。将服务标准化和能力标准化后，这些将有可能实现
员工的绩效由管理者决定 ①提供工作团队清楚的方向感与努力的目标 ②鼓舞下属追求更高的绩效 ③支持下属的成长以及成功 ④建立合作的关系	对员工而言，企业大脑将扮演日常管理者的角色

第十五节　麦肯锡观点：人工智能颠覆管理

麦肯锡作为全球最具影响力的战略咨询公司，对人工智能和管理关系的理解应该是对企业管理者最具有参考价值的。

麦肯锡公司估计，目前由人们执行的任务中，多达 45%可以使用现有技术自动化。人工智能有可能从以下几方面影响公司的运行：①

（1）组织智能爆炸。组织正在使用 AI 以大规模解决问题。大多数组织只利用其数据的 10%~30%，其中大部分仍然是结构化的交易信息。与其他技术带来的组织相比，AI 技术将使高级管理人员更快地了解市场机遇和更快地了解威胁，因为他们可以更全面、清晰地看到他们的环境，更好地了解合作伙伴和客户，改变员工的工作方式。

（2）组织获得先行优势。指数技术早已出现，表现为处理能力、存储容量、带宽利用率呈指数级增长，以及所有这些都是数字信息的结果。相同的规则也适用于机器学习。真正的 AI 以指数速率学习、发展，有时甚至重写自己的更好的版本。由于这个因素，第一家上市的公司也可以收集最多的培训数据材料，这造成了竞争的障碍。

（3）员工可能带头冲锋。AI 以各种方式渗入组织，在线和嵌入企业应用程序。这种趋势正在加速，需要企业管理者注意，因为它在某些时候会显著影响企业文化和业务战略。人工智能的接受和广泛应用的起点不是来自 CXO，而是来自员工通过像智能个人助理和智能设备这样的应用在日常生活中看到 AI 的好处。就像“带来自己的设备”趋势，员工们将开始在办公室使用他们自己的“智能”个人生产力应用程序，挑战组织重新评估其政策，AI 将从下到上改变企业文化，而不是自上而下。

（4）组织结构将转变。分层组织结构对业务敏捷性和从数据中推动价值的能力产生不利影响。同样，部门和业务部门之间的持续障碍限制了公司从数据中衍

---

① http：//www.mckincey.com/.

生出其他类型价值的能力，因为数据仍然陷入孤岛。项目型组织在矩阵环境中运行，能更好地利用AI系统的优势。这是因为项目化组织可以更容易地获得整个企业的资源和关键业务渠道。Genpact估计，2015年全球将有近4000亿美元的数字投资被浪费，因为整个组织未能实现预期成果。

（5）AI需要上下文。AI系统需要大量的输入来产生适当的输出。由于每个公司，其文化和目标都是独一无二的，因此AI系统需要对这些细节进行培训，以便有效地帮助员工，并准确地满足组织的需求。与传统的分析系统不同，传统的分析系统可以在不考虑一些较软的组织问题的情况下构建，AI要求组织了解他们带来的信息以及它们为什么带来。机器变得越来越聪明，人们可以更聪明地工作，这是一个明显的趋势。虽然机器将越来越多地获得更多的自主权，他们将在人类的空间，人类的规范和伦理范围内这样做。

（6）组织必须适应。AI自动完成一些任务，并与其他人协助，取代和补充员工的工作。需要考虑如何转移分工可以影响公司的管理方式和组织方式。AI正在影响企业的许多方面，从工作流程管理到广告战略，它可以使管理人员能够做出更好、更快、更准确的业务决策，以简化操作，分配资源，了解市场趋势并与客户联系。因此，管理层需要准备好解决一些业务问题，包括重新评估内部运营，不断变化的员工队伍，销售和营销策略，以及改变投资优先级。

（7）这不是关于技术。AI正在获得关注，来自企业家，行业巨头，以及将AI产品，工具，API和服务推向市场的公司。然而，一如既往，技术的成功应用不仅仅是技术，它涉及技术，人员和过程。一家公司将通过使用人工智能，以及越来越多的人机数字融合，而不是通过选择哪种特定的智能技术来加以区分。如果一个公司只处理技术元素，而不涉及组织的人员和过程方面，它可能看到短期的收益，但将长期受损，解决内部问题的公司将获得第一。

（8）员工赋权是必要的。公司致力于使数据分析得使用民主化，使管理者和员工能够更快地做出更好的决策。由于业务的速度在AI的帮助下继续大规模增长，因此将需要更多的员工赋权。

（9）通过做来完善。成功使用AI的公司对人力和人才进行投资。他们还积极鼓励创新和实验，使他们能够从错误中快速学习并利用机会，希望比竞争对手更快。

（10）对意外有准备。AI不应该被视为一个简单的技术采购，因为需要不同的东西来使它成功运行。因为 AI 的目的是提供超人的分析或解决问题的能力，所以其训练不能局限于在任务上无意识地执行。

(11) 注意可能性。数据驱动的公司，包括 IBM、Google、微软、亚马逊和 Netflix，正在不断地推动可能的事情，以加快创新，区别自己，并在某些情况下，培养社区，可以扩大广度和深度 AI 技术和用例。对于高层管理人员来说，了解 AI 可以提供的价值，以及这个价值如何帮助公司实现其战略目标是明智的。"机器学习技术使亚马逊这样的公司真正成功，能够从历史数据中学习以便向某个购物者推荐他下一步可能购买的是一个关键的区别，然而，真正的"深度学习"技术仍然刚刚出现，谷歌不会只是赢得围棋比赛，而是用于 AI 驾驶汽车，用于 AI 优化他们的数据中心，甚至用于 AI 进行全球物联网的优化。

(12) 改变在手边。CXO 的组成正在改变，以更好地利用数据。数据精明的高管正在取代传统的高管，正在创造新的角色，领导者通常面临压力，要了解数据，分析和机器学习的价值和影响。一些新的，快速增长的执行角色包括首席数据科学家，首席营销技术官员和首席数字官，所有这些都符合人工智能不断增长的需求和预期。在许多层面上，非传统的候选人取代了传统的角色。例如，精算专业协会正在积极宣传这样一个事实，即虽然大多数精算师在保险业工作，但也有非传统的就业机会，包括数据分析和营销。

本章小结

(1) 企业大脑是未来组织的主要形式。

(2) 企业大脑是企业成本（价值）再分配的平台。

(3) 如果人做不好，不妨研究教机器做。

(4) 企业大脑就是管理和服务上的"机器换人"模式。

第六章　机器智能下的资产——重新定义数据资产

资产=资产+数据+智能

第一节　智能时代的竞争力——数据垄断力

作为企业大脑的三个核心要素，大数据、智能终端和算法，数据垄断力是唯一可以建立竞争门槛的途径，也是新时代企业的核心竞争力之一。当你看到淘宝晒出了你10年前的消费记录，然后听到马云讲我们进入了DT时代。你就知道阿里巴巴早就已经准备好了，并取得了消费和商品数据的垄断力。

在企业中，大家关心的都是资金，系统是围绕资金相关的业务进行的。而对于数据而言，从来没有纳入考虑的范畴，特别是大数据的内容。

用户数据的垄断力可能是每个企业大脑需要考虑的战略方向之一，如何在竞争中建立数据垄断力？这是在人工智能时代需要经常反思的管理问题。

算法和智能终端也可以建立某种竞争力，不过需要更多的投入，而且不一定具有排他性。基础的算法一直以来都在改进中，而且已经发明很久了。现在各个互联网公司和科技公司纷纷将自己的算法程序开源。事实上，以目前的技术而言，每个电脑的智能能力都需要依赖数据能力、计算能力和算法的调试能力才可以完成，还是一个手艺活，有些结果介乎于能用和不能用之间，算法工程师也不一定能够解释得了为什么是这个结果。

第二节　人的价值就是数据价值——如何从大数据获得商业价值

很多行业客户经常会思考这样一个问题，我有很多很多的数据，可是这些数据如何能够变成钱呢？

我们从大数据的典型案例以及MTM2模型，可以延伸出这样一个结论，大数据的价值体现在这批数据可以教会计算机有价值的人的能力，特别涉及管理痛点的人的能力。

比如，网络贷款解决了贷款的风险评审问题。而这个能力以前是人做的，只不过人做的效率比较低，而机器通过算法做的效率更高，结合了智能硬件的功能（例如手机拍照活体身份识别认证等技术），可以将评估的正确率提高。

另外，我们也看到，在有些案例中，仅仅是现有数据还不足以解决某个问题，还需要算法专家和行业专家进行设计，产生更多的学习案例数据。

第三节　天下有免费的午餐——免费服务获得大数据

通过服务，特别是免费服务，获得企业发展需要的大数据。未来企业的核心竞争力之一是大数据。而大数据的长期持续地获得，需要一种有效的机制。通常这种机制就是某种免费的互动服务，面向用户的免费服务。

在互联网公司中，各种免费服务大家已经非常熟悉了。通过免费服务，不但可以有针对性地收集数据，增强服务，而且可以分析用户行为，为收费服务提供依据。通过免费服务，也可以快速测试和完善新的业务功能，培养粉丝客户。

通过免费服务，不但能够获得数据，甚至能够将企业的部分职能外包。比如，Windows的产品设计的需求调研，传统方法需要花费很多钱，而且还不知道是否是用户的需要，Windows8 被认为是这种闭门造车的产物。Windows10 则改变了工作方法，直接将测试版的产品提供给部分发烧客户免费使用，并从中获得反馈。软件开发小组甚至撤销了部分测试，将测试和反馈这种传统内部的工作流程放置到了外部。这实际上是将部分的内部职能进行了外包，并且非常巧妙地利用了免费模式。

企业大脑下面，免费服务以免费的交流形成成为常态。交流是以自然语言甚至自然语音这种方式自由地进行的，也可以结合智能硬件的智能感知模式进行。从而多渠道、多形式地收集信息和数据。这些数据将通过机器的认知智能和后台的系统，获得机器的学习和相关人工的处理。从而让数据的收集过程更加自由和主动，更加友好。

数据资产的定价和交易，信息的定价和交易，知识的定价和交易，智慧的定价和交易，这些在数据爆炸、信息爆炸、知识爆炸、智慧爆炸的年代，是一个需要面对的问题。智慧的定价是指算法、模型、参数及学习的定价，也是一种数据服务定价。知识和信息在这里则要么依附于数据，要么依附于智慧中的算法、模型、参数。

当企业不能从自身获得数据资产（也包括信息、知识、智慧等）的时候，还可以通过采购的方式获得。不能定价就无法交易。定价权是任何交易中的一个核心权力。当数据可以公开交易的时候，数据是一种服务。当数据成为一种垄断竞争力，争夺数据的定价权实际上是争夺服务的定价权。数据的交易目前还未见大规模地进行。

第四节 形成企业大智慧——大企业的大数据战略

从企业大脑看，大数据规划是从数据到智慧（机器智能）的规划过程。企业大脑的智能依赖于数据。所以企业大脑的实施需要制定独立的大数据战略。大数据战略的核心是企业大脑作为核心竞争力的智力能力目标如何能够有效达到。

企业大脑能够帮助用户的常规智能行为可以分类如表 6–1 所示。

表 6-1　企业大脑帮助用户的智能行为

管理层级	企业大脑帮助用户的智能行为
基本服务	提示、展示、问询、服务、数据收集
执行层	方案引导、绩效提示
管理层	判断、计划、经营分析
决策层	判断、经营分析

这些智能行为来源于数据、信息、知识和智慧的积累，如表 6-2 所示。

表 6-2　企业大脑中数据、信息、知识、智慧的内容

	常规定义	企业大脑的内容
数据	最原始的信息表达方式	大数据=全样本
信息	有价值的数据	领域信息
知识	用于解决问题的结构化信息	领域知识、领域模型
智慧	达到目标而运用知识的能力	提示、展示、问询、服务、数据收集、方案引导、绩效提示、判断、计划、经营分析

为了给企业展示这些智能行为，需要在规划中细致地梳理相关的数据、信息、知识和智慧的收集及集成。这些常规的概念，在企业大脑这个框架下有了具体特定的含义，这些含义有助于大数据规划的具体化，更具有可操作性。在智慧部分，需要算法的实现，并且需要明确机器表现出的能力水平。

上面的数据收集主要集中于常规的管理诉求。在具体企业中，数据的收集工作还有很多其他管理上的诉求。比如，用于基础数据的防伪和责任管理，用来进行预测定价等。

另外，大数据的规划还有战略上的诉求。从长期竞争考虑，需要考虑数据的垄断性竞争优势问题，并提出对策。

第五节　企业大脑与企业垄断力形成

企业大脑将形成一种知识、信息、数据、智力能力的垄断。这种垄断力初期最主要是基于对数据的垄断而产生，后期则由于企业的智力能力的持续提升和重

构而产生。

这种垄断可能会形成大者恒强的局面，而且在后期并不容易破除。这种优势的建立包括软件能够支持更大的业务量，包括硬件可以更具性价比的运行，包括更多的数据积累和二次分析数据积累。企业追求竞争优势的一个有效手段是在某个细分的市场追求市场或者资源的垄断。企业大脑提供了一个这方面的契机，在企业的运作能力和对行业及客户的服务、理解能力方面提供了手段，而没有这种手段通常在长期竞争中逐步落后。

计算机软件行业也是这种情况，很多服务商还是提供接触用户的免费产品建立某种竞争优势，并最终引流用户到收费产品中。没有免费产品的企业都会面临发展瓶颈的制约，并影响服务质量和消费者体验，不能有效地降低服务成本，最终引起公司内部的腐败和财务上盈利能力的下降。

企业大脑的出现将加速这种竞争差异的变化，并促使行业的快速变革。这种综合数据和计算智能的天然垄断力，将在政府和公共服务机构中发挥出更多的正面作用。这在视频监控抓捕逃犯和电话监控等领域已经体现出来。

第六节　企业大脑的竞争点

企业大脑的竞争本质上是数据和算法的竞争。这种数据和算法最终形成的连接价值，具有网络经济的指数增长特点，形成大者恒大的情况。

智能终端成为用户访问企业大脑的主要手段后，机器需要与人多维度地联系起来，这种联系比较多地体现在系统的体验上。当然，作为企业内部的应用，无论体验再差用户也需要使用。但如果放到一个公有云的环境中让更加广泛的用户自由选择使用时，体验就显得非常重要。

这种体验的细节在系统中体现得越多，整体的系统越有价值，从而决定了企业大脑的竞争力。企业大脑是连接用户体验和功能的一个网络价值体系，价值与用户的平方成正比。

我们以某电商作为一个例子。它的购物客户端一直不能提供很好的体验，有的时候是服务器倒掉，有的时候是一些细节功能有问题，比如商品列表检索是按

照仓库编码排列的，比如发票公司名称只能输入六个字符，这样的系统，每次做推广都会造成用户的流失。这些体验细节没有做好，没有与用户连接起来，整个系统就没有价值，所以总是落后于相关的竞争对手。

我们从中也可以发现在企业转型过程中技术研发的管理问题。为什么会出现这个问题，因为系统是做给领导看的，交差用的，是赶工赶出来的，不是给客户用的。每次赶工的结果是，看上去似乎零件都有了，就是开不了。

企业大脑的竞争在于企业大脑的价值，而这个价值体现在连接能力上，体现在体验上。要做好体验，需要面向用户做研发，而不是面向领导做研发。有了体验就有了用户，有了用户就有了样本，有了样本就有了大数据，有了智能，有了竞争力。

如果一个企业内部有一个企业大脑，知识超过了每个人，判断力超过每个人，怎么办？如果一个行业内部有一个企业大脑，知识超过了行业中每个人，判断力超过行业中每个人，怎么办？如果一个城市有一个企业大脑（或者叫作城市大脑），知识超过每个人，判断力超过每个人，怎么办？最终，当人工智能引入管理体系后，我们会面临这些判断和选择。当我们不遗余力地将系统的信息无限扩展，将系统的判断力不断提高，将系统的智力水平不断提升的时候，我们如何对待管理体系中的超强记忆力和判断力，也许是认为理所当然，就好像计算机的速度快一样的感觉。

第七节 企业大脑的竞争策略

企业的竞争最终是用户网络价值的竞争。而用户网络的成长取决于用户体验，用户体验取决于机器智能，机器智能取决于算法创新+全样本数据，全样本数据取决于智能终端。

最终企业竞争的门槛在企业智能的一次次提升中不断提高。每次都经历了这样一个循环，即智能终端升级，全样本数据收集，新智能算法得到新的机器智能，新的智能通过智能终端对用户带来新的体验，新的体验吸引更多的用户加入企业的价值网络，如图 6-1 所示。

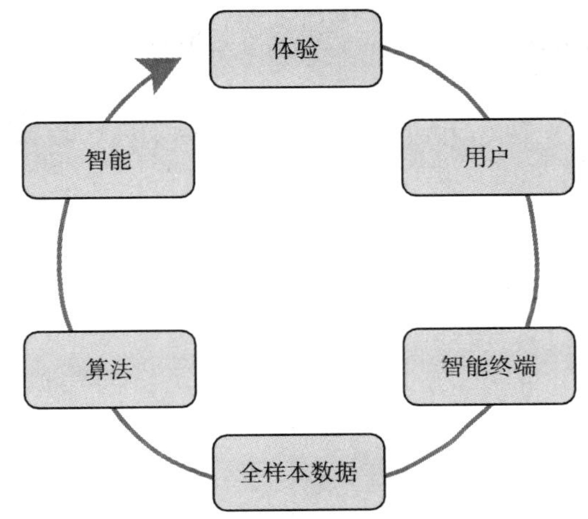

图 6–1　企业大脑竞争升级闭环

这种策略类比传统的购物中心提升模式，不断地提升招商的品牌、门店的档次、购物体验，通过品牌、装修和体验提升竞争力。

在这方面，互联网公司一直是这样做的。比如谷歌的搜索引擎非常智能，这是建立在不断优化算法，降低计算成本（谷歌未来降低计算的成本，将数据中心设立在适合降温成本低的地方，自己采购零件装配计算机，等等），从而在竞争中脱颖而出。

从竞争的角度看，全样本数据的获取和保持，机器智能算法，这些都是竞争的关键环节。通过不断提升的智能，可以更多地获取到深度的样本数据，也包括时间维度的数据，包括更多用户群体及其活动的数据，从而构筑更高的竞争门槛。

通过在现有业务上叠加增值业务，同样可以获得更多的用户数据，从而构筑新的门槛。从面向个体的机器智能到面向群体的机器智能，这些都是值得探索的课题。以微信这类即时通信工具为例，通过统计转发某类型文章的数量和人员排行榜，我们可以非常简单地用一个查询语句从海量人群中发现某种类型主观想法的人。这在以前几乎是一件几乎不可能的事情，而现在就是一个简单的查询。

第八节　从资产的角度重新评估数据

传统的资产理念是实物资产，后来是权益资产，现在我们所指的资产主要是权益资产，并且在整个社会生活中占据了非常核心的地位。我们从权益资产的身上看到了资产荒和资产的泡沫化，这些都是权益资产的特征。

在新经济场景下，数据资产成为一种新的资产形式，人们为互联网公司给出了更高的估值，越来越多的主流互联网公司成为平台型公司，并将数据作为核心战略。可以预期的是，随后的智力资产将成为一种新的数字资产形式，人们将给具有更高智能的公司提供更高的估值。

互联网公司为了能够接入用户，提供了更好的体验、融合了更细致的场景设计、提供了更快的速度、更大的容量，获得了一个完整的价值网络。所有这些工作的成果形成了大量的用户数据和基础数据（如地图），包括用户创造数据和用户行为数据。

这些新的、实时的、不断涌现的数据，就如同原油一样，经过加工提炼，供各行各业使用，成为提升社会发展效率的一种新动力。

这种数据的价值会体现在网络上，通过网络进行放大。表面上很小，实际是巨大的。比如，在淘宝上，只需要几十元就可以买到一个网店的装修设计。这在实体店的世界是很难想象的。这种基于海量的用户和数据建立起来的增值数据服务，潜力巨大，是每个企业需要考虑的问题，是每个企业忽略的数据资产。

第九节　企业的核心能力是对数据资产的控制力

对于数据资产，企业需要建立的最重要的能力是控制力。这种控制力，对于有价资产而言，是保值、增值、安全、风险控制的控制等方面。对用户数据而言，控制力表现在信息获取和互动的持续性及有效性，以及信息的影响力等方面。

当我们从资产角度看待问题时，我们看到了企业关注点从实物资产、权益资产到数据资产，我们可以归纳出最终都是数据资产。仔细分析数据资产中什么是企业最核心的能力？

在规划企业的数据战略时，数据资产的控制力是一个非常重要的维度，而且跨越了企业管理的各个环节。若实物资产的控制力不足，会丢失实物；若权益资产的控制力不足，会丢失权益，甚至企业；若数据资产的控制力不足，会丢失用户、丢失权益、丢失核心竞争力。

有必要在企业的战略规划中以及风险控制中，将数据的控制力及其相关的影响因素作为一个需要定期评估并管控的指标，以保证企业的竞争中保持数据资产的优势地位。

有效提高数据控制力的方法，无非是依赖技术、管理、商业等多种手段，其中人工智能/企业大脑将是未来提高数据控制力的一种更加综合有效的手段。

第十节　从资产的角度重新评估智能

当智能可以算法化，智能可以超过人的时候，智能这种稀缺资源就具有了自身的价值。企业大脑就是这样的一种智能体现。

当企业拥有某个行业的大数据，并能够做出最准确的判断，这个企业具有什么样的价值？科学研究表明，智能是一种稀缺资源，有点类似钻石，可遇不可求，所以才会有猎头这个行业。

智能的价值能有多大？智能能够学习现有的所有数据，智能能够通过系统影响现有的所有实物资产。智能能够影响未来所有的创造。

智能资产的价值与数据资产相关，也相对独立。未来，智能将成为企业在产品和服务方面差异化的一个重要指标，也会成为企业自身运行水平的一项重要指标。

智能资产随着对数据的占有和品牌的传播，会形成某种程度的垄断优势。就好像一个大夫出了名后，大家都来找他看病一样。这种快速的会聚，由于机器的速度特征将会加速进行，从而影响到企业的竞争力。从另外一个角度看，这些智能只有分享出来，才具有最大的社会价值和经济价值，所以通常会更多地以分享的形式出现。

由于目前深度学习算法的不可解释性，从中获得的机器学习程序和能力多体现在一群专业人员的专业服务中，所以智能学习团队的建设和培养是智能持续提升并应用的基础及关键。从这个角度看，机器智能还是靠专业人士，而智能资产的形成还需要团队的稳定。由于相关算法的开放性、开源性以及计算能力的开放性，这方面并没有给企业设置核心技术的门槛，更多地体现在人才和研发速度的竞争上。

微软作为全球最大的企业生产力软件公司，在人工智能方面的创新研发投入是有目共睹的，它开放出来的人工智能的核心技术是最多、最快、最全面的。它对人工智能的愿景也是最长远的一个。下面可以了解到微软对人工智能和提升生产力的观点和技术。

第十一节　微软的观点：面向每个人和每个组织普及人工智能

一、观点

（1）微软研究院的总部早在 1991 年就成立了，那时的微软还是一家比较小的公司，但那时的比尔盖茨已经对未来有了清晰的愿景。他愿景中的一项早已广为流传，现在很多地方已经成为了现实：希望每户人家的桌子上都有一台电脑。不过他另一项不那么为人所知的愿景其实同样重要：希望电脑能像人一样，看懂和听懂外面的世界，并像人一样进行思考和推理。

（2）人工智能的本质。不是为了在游戏中打败人类，而是要帮助每个人成就更多。人类和机器协同工作，让世界变得更加美好。在微软，我们的雄心是要让人工智能走出象牙塔，普及为全民所用。将 AI 覆盖到所有领域，实现“AI 技术民主化”，从而迎接全球最紧迫的挑战。因此，微软未来会在所有的产品都部署人工智能技术。

（3）要达到通用的人工智能至少还需要 10 年、20 年，甚至更长。这个过程中有各种各样的问题需要解决，包括常识嵌入的问题，人工智能每个思考的步骤、思维、创造性等。

（4）给 AI 确立造福人类的原则，做到透明与负责。从（聊天机器人）Tay 身上得到的最大收获之一就是，你需要打造出能够抵御恶意攻击的人工智能。就像如今开发软件要能经受住 DDOS 攻击，你也要能经受住语料库攻击——这种攻击试图污染语料库，对 AI 进行误导，从而让 AI 学习模型选中错误的东西。如果我们的图像识别 API 本身就存在一些偏见——那可能是因为缺乏数据，或者是特征选择出了问题，又或者是我们构建的卷积神经网络偏离了设计，我们必须负起责任，就像我们为那些软件漏洞担负责任一样。并不是说我们想要所有事情时时刻刻都做到完美，但如果有人发现某个地方存在错误，那么我们就会对它进行重新训练。

（5）教导计算机学会人类语言是我们的终极任务之一。在 AI 学会自由运用人类语言之前，首先要让它理解你来我往的对话。只不过，实现语言生成是一个通用人工智能（AGI）问题；它并不是一个应用人工智能问题。你必须掌握一种通用人工智能和通用学习模型，它要能充分理解人类知识和词汇中一切事物的语义。只要是会遇到歧义和错误，就需要思考如何让人类介入进来，以及如何升格到由人来做出选择。在我看来，这就是人工智能产品最讲究的地方。

（6）如果有一定比例会出现歧义和错误，那你就必须要有处理异常情况的能力。可是这首先要能够检测出那个异常来。幸运的是，在人工智能中，你拥有信心和概率分布的支持。所以，你必须利用所有这一切让人类介入进来。就拿客户支持来说，我们不认为虚拟助理能够回答所有问题。这种事可能需要升格到让人类客服代表进行处理，这时候聊天机器人就从主角变成了配角。客服代表回答问题，然后虚拟助理借由强化学习从中汲取经验教训。

（7）微软宣布内部新成立了规模达 5000 人的工程和研究团队，专注于人工智能相关产品的研发，新的 AI 部门的成立，同时也宣告了微软新的四大工程事业部 Office、Windows、云计算和 AI 部门的成形。

二、技术

（1）我们正从四个方面来思考人工智能的未来，实现微软要普及人工智能的雄心壮志：

1）智能助手：提供诸如微软小娜一类的智能服务管家，通过人工智能从根本上改变人们在生活中与计算机助手的互动方式——最终创造一个智能助手，了解你的环境、家庭和工作，在多个平台和应用程序间切换运行，哪怕这些平台并不属于微软。

2）应用：在任何时间点上，向使用在任何一个设备上的、会和人们发生互动的、任何一个应用程序中注入智能——打造全方位的可以随时自由切换的人工智能。

3）认知服务：将人工智能技术提供给全世界每一位应用开发者——AI 服务将聚焦于认知能力，从视觉、语言到机器分析，并使这些服务可以更加广泛地被开发人员应用。共享的生态才是最有生命力、最有发展潜力的生态。

4）基础架构：利用 Azure 云打造全球最强大的 AI 超级计算机，并向所有人开放，以确保企业和个人充分利用这些资源——微软称，AI 超级计算机将把 FPGA、GPU、CPU 和 Azure 云进行结合。新形成的云平台将使用与 GPU 处理相连接的“FPGA 结构”加速类似于机器翻译和必应搜索这样的应用程序，该云架构将使 AI 平台可以直接与网络对话。我们正在建造世界上最强大的人工智能超级计算机，通过云让每个人都有机会使用，从而引导它专注应对人工智能的各种挑战。

（2）微软认知服务：视觉（计算机视觉、情绪识别、人脸识别、视频检测）、语音（自定义智能语音识别、声纹识别、语音识别）、语言（必应拼写坚持、语言理解智能服务、文本分析、网络级语言模型、语言分析）、知识（学术搜索、实体链接智能、推荐、知识搜索服务）、搜索（必应网络搜索、必应视频搜索、必应图片搜索、必应新闻搜索、必应自动建议）。

（3）微软发布了 Concept Graph，这是一个链接到数百万概念的词汇数据库，它被用于帮助机器用人类的方式理解句子的含义，包含了 540 万个概念。

（4）对话即平台，Conversationsasa Platform。对话，即一种能够让各种知识、信息与服务都运行在其上，并形成生态环境的基础平台。对于这种对话平台的建立，微软以机器人（Bots）为发力点。聊天机器人将会是下一个大事件。这个概念很简单，但是影响会非常巨大。对于那些不懂技术的用户来说，对话的平台可以让计算机变得更加易于使用。对话将在图形用户界面、鼠标、接触式屏幕之后，成为与计算机互动的一种新的重要方法。

三、应用

（1）微软的对话语音识别技术达到了“人类同等水平”，词错率降到 5.9%，与人类专业速记员有记录的最低词错率一致。

（2）Cortana（小娜）已经回答了超过 120 亿条问题，拥有超过 1.33 亿活跃用户。她正在变得越来越聪明，对你和你周围的一切也了解得越来越多。更重要的是，她正在学会将这些信息融会贯通。

（3）照片编辑工具 Microsoft Pix 具有选择完美照片的认知能力。

（4）位置感知应用 MileIQ 能智能量化和分类差旅历程。目前它已记录了长达 110 亿英里的行程，帮助数以百万计的用户节省了累计 12 亿美元。

（5）智能键盘 SwiftKey，利用神经网络技术训练学习用户的打字习惯，通过预判下一个输入的单词，让打字的过程变得更加顺畅。这款应用已运行在共计 3 亿台安卓和苹果设备上，为用户累计节省了十万年时间。

（6）Office 365 中的 My Analytics 利用 Microsoft Graph 和人工智能展示你在工作日里的时间分配。

（7）通过丰富的数据模型让智能无处不在，在 CRM 系统之外，如果销售人员能够综合客户在 Twitter、Facebook、客户服务应用等平台给出的行为信息，帮助销售人员实现更加行之有效的整体销售方案。

（8）美国一些城市的司机端 Uber 应用就用上了微软的人脸识别技术，只要打开摄像头就能确认司机是否是本人。

（9）Cortana 智能套件是机器学习和高级分析的一个模块，已经在医疗保健、个性化医疗和农业等多个行业中一展身手。用户包括 Ecolab、施耐德电气和劳斯莱斯等。

（10）Bot Framework 是一个为新型应用加入智能的工具包。已有超过 40000 开发人员使用了这个工具包。例如优步正在利用微软认知服务中的人脸识别 API 开发移动应用，以保障乘客安全。

（11）HoloLens 配备 Azure 中的认知功能，并拥有 Pinterest 等服务中的偏好图形功能——美国家装零售公司劳氏公司就在利用它们重塑家居改造服务。借助机器学习和 HoloLens，你可以进入零售店后，在眼前建模，现场选材确定装修风格。

（12） Azure 现在是世界上第一个具有人工智能的超级计算机。换句话说，我们的目光已经放在后摩尔定律时代，设法应对摩尔定律失效的前景。我们有世界上最强大的云、最智能的云，也是最灵活的云。支持所有 AI 框架，包括微软自己的运算网络工具包 CNTK（最快的神经网络分布式框架，也是唯一可扩展的公共工具包），以及 TensorFlow、Caffe 和 Torch。

本章小结

（1）免费互动服务获得大数据。

（2）企业大脑智能是企业的核心能力。

（3）从企业大脑看，大数据规划是从数据到智慧（机器智能）的规划过程。

（4）大数据的价值体现在这批数据可以教会计算机有价值的人的能力，特别涉及管理痛点的人的能力。

（5）对于数据资产，企业需要建立的最重要的能力是控制力。

第七章　机器智能下的系统规划——重新规划信息系统

边际效益递增，边际成本递减

第一节　边际效益递增，边际成本递减——企业大脑的规划

好的信息化规划是什么？虽然一般是指帮助企业完成战略转型，企业战略和信息化战略匹配，但在当前网络经济的时代，这些还不够，还需要帮助企业在服务、管理上体现出网络经济无边界管理的特点，在经济上表现出边际效益递增，边际成本递减的特点。这将成为信息化规划的一个基本要求。企业大脑的架构具备这种特征。

企业大脑是最经济的投入。企业大脑的运作是由经济的定律支撑的。企业大脑是网络经济的表现形式，网络经济具有边际效益递增和边际成本递减的特征。在企业的所有生产要素中，没有一种要素有这种特征。

现在的系统建设采用战略导向、决策导向或者项目导向的模式，即来一件事做一件事，每件事实际都评估成本，独立管理、独立实施。所以企业的信息化预算从管理者的角度看，是个黑洞，而且似乎都是投入，没有看到一种清晰的理论模式去理解它。每个企业管理者最没有兴趣面对的是这方面的投入。传统的信息化建设方式，没有按照网络经济的模式进行管理，没有给管理者呈现出这种特

征，而是呈现出了传统生产要素的特征，即不断地消耗，没有明确的回报。

企业大脑的建设模式不是面向项目、决策导向模式的。企业大脑的建设和运行是面向网络、数据、算法、服务和智能的，将管理作为服务的一部分。因为只有网络、数据（服务在信息技术中也表现为一种数据或信息）、计算，按照网络经济的定律，才具备边际效益递增和边际成本递减的特点。

建设企业大脑是最经济的管理和信息化投入。企业大脑要按照网络经济的模式进行设计、建设和运营，才能够享有网络经济所具备的边际效益递增和边际成本递减的效果。同时，在规划过程中，也需要与企业的业务结合、企业整体的去进行这种效率优化和提升，而不是孤立地作为一个信息系统来对待。

这要求企业大脑在战略规划、管理规划、信息化规划、组织规划、运行规划等各方面融入上述这些网络经济的特征，并及时搭建相关的支撑体系。

这种转变主要是一种观念的转变，在企业的实际投入中，应该是没有很多变化的。即使成本不下降，服务质量应该也会有所提升。这是经济属性决定的。如果有人提出这种转型需要付出巨大的代价，那么肯定是方法论上有问题。

一个推论是，由于企业大脑的价值积累，这种转变本质上是不可逆的，而且有强烈的黑洞效应（注：目前 BAT 这种互联网企业发展规模越来越大，多少有这种特点），重新转向另一个全新的方向会付出巨大的代价。在有关企业大脑更换和放弃的代价段落中有深入探讨。

第二节　关注效率——企业大脑的核心特征

企业大脑是一套管理框架和概念。首先体现出的是管理效率提升。我们可以重新对比企业能够大规模提升效率的手段，可以看出企业大脑可以在每个环节都渗透发挥作用。所以，如果说企业大脑是企业整体效率提升的一套完整方法论也不为过，如表 7–1 所示。

表 7–1　企业效率提升手段中哪些企业大脑能够发挥作用

管理手段	企业大脑
组织分工：将一件事情分为几个环节由不同的人做	√
企业文化：打造共同的价值观和行为准则，这个是在思想和决策判断上进行是非设定	√
制度化：一切按照制度执行	√
集中化：比如银行系统的大集中策略	√
标准化：标准化、制度化都属于将共性部分提炼出来的范畴	√
模板化：将共性的部分提炼出来	√
计划性：有计划、有预案	√
流程再造：优化流程，提高效率或质量	√
矩阵式：将共性职能分类管理	√
模块化：将共享职能抽出	√
外包：简化管理	√
信息化：通过系统帮助管理	√
信息化技术手段	企业大股
案例库：提供可参考的历史案例，可以重复使用	√
在线化：马上可以交付使用，提升交付效率	√
虚拟化：将相关的资源数字化，便于数据交换	√
模型化：提供一个可以借鉴的共同框架	√
开源化：便于数据交换	√
开放化：主要在授权、源代码、接口 API 方面提供，在线的 API 也是更有效的一种形式	√
模块化：将共性模块进行封装，并提供开发接口，便于系统的演进	√
平台化：一种快速开发机制，提高交付的效率和质量，但会引起对平台的依赖和局限性	√
DSL：领域相关语言，提炼一种特殊的管理定义语言，提升实施效率	√
工具化：自动化部分重复功能或支持功能	√
自动化：识别、控制、学习、理解、表达、推理、演算、模拟	√
敏捷：一种快速开发的方式	√
开发运维一体化	√
规则：明确的业务规则定义和计算机制	√
信息配送：一种预先设定路由的信息交流模式	√
移动化	√
多媒体化	√

另外，由于企业大脑引入了感知智能、认知智能、云计算、大数据、智能终端等多种手段，所以将在以下方面获得独特的效率优势：

（1）数据的集中收集。

（2）基于数据的机器判断。

（3）大数据的整合，聚合。
（4）人机界面更加友好。
（5）机器服务无所不在，随时随地。
（6）结合文化提升效能。
（7）企业大脑的学习提升反馈。
（8）企业大脑的社会化服务。
（9）所有信息类的活动都可以线上完成。
（10）线下资源的数字化、服务化、外包化、价值化整合。
（11）外部资源的培训、沟通、交流。
（12）各个大脑功能模块的再整合。
（13）企业大脑对事物的理解和再现。
（14）企业大脑辅助部分复杂事物处理能力。
（15）企业大脑的社会影响力和品牌影响力。
（16）智能终端的增值能力。
（17）……

我们看到，企业大脑不但将常规的效率提升手段进行了融合，而且打开了另一扇提高效率的大门。所有的线下资源将数字化到线上，在一个虚拟的企业大脑空间进行深度的优化组合，并能够主动对线下进行互动影响。

第三节　战略中考虑机器智能——企业大脑对战略咨询的影响

与原有战略最大不同的是，企业大脑的八大管理假设。如果那些假设在战略规划中被采用，那么，现有的战略规划理论在应用中则需要进行调整。一个主要的调整是，人与机器的分工，另一个主要的调整是核心竞争力（大数据、价值网络、机器智能等）形成和发展。

由于企业大脑的出现，会引发行业竞争格局的变化。企业的战略规划需要回答或者评估几个问题：

（1）如何形成行业大数据垄断？

（2）如果行业中某个企业形成大数据垄断，如何应对？

（3）如果某个企业的企业大脑比企业所有人都有判断力，如何应对？

分析大数据、算法和智能终端在企业战略中的地位和要求，并提出具体的目标。通过企业大脑对企业进行管理变革，升级企业的竞争优势。阿里巴巴的余额宝、小额贷款都是这种类型的大数据产品。当它们出现的时候，对行业的冲击基本上是致命的。

企业大脑的 MTM2 模型，也为企业在人工智能时代进行战略规划提供了一个思考框架。

在知名的管理大师明茨伯格的《战略历程：穿越战略管理旷野的指南》[①] 一书中，从 10 种不同的战略思想流派中演绎出了一个具有内在关联性的战略形成学派，如图 7–1 所示。

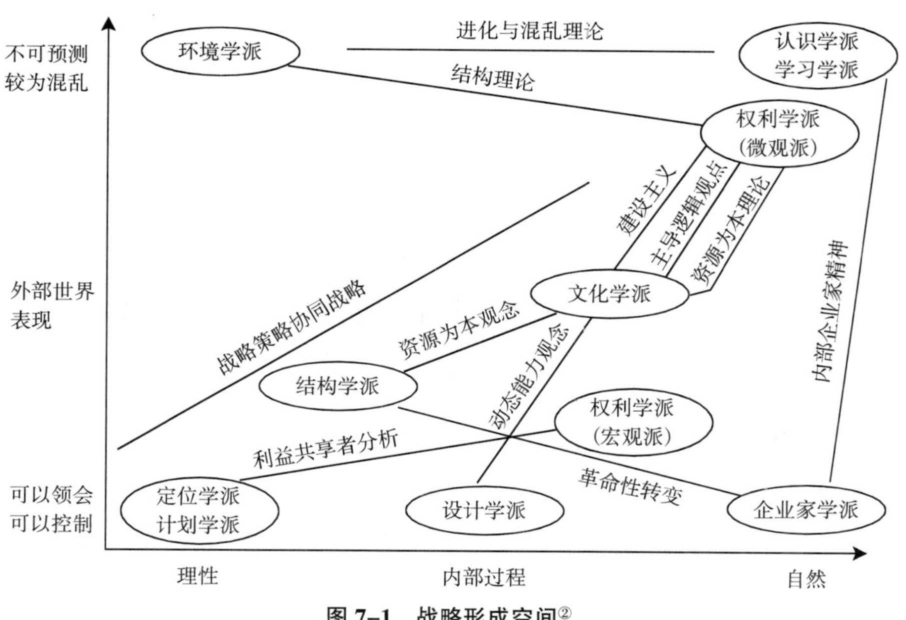

图 7–1　战略形成空间[②]

企业大脑由于其综合性，涉及组织、人员、产品、文化等各个方面，所以作

①② http：//product.dangdang.com/22792816.html#catalog.

为企业战略的各种流派都会有所体现，不论企业采用哪种流派进行战略规划分析，针对企业大脑，都会涉及一定的考虑，如表 7–2 所示。

表 7–2　企业大脑可能影响的战略形成内容

战略流派	流派特征	企业大脑是否有影响	企业大脑可能的影响
设计学派	战略形成是一个孕育过程	√	企业大脑本身的发展就是一个动态能力的形成过程，而结果具有非常广泛的效益
计划学派	战略形成是一个程序化过程	√	企业大脑是程序的计划者和执行者
定位学派	战略形成是一个分析过程	√	可以在互动中不断改进，可以感知外界的要求并响应
企业家学派	战略形成是一个构筑愿景的过程	√	企业大脑可以发展成为一个管理者，并可以在特定领域进行学习和判断
认知学派	战略形成是一个心智过程	√	企业难熬本身的认知在提升，并帮助用户提升新的认知能力
学习学派	战略形成是一个涌现过程	√	企业大脑本身在不断学习，也在培训周围用户
权力学派	战略形成是一个协商过程	√	协商纳入日常沟通中
文化学派	战略形成是一个集体思维过程	√	集中的反馈和沟通，文化的传播者
环境学派	战略形成是一个适应性的过程	√	企业大脑具有感知、认知、学习辨识能力
结构学派	战略形成是一个变革过程	√	组织扁平化，超级中间人，高级管理者，集中的反馈沟通

第四节　管理中考虑机器智能——企业大脑对管理咨询的影响

当企业大脑作为一个更好的管理者出现时，管理咨询的方式将会与现在有很大不同。管理咨询的目的是总结管理经验，提炼管理体系，并让企业遵从这个管理体系进行原作。这个过程和企业大脑的“人教机器，机器教人”互动过程是一致的。所以，企业大脑似乎是管理咨询的最佳载体。

现在的管理咨询的价值通常有着非常大的弊端，比如，提供的管理体系未经实操验证，仅仅是完成了套模板的工作，这种管理咨询结果是死的，是不能够投入使用的。所以很多企业反而更喜欢直接应用管理系统，而常常忽视咨询部分。

企业大脑影响管理咨询有两种形式，一种是作为一种管理方法论加入到现有的管理咨询体系中，另一种是企业大脑自身作为一种管理的咨询者、培训者帮助企业提升管理。当然，管理咨询也可以与企业大脑本身进行打包服务，类似现在的咨询+IT 的模式。

企业大脑在具备了感知智能、认知智能、知识处理能力后，将可能成为一种新的管理咨询平台。管理咨询业者可以基于这个平台向企业提供管理咨询类的相关服务，也可以作为后台人员进行持续的服务提升。

表 7–3 企业大脑与管理咨询①

管理咨询类型	企业大脑是否相关
经营战略咨询	√
组织结构咨询	√
制度体系咨询	√
管理流程咨询	√
营销工具与营销形式咨询	√
生产管理咨询	√
质量管理咨询	√
业务流程咨询	√
薪酬绩效管理咨询	√
人力资源管理与开发咨询	√
企业文化咨询	√
集团管控咨询	√
运营管理咨询	√
并购重组咨询	√
信息化咨询	√

表 7–3 中列出了常见的管理咨询类型，并分析了与企业大脑的相关性。可以看出，企业大脑涉及组织、人、分工等各个方面，与几乎每项都是可以有所关联的。

① http：//baike.baidu.com/link？url=PVsS85mjIVTw–o49WZjUoCB4LNsigrZhyTqIqQ9_2RLMfrlZxYqW9ne–YjwJIbiJmJpUShp_Hyg5jihIb_GWFVq.

第五节　流程中考虑机器智能——企业大脑和流程再造

可能不再独立的流程再造。在具有鲜明互联网特点的业务变革中，就像许多互联网公司的业务创新一样，并没有发明新的技术，而是开创了全新的模式。传统的流程再造是通过组织岗位分工的重新设计和流程的梳理进行的。这种方式比较多地围绕人和组织职能进行。针对流程的梳理达到企业价值的达成。

引入企业大脑的理念后，整体的流程对于数据、人机系统分工的考虑就需要纳入流程再造的考虑。这既是数字化转型，也是一种智能化转型，是对智能工作的重新分配。从流程驱动转向信息驱动，如何改变过去以人为索引的流程系统创新，聚焦在以增值为导向的信息数据经营和企业智能的经营。在引入企业大脑的MTM2 模型时，流程再造需要考虑组织的长期战略目标中企业大脑起到的角色，并在流程中考虑完善这种目标的达成。

另外，流程再造中，采用企业大脑作为支持平台，教会企业大脑自动定期进行流程再造，应该是一个可以预期的目标。也就是说，可能在某个阶段，流程再造是企业大脑的一个智能功能，而现有的流程再造更多体现为一种企业大脑内部的后台服务。对于用户而言，只是要个结果，并不需要关心流程。

如果是这样，类似流程再造这类对企业内部的信息优化工作，都可以通过企业大脑完成。因为引入企业大脑后，组织结构已经不那么明显，每个员工与企业的关系是员工与企业大脑的关系。

流程的认知逻辑并不复杂，随着企业大脑系统认知技术水平的提高，流程再造可能会成为企业大脑的一种能力，而流程服务公司将成为企业大脑的服务商，可能更多地体现在某种独立的流程服务环节上。

任正非谈流程：我们留给公司的财富只有两样：一是管理架构、流程与 IT 支撑的管理体系，二是对人的管理和激励机制。人会走的，不走也会死，而机制是没有生命的，这种无生命的管理体系，是未来百年千年的巨大财富。这个管理体系经过管理者的不断优化，你们说值多少钱？只要我们不崩溃，这个平台就会不断发挥作用。我们公司上市后能值多少钱，其实就是这两项管理财富值多少钱。所以我们会很重视流程（任正非在流程与 IT 战略务虚会上的讲话及主要讨论发言，2012）。

华为公司最宝贵的是无生命的管理体系，因为人的生命都是有限的。我们花了 20 多年时间，终于半明白了西方管理。只要公司不垮，就能无敌天下；如果公司垮了，这个文化就报废了，管理体系也没用了。我们要维持管理体系能有活力地持续运行，保持有动能，所以我们要保持盈利，逼大家不能搞低质量、低价格的经营。当然，也不能强调大幅度地激进改进，提出些莫名其妙的口号来（任正非在公司质量工作汇报会上的讲话，2015）。

公司必须在工资增长的同时，效益更快增长，而不是工资增长速度超过了效益增长速度。我们一定要保证个人收入增长率，不超过公司劳动生产率的增长率，这样才能持续发展（任正非在 HAY 项目试点会议上的讲话，2000）。①

从中我们可以看到，当管理体系和激励机制都融合到企业大脑后，企业大脑对企业的价值是非常大的，对提高企业的管理效率有着举足轻重的地位。同时，也可以理解，其实企业大脑是对经营、管理和管理系统在人工智能时代的一次管理提升，融合了更多的内涵。

下面解读一个华为流程案例，说明现在共享服务中心模式的一些问题。华为《管理优化报》刊登了一篇名为《一次付款的艰难旅程》的文章，引起任正非的关注，发内部信怒斥女儿分管的财经团队。到底是什么情况？文章反映一线作为赞助商面向客户预付款时遇到审批多、流程复杂的问题，引发华为内部员工激烈讨论，随后引起任正非的关注。文章主要内容为：

对一线而言，找不到流程入口、不知道全流程的所有要求和操作规范，流程指导和说明往往比流程本身更难懂和复杂。

我们的流程建设多针对的是某个具体业务场景，防范的是特定风险，在设计上往往防卫过当，不考虑执行成本，更不用谈面向对象的流程拉通和友好的用户界面了。

公司呼吁各级主管要担责，但现实的流程、制度或监管组织却不信任主管担责。经常遇到的场景是："我是负责×××的，这个风险我愿意承担，流程能否走下去？"答曰"你担不起这个责任，请重新提交流程或升级到谁谁谁处理"。

① http：//news.pedaily.cn/201607/20160718399790_all.shtml#p1.

任老板这次是真的怒了！他说：

据我所知，这不是一个偶然的事件，不知从何时起，财务忘了自己的本职是为业务服务、为作战服务，什么时候变成了颐指气使，皮之不存、毛将焉附。

我们希望在心声社区上看到财经管理团队民主生活发言的原始记录，怎么理解以客户为中心的文化。我常感到财务人员工资低，拼力为他们呼吁，难道呼吁是为了形成战斗的阻力吗？

一个 70 多岁的老人直接用性质极其严重的词语“颐指气使”，以及反问句方式来责问，看来女儿孟晚舟分管的财经体系真的令任正非很失望。

这一内容还直接由任正非签发、以总裁办电子邮件（电邮其他〔2015〕103 号）的方式，发给华为董事会、监事会和全体员工。[①]

上面这个例子是一个大企业财务共享中被人诟病的问题。在管理上的解决方法是，规定最大审批人员和最长时间，自动辅助选择流程的出发点和权力人。这些通常固化在系统中，但由于现有系统比较机械，需要人去选择具体的流程，所以造成了一线人员的困惑。这本身是一个语义理解的问题，但由于大企业管理体系的完善，而造成了一般人员不一定理解每个环节；人工服务的成本又过高，或者强调自服务，对使用者需要理解的背景知识要求过高，从而造成了效率下降。

企业大脑由于补充了自然语言理解的环节，将有助于解决这类提升管理后反而造成效率低下的问题。这种因为人工服务不足而导致的操作层的矛盾，非常适合企业大脑这种系统解决。

企业大脑的整体理念是用户导向的，所以有助于改变现有信息系统管理职能导向的理念，对现有系统是一个完整的用户服务导向的提升，将现有不适合人工但又必须做的一些服务融入系统完成，让系统更加智能化、简单化，对系统使用者的要求更低。将管理体系和管理系统研发的角度更多用于改进系统，而不是改进服务人员的态度。在企业大脑中，管理作为一种服务，服务的态度，服务的能力更多体现在系统中。

这就是我们说的企业大脑的原则，人做不好的事情，尝试用智能系统做。或者更加极端的，最终是现在人做的事情尽可能用机器取代。

---

① http：//tech.sina.com.cn/t/2015-11-23/doc-ifxkwuwy7070588.shtml.

第六节　信息化中考虑机器智能——企业大脑对信息化规划的影响

传统企业信息化规划基本上是战略对标、系统功能、采购预算。以功能导向为主，好点是流程再造。只是对企业进行了管理重构，在企业数据层面着墨比较少，更不用说算法和算法相关的投入考虑了。

传统规划中的企业系统架构也包括组织、数据、流程、功能几个模块，侧重数据的加工和处理。

企业大脑的出现增加了三个维度，即大数据、算法、智能硬件，并对整体的管理方式提出了新的思考。

MTM2 模型具体到每个企业的每个环节，到底是人教机器还是机器教人，到底是人管机器还是机器管人，根据不同解决的投入和技术水平，都有不同的考虑。

企业大脑的出现对传统的流程再造也提出了新的挑战，成为基于大数据的再造过程。见相关的章节阐述。

企业大脑对于系统架构的影响更大，要解决人机之间的关系问题，更多地关注人如何教机器进行常规工作，并解决痛点管理问题。

第七节　企业大脑架构参考模型（EBARM）

常规的信息化架构方法通常侧重在某些方面，按照侧重点大致分为四类：①以数据为中心的方法；②以决策信息为中心的方法；③以运营过程为中心的方法；④以项目为中心的方法。

企业大脑的架构，从范围上讲，要比常规的信息化架构涉及更多，包含了商业、管理和信息系统。只是由于信息技术与商业、产品、服务、管理都深度融合，无所不在，还体现出对原有要素（例如人、组织、分工）的替代作用。

为了说明这种不同，特别提出一个企业大脑架构参考模型（Enterprise Brain Architecture Reference Model，EBARM），如图 7–2 所示。

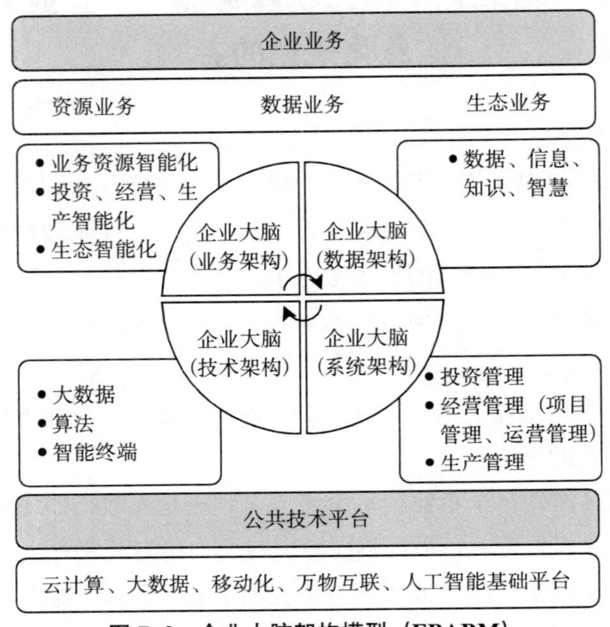

图 7–2　企业大脑架构模型（EBARM）

在企业大脑架构下，企业的商业业务从信息技术的角度看，可以划分为三大类：资源业务、数据业务和生态业务。

（1）资源业务是常规企业的主业，比如商贸企业，实际上是卖场和物流业务。资源业务的信息化，在企业大脑架构下，还包括资源业务的智能化。

（2）数据业务是常规企业管理部分，系统指信息化部分。在企业大脑架构下，还包括数据业务的智能化内容。

（3）生态业务是企业在主业的基础上，面向用户进行广泛合作的增值业务。生态业务在企业大脑架构下，还需要包含生态业务的智能化。

上述三个方面按照商业、信息系统和智能化三个层次，需要对企业的情况进行梳理，从而可以获得对企业业务的一个完整理解。

作为一个信息系统，企业大脑可以从四个角度构造，分别是业务架构、数据架构、系统架构、技术架构。

（1）业务架构，说明企业大脑下业务如何展开，人员与机器的新关系。包括业务的智能化、数据（投资管理、经营管理、生产管理）的智能化，生态业务的智能化。是新模式下对商业的分析和梳理。

（2）数据架构，包含了数据、信息、知识和智能四个层面。由于企业大脑包含了感知智能和认知智能，所以不仅是传统的信息技术架构的层次，而且是从数据、信息和知识要达到智能层次，相对过去仅仅在数据和信息层面要复杂很多。从数据直到产生企业智能，是规划的目的，而不是数据收集和增删改查。

（3）系统架构，包括投资管理、经营管理（项目管理、运营管理）、生产管理三个层面。区域与原有的应用系统，将更加融合，对外没有系统和模块的概念，以自然语言界面和移动功能界面提供给用户使用，更加便利、融合、智能、自动。企业大脑将越来越通过系统功能体现管理者和工作者的特征。

（4）技术架构，包括大数据、算法和智能终端。通过将许多技术细节放到公共技术平台中，企业大脑的技术平台更加聚焦在大数据、算法和智能终端三个方面。

公共技术平台，包括云计算、大数据、移动化、万物互联、人工智能基础平台（包括感知智能、认知智能）。这种技术平台将成为越来越公有云平台的一种标准配置，而企业用户如果选择了，将不再担心技术平台的问题，将注意力专注到智能应用方面。

规划中需要回答或判断，企业大脑如何成为行业内某项能力最具知识、判断力、辨识力、决策力的系统。如何达到这个目标、如何应用、如何竞争、如何相信等问题。

高纳德公司提出的数字商业技术平台[①]，面向四个对象：客户、合作伙伴、员工和万物，包括五个平台：客户体验平台（面向客户）、生态系统平台（面向伙伴）、信息系统平台（面向员工）、IoT 平台（面向万物）、数据和分析平台（数据汇总分析，作为上面四个平台的核心汇聚点）。

细节的系统模块包括：

（1）客户平台：多渠道互动和商务、社交网络、客户分析。

（2）伙伴平台：企业生态系统、行业和伙伴的生态系统、API 管理系统、面

① http：//www.gartner.com/binaries/content/assets/events/keywords/symposium/esc28/esc28_digital business.pdf.

向客户的公开 API 接口、面向伙伴的公开 API 接口。

（3）员工平台：供应门户和 APP、员工协同和工作空间、后台系统、核心系统、终端计算、操作控制系统、商业智能。

（4）万物平台：连接万物（客户）、连接万物（企业）、连接万物（伙伴）、万物互联（IoT）分析。

（5）数据平台：算法引擎、商业和运营分析、伙伴和供应分析。

两个对比，可以看出在内涵和外延方面基本是相互接近的。除了考虑企业的数字化转型需求，企业大脑更加体现了管理的层次和智能化升级的需要。

第八节　一体化规划——从商业、管理到系统

企业大脑架构作为一种规划的思路，优势在于商业、管理、信息系统一体化考虑。简化技术平台的同时，加强了对商业、管理和智能的关注力度，更加接近商业本质，更加关注和体现业务需要。

传统 IT 规划的模式是业务+IT，将 IT 战略与业务战略匹配。但实际上给人的感觉是业务和 IT 两张皮。IT 是否可以满足业务的要求，IT 战略是否与业务战略保持一致，似乎没有统一的思维模式可以参考。

当前信息技术突飞猛进，已经走向标准化、开源化、开放化、平台化、API 化。在这种情况下，技术及其应用在技术上得到简化。让用户可以更专注于商业、管理及其智能应用的要求，关注机器帮助和替代人工作相关的进步。

互联网的发展，让商业文明前进了一大步，让大型企业的商业模式也逐步走向极致和某种一致。大家都走向资源业务+数据业务+生态业务的形式。这种情况下，企业大脑框架体现了时代的特征。

企业大脑的架构下，信息化规划的目的是为了提升企业智能，所有的战略提升，最终都落到企业智能的提升上。驱动力来自数据和算法以及所达到的智能。

企业智能的提升过程依靠数据的积累和算法的设计及验证。这个过程区别于传统的针对组织、流程、权限、职能的调整而进行系统建设发展的模式。

企业大脑也是一种思考方法，即通过数据、算法及人机互动解决各种管理问

题：解决服务问题，解决质量问题，解决重复出现的问题，解决工作量问题，解决复杂问题，解决识别问题……解决各种问题，而不是仅仅通过分工流程和系统解决问题。

企业大脑在整体实施过程中，企业是一个渐变的转变过程。这个过程中，数据在积累，算法在优化，组织分工在挑战，工作效率在提升，服务体验在改善。

这期间，有根据计划发生的转变，有外部或者内部驱动的转变，也有技术演进等各种因素导致的演化。从量变到质变，如图 7–3 所示。

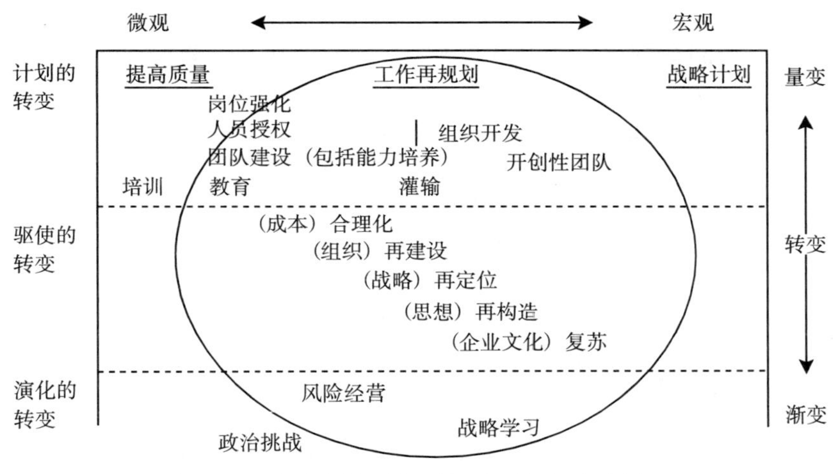

图 7–3　企业大脑下企业转变过程（圆圈部分）

从实际应用过程看，基于原始创新技术的进展部分（智能技术许多属于原始创新的突破，需要一个成熟的过程），适合采用技术演进方式；由于应对外部竞争所引起的，适合驱动转变的方式。如果是企业战略需要引起的，采用计划方式。计划方式去做管理调整是可以的，如果去做智能技术方面的项目，容易引起欲速而不达的情况，钱花了，事没成。

作为通用的信息技术更新和管理更新节奏，传统企业一般是 3~5 年规划或者运动式的节奏，想怎么搞就怎么搞，想什么时间搞就什么时间搞，想让它出来可能马上就要应用。作为技术的载体，比如苹果和微软，产品发布的节奏目前基本固定为每年 2 次。华为内部 IT 的更新节奏是每年 4 次，1 个季度 1 次。华为面向的客户要求质量是稳定的，所以它的更新频次可以作为一个参考。互联网公司则部分采用了自动化的技术，一天可以更新很多次，真正达到“苟日新，日日新，又日新”的程度。

现在还有一个升级方式，叫作双速升级，就是同时采用快慢两种升级节奏。快节奏随时升级，慢节奏则定时升级。

第九节　数字化转型如何 IT 采购——获得网络经济的特点

规划的一个重要部分是技术采购规范，如何做技术采购才能获得网络经济的特点，即具备边际价值递增，边际成本下降？下面给出了一个对比（见表 7–4）加以说明。

表 7–4　技术采购是否网络经济特点对比

具备网络经济特点形式	不具备网络经济特点的形式
开源软件	按照用户数量收费
公共模块一次性外包开发，并获得源代码	外包，按照项目收费，不断修改
核心系统的外包研发	外包，按人头收费，不断修改
开发工具不限制成果二次分发	封闭系统，没有接口
内部公共服务部门，服务能力与服务规模关系较小	封闭系统，开发接口完全定制，不断修改
外部工具平台，免费	定期版本升级，不断提高收费
外部工具平台，用户收费递减或不限用户版	不提供接口，包括数据接口，控制接口，功能接口
持续版本升级，收取固定费用	不提供源代码
软件按用户收费，但不做技术限制	软件按用户收费并做技术限制

我们可以看到，自己组建公共服务部门、采用开源系统、自主研发、采用平台等，都是比较有效的成本控制途径，而外购中则有很多需要尽量规避的陷阱。

软件不做技术限制的模式，让用户尽量在不同场景中应用系统，体现出最大的价值。这种方式通常在国外的软件中采用。这是一种相对比较科学的方式。相应地，客户在商务方面需要更加谨慎，天下没有免费的午餐。

当然两种方式只是做个对比，具体而言需要根据情况选择。从供应商的角度看，也存在着两种方式的价值选择。用户选择了贵的封闭系统，虽然有好的体验，但会对未来的网络价值有影响。供应商选择了贵的封闭模式，固然获得了超额利润，也会对用户的规模造成影响。

传统的软件供应商分为平台供应商、产品供应商、解决方案供应商以及外包服务商，涉及人力外包和开发外包、项目管理、测试、测评、终端管理、网络、视音频通信、解决方案外包等。基本上都是功能导向的，封闭的“烟囱”系统(即垂直线条管理系统)。当然也还有平台供应商、云计算供应商、大数据供应商。

在大数据时代，软件供应商提供不开放数据的解决方案，或者隐瞒这部分的功能限制或缺陷，将变得不道德。许多信息化的建设过程就是在一种不断打破原有封闭系统，不断集成现有系统的过程中缓慢进行的。

进入人工智能时代，数据的收集和处理将成为一个核心工作，所以数据相关的存储、计算、处理、集成相关的技术服务商显得非常重要。同时，连接数据的网络和终端都是需要考虑的选择。

根据网络经济的特征，选择最具性价比的解决方案，并每年更新；选择具有持续的创新能力和交付新技术的企业，并能够持续地提供高性价比的服务，是整体上控制成本，让企业大脑本身具有高性价比的关键。选择具有领先地位的供应商将获得巨大的优势，同时需要关注与其生态体系的中小企业和创新企业合作。

选择解决方案的可演进性要高于总是落后社会需求的固化的所谓“一体化”解决方案。在选择中，需要在一个时间段内考虑解决方案的演进成本。

一个重要的考虑因素是，供应商在感知智能、认知智能、软件硬件集成、网络互联、海量数据处理能力、学习算法等方面的能力。这些能力是数据基础研究的范畴，都需要长期的积累才可以领先。

为了要实现充分的混合，需要选择开源、开放的核心技术和平台技术供应商，而不要选择封闭的解决方案供应商和产品供应商，除非能够通过某种方式有效地进行整合各种功能，甚至自然语言语义方面的混合和整合操作。

未来的机会来源于数据、功能充分的混合、交互、交易等操作，所以各种封闭的供应商都是道路上的阻碍，影响企业大脑价值的发挥。

大数据和智能技术会导致一些新的岗位出现，比如大数据技术平台、智能硬件、云计算工程师、算法工程师、数据工程师、统计和数学专业人士。

以前企业选择平台级供应商，通常看重的是行业经验、交付能力、市场占有率，而忽视数据开放性、系统的智能化能力，比如财务系统，只要能够出三大报表就可以。这种选择方式和交付方式将不可能满足未来企业的需要，也不会获得用户的满意。

人工智能时代，企业需要选择的平台技术合作伙伴，需要在云计算、大数据和人工智能上有竞争优势，最终体现在数据和智能方面，选择拥有最“聪明”，最多数据的合作伙伴。

不但是IT采购，企业的其他采购也需要逐步融入网络经济的价值特征，越早体现越好。比如，许多运营型企业的基础设施会被一些基础的运营服务商支持，传统的如电力、宽带、基站，现在如停车场、广告牌等资源。随着基础设施的智能化和共享化，将会具有越来越多的这种合作。

从经济规模的角度看，1950年，工业经济达到36万亿美元，1970年IT经济达到122.1万亿美元，1990年互联网经济达到27.5万亿美元，2020年数字经济将达到90万亿美元。到2025年，物联网的总价值将达到6.2万亿美元，其中2.5万亿美元的价值来自医疗卫生行业。①

数字化转型按照影响程度依次是零售、媒体与休闲娱乐，金融服务，包装消费品和制造，医疗卫生，科技产品和服务，电信、教育、医疗、石油和天然气，公共事业。

数字化为企业带来提高收入和降低成本的机会，但需要克服组织和技术的挑战。组织的挑战包括缺乏数字化项目的领导者和人才，无法采取实验的心态，数字化企业与传统企业的利益不一致，高管层缺乏改变现状的意愿，组织结构不适合数字化业务。技术挑战包括缺乏数据以及对数字化影响的了解，无法紧跟数字化背景下不断加快的业务步伐，缺乏专门的数字化项目资金，缺乏技术基础架构，业务流程及不灵活难以把握新机遇。

为了解决转型中的技术复杂性，SAP提出了数字化核心平台的概念。从数字经济到数字化企业再到数字化核心平台，数字化核心平台是解决技术挑战的关键。数字化核心平台让整个价值链实时互联，包括客户（全渠道体验），员工（互动），供应商（协作业务网络）、资产（物联网）。

强大的领导力支持技术投资，推动更强劲的收入增长。数字化程度：由技术推动（客户互动，内部运营），转型管理强度（领导力包括愿景、治理和IT与业务部门的关系）。不投资数字化转型不会带来增长。

数字化重新构建一切，重新构建业务模式、业务流程、工作，达到实时、互

---

① 资料来源，Intel，物联网指南（Aguide to the internet of things）。

联、简化的效果。

数字化核心平台是一种集中化的思路，但在一个如此开放的智能世界中，是否存在一个供应商能够满足所有的要求，就如同世界上存在世界语一样难。但从规划角度看，不失为一种管理上和架构上的考虑。目前看，没有一家公司能够提供完整的解决方案，甚至在自身内部使用，而且从系统变革升级的速度而言，也不能够满足用户的需要。虽然诸如华为提出在全数字化转型和人工智能应用中“自己做的狗食自己吃”①（就是说自己先尝试自己提出的理念和产品），这只能说明每个企业都在自己进行转型的尝试，而不能说存在一个所谓的通用平台。但是，面向特定应用的第三方平台将会成为一类主流应用。

IDC 预测，企业将默认采用第三方平台：到 2019 年，第三方平台技术和服务将驱动几乎 75%的 IT 支出——成倍增长于总 IT 市场的速度。这个花费将包括第三方平台快速采用认知/人工智能（AI）系统，增强现实/虚拟现实（AR/VR）和下一代安全技术。行业协作平台激增——到 2018 年，行业协作云的数量将增加到超过 450 个；到 2020 年，超过 80%的全球 500 强企业将通过行业协作平台的形式成为数字服务供应商。AI 无处不在——到 2019 年，40%的所有数字化转型项目和 100%的 IoT 努力都会支持认知/AI 能力。这是因为，来自 IoT 设备和 DX 数字化转型项目如洪水般的数据，如果没有能够从数据获得发现的 AI 技术，将价值有限。在开发者加速采用的过程中（到 2018 年，75%的开发团队将在若干项目中包含认知/AI 功能），舞台将从大型云平台（包括亚马逊、谷歌、IBM、微软）的竞争，转为 AI 平台的竞争，在认知/AI 空间的开发者之战。

总之，目前除了亚马逊 AWS 承诺随着用户的使用量成本下降，并主动降低价格外，并且在架构上不限容量、安全、高可靠等，还没有别的商家有这种明文的承诺，这大概就是对互联网商业技术的理解差异吧，所以亚马逊 AWS 做到第一，而且超过了后 10 位的总和。竞争对手难以追赶上亚马逊的关键原因之一是云计算与规模相关。云计算服务提供商的数据中心越大，就越能够在增加新服务的同时降低运营成本，向用户提供更廉价的服务。

① http：//money.163.com/16/0926/18/C1TKHFSO002580S6.html.

第十节 平行管理，数字双胞胎——模型和控制驱动的尝试

平行管理理论是由中科院自动化所王飞跃研究员提出的一套理论，是管理结合人工智能的一次尝试。参考平行宇宙的平行管理理念，是一种将现实世界映射到虚拟信息世界进行管理控制的理念。这里面建立模型和进行控制是关键。

图 7-4 是平行管理的 ACP（人工社会+计算实验+平行执行）理论的管理模型。

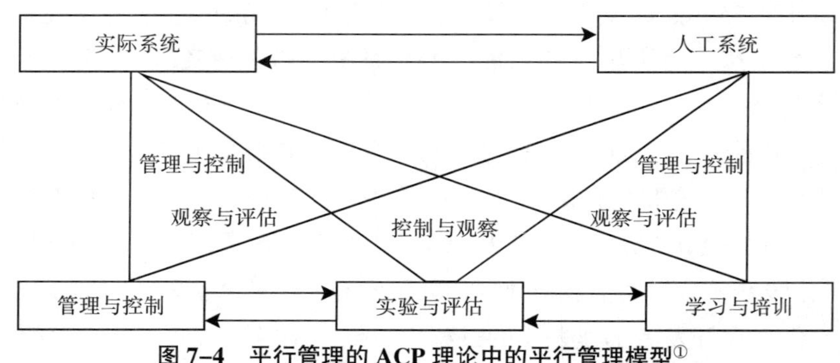

图 7-4 平行管理的 ACP 理论中的平行管理模型①

针对实际对象，建立一个人工世界模型，通过模型对实际世界进行管理与控制、实验与评估、学习与培训。这个模型可以针对某个业务，也可以针对一个组织。

局限到企业管理领域，当数据大量收集，建立对人或对某个特定领域的管理相关模型成为可能的情况下，平行管理体系的思路与企业大脑形成了一个对照。

企业大脑强调的是人机的互补性、互动性、竞争性；强调的是谁能谁上，用适合的对象做适合的事情。而平行管理更强调的是对现实世界的映射、建模、控制和反馈，试图与现实世界平行地建立一个虚拟的世界，并在虚拟的世界中完成各种管理控制模拟验证任务。

---

① http：//blog.sciencenet.cn/home.php？ mod=space&uid=2374&do=blog&id=6073.

相对而言，企业大脑的体系更强调人机的互补性和不断演化优化，更强调基于数据、算法和集中的后台服务建立企业智能（当然算法的背后也是有领域模型的），强调解决企业日常的问题，强调提升管理绩效。

而平行管理理论，目前的案例比较针对一些比较核心的、复杂的局部管理，比如石化生产调度、交通指挥管控等，主要追求针对特定领域的建模和管理控制。管理绩效和岗位优化不作为主要的考虑点。这两种方式可以在实际应用中相互借鉴。

原则上，企业大脑模式可以全面展开，逐步应用提升，强调分工、优化、组合、交易、识别、判断；平行管理模式必须先对领域建模，解决痛点问题，强调模型，控制，优化。在管理领域，都算是应用智能技术解决管理问题的比较完整的思路体系。

从数字化转型的角度，专家还提出了数字双胞胎的概念，与平行管理类似，涉及设计、过程管理、运营管理等企业的核心流程。IDC 预测，至 2018 年，全球 2000 强企业中 75%将导入完整的数字化模拟［数字双胞胎（Digital Twins）］为基础的经营模式，应用在公司产品/服务，供应链、渠道、运营等方面。到 2020 年，60%的分散制造商将使用连接产品的数字双胞胎与分析追踪性能和使用更好的产品和服务质量。平行管理和数字双胞胎在生产过程管理方面更具有价值。

第十一节　科大讯飞观点——企业不用人工智能改造生产和生活方式，5 年后一定会出局

科大讯飞作为中国最早的语音合成技术企业，现在发展为一个期望在认知智能方面有所突破的企业。作为一个人工智能技术的创新和应用企业，具有非常实际的应用案例。

（1）“人工智能+”的时代正在到来，如果企业不用人工智能改造生产和生活方式，5 年后一定会出局。

（2）全球的产业和经济都需要一个新的增长点，需要走出当前的低迷。而人工智能已经开始成为全世界各界都在高度关注的一个产业方向，有望在全球经济

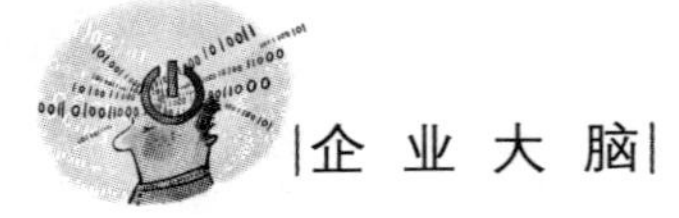

中充当这一角色。

（3）人工智能将不仅仅是替代简单重复的劳动，未来越来越多复杂的高级脑力活动将被人工智能替代，人工智能既创造一个又一个新的机会，也会带来又一个巨大的挑战。

（4）2045 年人工智能会颠覆全球就业率的 50%，而中国 77%的工作会被人工智能替代。未来 30 年，今天的我们 3/4 的工作会被人工智能替代。（引用麦肯锡）审计咨询机构德勤提供的报告显示，未来 80%的世界 500 强企业的标配是掌握认知技术。而战略咨询机构埃森哲认为，到 2035 年，人工智能将能推动 12 个发达国家的经济增长率翻番。

（5）如果中国在人工智能领域不能掌握全球主导权，未来还将继续给全世界打工；反之中国就能够有全球影响力和话语权，这绝不是一个企业和一个行业的事，这是国家全局的事情。中国的人工智能是可以改变世界的。

（6）趋势一：语音为主导，以键盘和触摸屏为辅助的人机交互时代正在到来。万物互联大趋势下，语音正在成为一个人类交互最主要的方式。语音其实将会成为未来交互非常重要的主导方式，万物互联越来越多的设备没有屏幕，越来越多的设备离我们很远。语音正在成为一个人类交互最主要的方式。再过五年左右的时间，语音交互的次数会从现在的几十亿次变成几千亿次，甚至更多。这样语音市场会更大，而我们人通过语音方式和机器进行交流和接触的时间会大大增加，这也意味着它的商业价值会大大增加。作为一种连接型的技术，一个包括了语音识别、语音合成、自然语言理解的语音系统，语言之间的壁垒会有多高。中国公司在这方面会完全具有优势。

（7）趋势二：未来 5~10 年人工智能一定会像水和电一样进入每一个行业，深刻改变我们的世界。讯飞人工智能战略的核心，是基于语音和语言的认知智能。什么是认知智能？比如在医疗的过程中，我们需要通过病例帮助医生分析患者可能会得什么病，吃什么药，这就是一种认知智能。包括在教育里面，我们通过手写的试卷来判断学生的得分，并给出改进的意见。这些都是和语言，和人的概念和推理有关的。除了交互之外，它们能给我们的生活带来更多改进。这里最难的问题就是怎么把它丰富起来，怎么让它多覆盖（些场景）。我们现在的做法就是一个点一个点去做。每做完一个点就拿到实际里去用。越来越多的人用了之后，语言的覆盖性就会越来越好，这个场景的问题就解决了。那在这个过程里怎么加速这个问题呢？我们怎么在做一些场景的时候，其他场景也能变快呢？这就是我们为什么要做那些高考答题机器人的原因。它能学会系统学习的方法，当我们做了一两个场景之后，就能转移到其他很多场景上。这样能使我们的覆盖快速增加，通过这样的方式来解决这样的问题。农业革命之后，工业革命让我们从繁重的体力劳动中解放出来；未来的认知智能会使人类从今天很多痛苦的复杂脑力劳动中释放出来。

一、技术

（1）看到未来两大重要的产业机遇，第一，3 到 5 年之内，万物互联时代到来，以语音为主、键盘触摸为辅的人机交互时代真正到来；第二，5~10 年人工智能一定会像水和电一样进入每一个行业，深刻改变我们的世界。

（2）关于人工智能技术，有两种分类，一种是分为强人工智能和弱人工智能，另一种是分成计算智能、感知智能和认知智能。计算智能就是机器能存会算，典型的就是因为运算能力强，提前算到了所有的结果。

（3）感知智能，比如语音合成技术能够让机器开口说话，讯飞的汉语语音合成做到了 4.5 分，播音员是 5 分；2016 年 5 月的全球语音合成大赛，英语超过了人工，现在是 4.2 分，全世界第二名是 3.9 分，普通人是 4.0 分。语音识别技术做到现场讲话，后台的系统把它变成文字，准确率可以做到 95%。人工最好的语音转写准确率，只能做到 80%。感知智能机器正一个又一个的领域超越人工。

（4）通过高考机器人突破人工智能认知难题。在美国，华盛顿大学图灵中心的目标是未来的人工智能考上美国的大学，日本希望 2021 年让机器人考上东京大学。中国的第一个项目也是高考机器人，看起来是考大学，其实核心技术是语言理解、知识表达、联想推理和自主学习。今天在数学物理的选择填空题上，机器已经可以做到跟人类的平均水平差不多了，最难的是自然语言理解。高考机器人最难的是自然语言理解。在英语口语中机器代替人工进行比赛，在广东省高考中已经正式使用，而且是全世界唯一使用的。在英语作文，在语文作文中，机器阅卷已经超过人工专家了。

（5）讯飞会成为一个平台型的公司，不仅帮平台上的公司提供核心技术，甚至可以帮它们整合各种各样的资源。

（6）人工智能领域里有两个领域是有价值的。一个是人工智能核心技术研究，他们不一定有经验去进行商业化，我们可以投资他，提供经验。另外是如何利用人工智能技术来解决现实问题，这通常在大的公司里面，他们都有很大的产业基础，只要把新技术嫁接进来。大部分的公司并不会因为人工智能出现而进行重组和重构。比如农业，人工智能只是一个改进的工具，所以在这些领域里，原有的大公司依然占有优势。

二、应用

（1）超脑计划应用在教育中，通过构建学生全过程的学习数据和老师上课的数据之后，可以使得课堂效率提升 30%以上。用了讯飞的技术，原来 45 分钟的课堂，现在 15 分钟就可完成。这是因为大量的内容其实同学们都是知道的，因此只需要向个别没掌握内容的学生单独教授，然后就能把课堂的重点放在大家都不了解的知识，并用大量时间来进行启发式学习就可以了。借助这些手段，孩子们回到家的重复性训练可以降低 50%以上。合肥一中有个班原来在年级排名是第 12 名，在数学这一门课程上通过用我们的智慧课堂，半学期后就成了全年级第一名。智慧教育等技术它不仅仅应用于考试，他可以真的减少孩子的学习负担，实现学得有趣，掌握牢固。

（2）在医疗中，目前的工作在于用语音来解决门诊电子病历，同时推进利用人工智能实现辅助诊疗。除了这些以外，目前也正在实现未来几年让机器不光考大学，还可以考到医学资格证书。目前知道在医疗行业的一线，最缺的是全科医生和儿科医生，学习了最顶尖医疗专家知识后的人工智能技术已经可以拥有比一线全科医生还高的水平，因此通过引入人工智能技术，就可以很大地缓解基层医生短缺的问题。

（3）人工智能还可以应用在汽车领域。宝马汽车在 2015 年的国际测试中，科大讯飞以 86%的准确率名列第一，而第二名只有 74%。最近在长安汽车的测试活动中，已经可以达到 90%的准确率，而以前在世界上的其他测试活动中还没有企业能够超过 70%，这证明了技术在噪声环境下的突破。

（4）在客服领域，目前机器已经替代了 30%的人工服务。在安徽移动，目前呼叫中心已经有 75%的服务内容被机器替代，不仅如此，现在机器不仅能实现后台的服务，还可以走向前端，成为服务机器人等。预计在 2016 年第四季度末或 2017 年，就会有真正的机器人开始在银行和电信营业厅上岗工作，他们的功能并不仅是好玩有趣和吸引人，而是帮助客户解决实际问题。

（5）在反电信诈骗领域进行了有效的探索：通过建立了“智能语音技术公安部重点实验室”，并在此基础顺势建立基于讯飞认知智能的谛听·电话诈骗防范拦截平台，平均一个月能为市民预警超 3000 条诈骗信息。该平台能够针对诈骗人员的诈骗行为、作案手段和诈骗剧本进行分析建模，结合人工智能的意图理解技术，自动识别诈骗主题以及判定受骗程度，并通过大数据技术对大量历史案件进行逐一分析，对诈骗犯罪分子通话模式、诈骗剧本等进行研究。该平台上线后平均预警准确率达 99%。目前，该平台已覆盖四类主要电话诈骗，包括冒充公检法、冒充熟人、冒充客服、冒充退税补贴。

本章小结

（1）企业大脑是一套管理框架和概念。首先需要体现出的是管理效率提升。

（2）企业大脑不但将常规的效率提升手段进行了融合，而且打开了另外一扇提高效率的大门。所有的线下资源将数字化到线上，在一个虚拟的企业大脑空间进行深度的优化组合，并能够主动对线下进行互动影响。

（3）企业大脑要按照网络经济的模式进行设计、建设和运营，才能够享有网络经济所具备的边际效益递增和边际成本递减的效果。

（4）数字化核心平台是未来数字化转型和企业大脑的一个系统建构思路，而第三方平台将是未来 IT 投入的重点。

第八章　机器智能下的系统——重新定义信息系统

企业信息系统就是利用人工智能在云端处理大数据

第一节　智能激活数据——为什么我们通常对管理和信息系统无感

企业资源的数据化、企业管理的互联网化、企业资源的金融化，这些只是当前的热点和已经有的功能，针对某个企业的资源和产品的优化，但能够带来用户价值、用户体验、用户生产力提高的技术并没有出现。

只是起了物理作用，没有起化学反应；只是叠加，没有形成指数增长；只是数据的罗列，没有价值的飞升。这是我们目前在管理提升和互联网化、信息化中给用户的体验。

融合数据，产生智能才是进行化学反应的关键。青蛙只对变动的目标才看得到，人们只对变化的东西才会关注，持续的变化和优化才可能吸引人的注意力，才会让别人有感觉。

我们通常会听到这样的关于系统需求的讨论：总部希望推广一个在线的商业报表工具给销售代表，但销售代表喜欢一个离线的数据分析工具，并且感觉服务号的功能太多。这实际上是在呼唤一个面向销售代表的企业大脑，通过简单的自

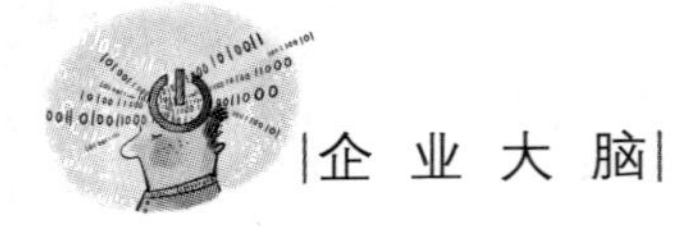

然语言就可以获得服务和数据，并且不占用系统资源，永远联网在线。也就是说，这中间说了三个问题，其实答案是第四个。

这就是企业大脑相关的技术如果获得解决及应用，将在多个维度上解决企业的信息技术和管理问题。因为更加智能、更加贴心、更加有效率。

第二节　系统管人、帮人还是替代人——从企业大脑看信息系统建设和实施

企业大脑的技术应用理念之一是让技术尽可能代替人的工作，当然是在胜任，并具有性价比的情况下。当技术能够代替人的时候，带来的机会是巨大的，因为技术能够被不断应用而具备网络经济的特征。

所以，我们看到，在一个合理的环境下，技术的应用是不断深化的，而不是相反。

在技术应用的早期，我们听说过一个观点，“不上 ERP 等死，上 ERP 找死”。这就是在经济和管理方面，没有深入理解信息系统的本质，把它作为一个单独的存在对待。

从企业大脑的角度看，很多日常工作都是重复的，而这些工作都会被系统所取代，这是技术应用的本质。技术系统分担了人的工作。企业大脑只是在用户界面和大数据整合方面前进了一步，从而降低了人们使用系统的门槛，降低了人们对外部世界进行建立模型和数字化编码的门槛，降低了人们获取企业大数据，并从大数据获得服务的门槛，降低了将管理和服务整体交付给用户的成本。

从企业大脑的角度看，现在的大部分工作都是重复性的，是基于一个有限范围的，可以描述清楚或者可以穷举出全样本的。

现有的系统定制开发就是不断穷举的过程，这些从长期的角度看，并没有实际的价值积累，没有边际成本降低、边际价值提升的特点。

“三分系统、七分实施、十二分数据”，这句口头禅既说明了服务和数据的重要，也说明了传统信息系统建设不是边际成本递减，而是涉及数据的时候，是成本指数上升。

那么，如何有效地部署实施系统？企业部署一个新系统是提升现有的人力资源；替换一个系统，则是用一个新系统替换旧系统。本质上是一样的，就是用一个新的替换旧的。

第一种方式是从先叠加到现有流程中，用一个单一功能开始应用系统，逐步扩展到全功能。第二种情况，理论上说只要换掉大脑就可以了。

利用网络的边际效益递增和边际成本递减的特点，有效的系统实施，首先是建立网络或依托现有网络，这是信息化低成本实施的关键。

“一分网络，一分实施，三分数据，三分系统，七分服务，十二分智能”可能将成为“企业大脑”的运行方式。

第三节　大企业为什么更适合

企业大脑的应用，最先应该从大企业开始。因为大企业具有巨大的规模，具有足够大的网络价值，并且能够收集到足够的样本，也能够具有足够的应用价值。

不同的应用对于样本的数量要求是不一样的。我们以手写汉字识别为例，公开的中科院自动化所脱机手写汉字样本数据库规模有多大？300 人，其中 240 人书写训练样本，60 人书写测试样本。当然，每个人要写 3755 个字，就是国标一级汉字的数量。由于汉字识别只需要区别，所以更多的样本并不是必须的，甚至会引起过度机器学习的问题，影响机器学习的效果。HCL2000 脱机手写汉字库号称是目前最大的库，有 1000 人的数据。

仅从数据量看，随便一个有规模的企业员工手写一些样本，就足够做出一个实用的汉字手写识别系统。这就是数据的力量。

所以，在智能手机已经广泛普及的今天，智能终端成本也非常低的今天，有意识地建立一个规模化的数据收集网络并提炼出智能的解决方案有非常大的潜力。

美国经济学家熊彼特等认为，大企业对技术进步的推动作用最大，创新研发有一种内部化的趋势，理由是：①大企业具备研发新技术所需的巨额资金、技术、仪器、人才、环境；②大企业具备高度的科学知识和复合技术积累的条件；③大企业有条件减少和分散研发投资的风险；④大企业更能发挥研发活动的规模经济效益；⑤发明已成为竞争武器的一个重要组织部分；⑥从竞争的角度看，生产知识比使用知识更关键。

实际的情况通常是，大企业有大样本，足够多的样本组成了一种综合的智能。为什么人们总是说“领导英明”、“屁股指挥脑袋”，那是因为领导看到了更多的样本，信息不对称。不同的位置看到的信息量（样本量）不同，想法就会发生变化。

企业大脑应用可以从客户服务系统开始，逐步渗透到企业的每个角落。在前期可以设计一定的容错界面，让人工选择，然后将这些作为学习的内容反馈给系统不断提升和完善。

第四节　水平架构——企业大脑对软件架构的影响

企业大脑在实施过程中必然是一个庞大的系统工程，在软件架构层面有着更多的考虑。

信息系统的消费体验应该是快速消费品的需求。随着技术的快速发展和要求的日益提升，并且摩尔定律等相关的互联网基本定律在发生作用，使得人们的需求呈现爆炸式的增长，反映在给人的感觉似乎系统总是不够使用，功能更新不够快、速度不够快等。

一方面，由于人们对更新的理解有惯性，总是按照耐用消费品的思路考虑系统更新问题，而不是快速消费品的思路；另一方面，国内的系统供应商也采用被动创新模式，即客户请求了许多次后才开发和交付相关功能，而不是能够提前引领客户的要求。所以让人感觉总是企业系统滞后于人们的期望。信息系统的纵向一体化设计，即使是采用平台技术，对外部系统而言也是封闭的体系，不能进行灵活的数据交换，这些影响了创新应用的交付。

国内企业级管理软件的潜规则：①数据没有开放性：平台将数据封死在系统中，不能够有效地整合。②平台没有开放性：平台本身不提供或者号称提供实际交付中进行阻碍。③物理设备绑定：为了版权保护绑定物理设备，影响系统的灵活部署和整合。

开放接口只能部分解决问题，比如数据的问题，但不能解决控制的集成和界面的集成问题。企业大脑的实施直接深入到界面交互、功能、表单、报表计算、数据、控制等各个环节，远比仅仅是数据集成的开放接口简单。

由于企业大脑的人机互动部分涉及信息流界面、自然语言交互、感知智能、认知智能等多个方面，并且技术还在不断发展完善中。所以，可以预期的是，在软件的基础平台层面将增加这部分内容，并将逐步结合或取代现有的系统界面。

所以最终的可能是企业逐步采用开源系统，企业逐步研发外围模块取代现有封闭系统，大企业拥有整体构建系统或获得源代码的实力。最佳的解决方式还是尽量采用开源系统和开放标准协议，将行业的共性需求开源化或者做平台化封装，提供接口。而传统的大企业应用企业级软件，将通过 API 的方式进行，而不是现在这种直接的界面形式。当然下一个版本也许会有所变化，但由于许可费用和部署成本，可能并不能够满足业务快速业务发展的需要。

水平分层结构具有更好的创新性。从系统结构角度看，有纵向一体化和水平一体化的区别。纵向一体化适合专项、专业的管理，不适合跨专业的、整合的管理。从系统交付的角度看，纵向一体化的系统通常目标明确，更加具有效率，但同时比较封闭，有供应商绑定的问题，并且互联互通困难。

从长期看，水平的分层结构相对于纵向一体化结构具有更强的创新能力。水平分层架构其实可以看作一种管理思想，就是垂直方向是开放的，能够进行系统整合的。从这个角度看，在管理上，开源和内包都是某种程度的水平分层，特别是开源，对整合没有限制，这个能够极大满足互联网时代快速交付和系统整合的需要。

如果说以前的趋势是外包的话，现在则开始了内包的趋势，就是内部研发，将以前外包的工作收回来。这样做的一个最主要原因是外包的商务条款和交付方式当分包给多个供应商时影响了系统的整合和责任的一致性，外包会人为有动力去增加成本，增加无用的工作，内包则可以灵活地调整责任，利于系统整合，并可以对总成本进行控制。

分层结构在架构中也体现出了一些新的趋势，比如在系统架构方面用 API 分层、用微服务划分等；在基础设施方面，用云计算、容器、超融合等技术进行统一分层等。这样，能够保证每一层的内容变化不影响别的模块。

这种架构的垂直一体化和水平一体化之争在互联网公司和电信公司的竞争中

表现得比较突出。电信公司长期使用垂直一体化的解决方案，造成了业务系统中断，管理烟囱化的问题，不能灵活进行业务交付并充分利用资源，这个问题在电信网络技术的演化中特别明显。而互联网公司采用开源和水平分层的产业链分工模式，使得创新的速度要远远快于电信公司。当然从体制上说，二者是完全不同的两种企业。相信最终演化的结构呈现出某种混合的状态，只是比例上的差别。

在传统企业软件市场，也是表现出平台满天飞，没有一个统一的平台。专业供应商仍然占有优势，但在系统升级的阶段，平台供应商越来越能够提供企业发展需要的灵活性。同时，应用开源技术已经是一个主要的企业软件趋势。

这说明，企业更加注重长期的灵活性和创新能力。而这些需要在架构中体现出来。

亚马逊 AWS 的 CTOWerner Vogels 专门分享了在 10 年中总结的 10 点架构经验：

（1）从第一天开始，就要打造一个可以持续演化的系统；

（2）为意料之外的失败和问题做好充分准备；

（3）要提供基元，而非仅提供一个大而全的统一框架；

（4）自动化是关键；

（5）API 是永恒的，一旦上线便无法变更；

（6）关注和了解自己的资源使用情况；

（7）从一开始就要将安全问题考虑进去；

（8）数据加密太重要；

（9）网络的重要性；

（10）不设守门人，不限制平台上什么可以做、什么不可以做。

不要忘记关于企业大脑的系统的有关知识仍然存在于人脑中。系统咨询、实施、研发、维护、集成的技术人员，事实上是企业大脑的一个组成部分，属于技术工作者的范畴。因为系统一直在不断完善演化中，这时候，关于系统的知识，特别是变化的知识就存在于技术人员的脑袋中，其实是企业大脑的大脑。

这些技术人员的知识是非常宝贵的，特别是在持续的系统维护和升级中。我们知道按照摩尔定律，系统持续的升级是一个必然事件，那么这些技术人员就是特别宝贵的资源。很多管理者忽视这一点，一个系统上线后就将技术人员作为不产生价值的人驱离出企业，这事实上是非常错误的，即使从商业的角度看。按照摩尔定律（并非只有硬件有指数定律，有竞争力的管理体系其实也是不断在快速演化的），那些建设的系统如果不保持持续的升级和服务，很快会变成不值钱的东西。在今天，必须用一种动态的眼光看待商业、管理和信息系统，它们都可能面临快速的升级和变化。

信息技术架构方法论：多维驱动、多维融合。企业大脑在具体实施的过程中，也具有自己的架构特征。具体来说就是多维驱动，多维融合。

对于企业架构，人们逐渐认识到没有一个统一的架构，每个企业的情况都有所差别，需要针对企业的情况进行提炼和抽象，在架构中体现企业共性的管理特征和技术特征。

传统的企业信息技术架构主要梳理组织、流程、数据、功能等几个方面。这里主要假设管理和信息系统是为企业服务的，只是一种数据和业务的静态管理描述。

企业大脑作为一个贯穿商业、管理和系统的框架，作为一种互联网转型和智能化转型的思考框架，在具体应用中，架构元素中多了许多维度需要纳入具体的考虑。

从商业角度看：金融视图是一个新的维度；智能化、场景、人机分工等是需要考虑的。

从管理的角度看：组织、流程、功能、数据是需要考虑的；互联网化、大数据、智能化、移动化、智能终端和人机分工是需要新考虑的维度；机器的管理和服务职能需要在具体设计中考虑到，包括了投资、经营和生产多个层面。

从系统的角度看：界面、场景、云计算、超融合、大数据、移动互联网、智能终端、万物互联感知智能、认知智能、智能化系统、外部数据集成等是需要增加考虑的。

上面只是对可能的新考虑维度进行了一些提示。我们可以看到，企业大脑在架构过程中需要考虑的因素增加了很多，每一个都是系统建设和完善的驱动力，同时每个维度也必须寻求与其他维度的融合，进行一致性的考虑和设计，才能够有一个满意解。

第五节 产品设计的新角度——场景、数据、智能、共生共赢

界面和场景成为信息系统产品和服务的一个有机部分。传统的信息系统是从管理的角度考虑的，所以界面强调标准化、工具化、功能化，无非是增删改查，只是针对数据的处理不同而已。这是从管理的角度考虑的，不是为了服务而设计的。

新的信息系统已经渗透到企业的各个环节，移动互联网的出现让大家熟悉了信息系统，体会到了无所不在、随时随地的服务方式。这个时候，产生了所谓"逆向互联网化"① 的过程（见图 8-1），就是人们逐步把消费端对互联网应用的体验要求也逐步向供应链的后端要求，直到企业内部的管理。

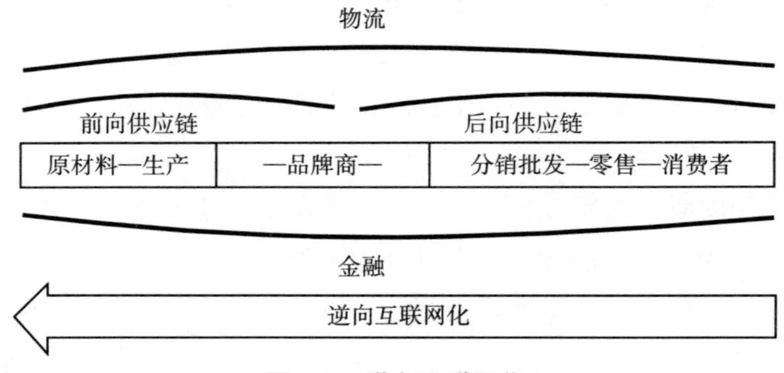

图 8-1 逆向互联网化

除了传统的系统设计中需要考虑到功能、结构、数据、流程外，更需要考虑界面和场景。这两个看似系统的新的角度与原有的角度有很大的不同，在于综合了美感、用户操作、商业模式、大数据收集、价值体现等多个新的视角，对人员的素质也提出了不同的要求，在项目团队中需要增加产品经理、界面设计等多个新的岗位。

在考虑到企业大脑的要求后，还需要增加智能化的考虑，需要算法工程师和

① http：//www.ce.cn/cysc/tech/07ityj/guonei/201503/31/t20150331_4982518.shtml.

数据工程师的配合。为了体现智能，整个过程必然包括大量的数据视角的架构规划，这种数据不是原来仅仅考虑管理数据，而是一种综合考虑的数据策略，是一种数据驱动的设计过程。

比如，传统中用人输入数据存在时间和误差，有些数据由于利益相关，甚至是人为地制造出来虚假数据，影响了企业的正常决策。这种情况就需要从数据治理和数据策略的角度重新考虑系统的设计，使得数据的输入和使用解耦，由不同的人在不同的场景进行数据采集，并能够保证数据的及时和准确。同时通过细致的分工，降低数据收集的成本。

这种数据策略上的考虑，不仅是在技术层面考虑问题，而是在管理和商业层面考虑这些问题，并提供相应的解决方案。车险理赔是一个比较明显的例子，一开始的改造流程是数字化、集中化，保险员到现场用相机拍照后回公司上传到总部后台人员进行审核；最后流程是用户自己用手机拍照上传，并在一定额度内马上获得理赔。这完全不同于传统的数字化思路，而是采用一种“共生双赢”的思路，即海尔所说的“人单合一”2.0。在这种数据策略中，平台提供数据和智能判断支持，而用户、员工、合作伙伴在上面最有效地共生双赢，让企业聚焦核心，大大提高效率，让利益相关方都成为平台的一分子，分担相应的责任，获得更好的回报。

车险理赔的案例之所以成立的原因，并不是人们一开始就知道是这样，而是因为保单集中处理后，在积累了大量数据中，人们通过统计计算逐步发现，也许可以简化获得更好的体验。类似的在其他领域也有，比如电信计费，在统计了一定时间后，人们发现不如给个固定套餐可能收入更高。

当结合了智能的判断后，人们采用数据驱动的思维重新审视商业、管理和系统，并在移动互联网这种大环境下，采用销售和产品合一的终端模式来降低企业对环境的误判（在车险的例子中，我们看到了服务和交易，即保险和理赔合一的方式）。

在企业的产品和服务中，体现场景化和共生共赢的另外一个维度，是结合倡导、连接、分享的社交模式，让产品变成一种病毒营销手段，属于营销的范畴。分享就是获取、跨界就是连接、流行就是流量、产品就是场景、故事就是品牌、用户就是社区。结合上面车险的例子，就是用户马上在社交网络上分享，获得产品的推广宣传。

第六节 面向客户的整体体验

企业大脑将首先在与信息系统和客户相关的环节得到使用，改善客户体验。企业大脑将首先在客户服务和客户交易平台获得使用，成为一个超级客户服务代表。这方面已经在诸如阿里小蜜这类案例中体现出来。据称阿里小蜜已经处理了近 80%的客户服务内容。这将极大提升客户体验，同时对呼叫中心行业产生冲击。企业大脑在内部客户服务方面也逐步开始应用。有些金融机构的 IT 支持已经变成智能客服机器人。

企业大脑在决策支持方面将替代或结合 BI（Business Intelligence）解决方案成为一种主流方式。BI 作为一种决策支持手段一直停留在报表工具的层面，没有成为非常高的利用率，最主要的原因是用户界面问题。而企业大脑提供了非常自然便利的交互模式，使得商业智能以一种服务的方式提供，而用户完全没有感到与常规互动有什么差别。

企业大脑在办公自动化、任务提示等方面自然是非常容易体现出来，在人力资源系统和培训系统方面，也会更加自然和满足上下文相关性，在知识管理系统的体验方面将更加便利知识的收集和知识的使用。所有原来企业管理中比较软约束的服务系统，都将在人机互动中获得使用便利的提升和信息内容收集加工的提升，并催生出额外的企业价值。

用户将不再感受到企业信息系统的各个模块概念，而只专注于互动本身。

这同时会带来一个问题，即客户预期的体验。企业大脑后台的每个功能模块在具体实现方面实际上是有所不同的，最终客户可能有不同的体验，从而形成不同的预期和信任感。最终，客户可能因为某个最差的体验而对整个系统产生不好的感觉，甚至怪罪整个系统。这个问题可能引发一系列的影响。所以对企业大脑的所有回应和行为应该考虑标注来源模块，以便厘清原因和责任，控制客户的预期。这个话题在企业大脑预期的法律体系中也有所涉及。

在企业大脑模式下，管理和系统应该是一个整体。以前的管理基本上呈现在纸面上或是办公环境中或是人际之间的一个约定。现在随着智能终端的普及以及大家更加习惯于使用手机和多种多样电脑系统，企业的管理将直接体现在企业的管理系统上。

用户在这种环境下，预期将是从系统中获得范围最全面、形式最友好的内容。从而，系统将呈现出内容（信息、制度、知识、系统、数据、智能等）驱动的建设模式。

企业大脑集成了感知智能和认知智能的模块，将试图响应用户的任意请求，并且将记忆用户的特征和历史，从而与用户的沟通效率越来越高。企业大脑具有一定的学习能力，并逐步提高，最终企业大脑将成为企业中知道最多、能力最强的个体（针对数字、事实、决策判断等领域）。

由于是自然语言接口，原有的系统模块的概念将逐步淡化。上线的过程也将不那么清晰，系统成为企业大脑的能力不断地添加和展现给用户。

系统的建设过程将按照这样的过程进行：用户请求、问题识别、全样本准备、算法设计、测试调整、建立评估体系并通过评估、建立管理和运营机构、投入使用、反馈调整。

结合上面的系统建设过程，企业的日常管理变革模式是：问题识别、机构调整、职能分工、绩效考核、系统需求、数据整理、系统调整上线、持续改进。

由于企业大脑对某些管理环节的替代作用，有一部分的管理优化和系统建设是围绕着企业大脑的完善进行的。

第七节　数据借助智能进入超融合

由于网络速度已经超过了总线的速度，所以存储和计算可以放在一个地方而可以通过网络共享，这称之为超融合计算。

企业大脑是一种超融合，因为自然语言的人机界面，所有的关于商业、管理、技术、行业等方面的数据和信息都可以融合到一个汇聚中心，就是企业大脑，并混合形成企业的一个超级员工。

企业大脑的这种超融合，包括了数据、信息、知识和智能的融合，最终在各个具体的领域体现出高于常人的一些期望特点。

这种融合可以包括各个层面的企业管理（投资管理、经营管理、生产管理、项目管理、运营管理等）；可以包括各个层面的用户助理工作；可以整合各种数据的来源；可以自动处理清晰定义的业务规则；等等。

这种融合区别于传统信息系统的模块化建设过程有很大的不同。首先，在人机界面上，是通过自然语言进行了融合，用户没有后台系统的概念（当然，从责任追踪的角度，需要保留模块的痕迹，这可以认为是某种测试跟踪模式）；其次，从数据角度看，用户会逐步要求无边界地访问，无边界地融合使用；最后，从计算智能、感知智能和认知智能的角度看，用户感觉企业大脑的能力越来越强，越来越综合，越来越融合（包括与其他人、其他来源的数据等）。

企业大脑的这种超融合特征，通过学习和积累，将产生乘数效应，极大地提升企业的运行效率，保障企业的运行质量。

第八节 信息技术选择——经济特征和技术特征

从经济特征而言，我们面临的问题是：用户的需求和技术平台的复杂度都是指数级的增长，而作为管理和系统本身，必须是简单的，加法级甚至是减法级的。在经济特征上看，面向无边界用户的系统，需要具有无限的扩展可能，并且每用户平均成本需要趋近于零；而面向内部用户的系统，则需要考虑与当前薪酬水平相对固定的一个比例，并可以支持在一个更大的范围（比如全国、全球）进行访问。这需要一种新的技术选择策略，来满足相关的经济特征和技术复杂度特征的需要。

未来将是从垂直整合转为水平整合，采用平台技术和开源技术。水平整合才可以满足各种横向可扩展性的要求，可以不受限制地根据业务需要扩展人数、存储、计算能力、网络连接。成熟的商业系统在选择的过程中需要综合考虑经济特征和技术特征。如果不满足条件但仍需要，那就只能够作为一种孤立的封闭系统或者工具来考虑，在整个体系可能不能纳入，因此会变得没有广泛的整合价值，只提高了个体或者小组的能力。

从技术特征看，需要提供主流设备和配置的平台支持，这样可以将用户拥有成本降低，并可以让用户分摊终端成本，这也是降低终端投入的一种有效方式，对于用户而言不需要采用过多的终端，也提高了劳动生产效率。

现有厂家通常提供一个封闭的解决方案，即使是平台也是封闭平台，以封闭数据为主。在大数据时代，提供这种绑定用户数据的软件系统将是不道德的。用户在选择供应商的时候，第一时间需要考虑的是数据安全和数据开放性。任何封闭客户数据的产品都需要将它在日后的升级中进行更换。在这方面需要考虑综合成本，但更换是必须的。

一个考虑角度是，未来是共享经济的时代，信息基础设施必然是一种共享的模式，谁拥有了数据、交易、社交的信息基础设施，其他的企业就需要在此基础上进行创造。这些基础设施的供应商是未来必须合作的对象，因为大量的数据积累及产生的智能将达到不可忽视的地步。

尽管如此，选择依然是复杂的。比如当企业人员异动频繁的时候，新的人员可能习惯于市场占有率比较高的系统而对先有系统不熟悉，从而产生抵触情绪或想更换先有系统，由于影子 IT 问题（业务部门直接使用外部 IT 服务，绕开信息化部门），业务部门可能还有预算的全部或部分影响力，又承担了经营责任。这个时候，在企业内部容易出现不同的声音，容易产生误判，每个人都有自己的主张，这变成了两个价值网络的关系问题。

在制度层面，旧的采购招标法规和决策习惯也影响着新经济下的信息技术选择。传统采购模式偏向于大型的资质完整的供应商，而且采购周期长，不可能适应以季度为单位的更新，而且也不容易采购到小型创新企业的服务，造成服务价格高企，影响了企业的创新能力。这个问题中外都有，即使美国政府采购也有这个问题。特别是政府部门，可能需要修改相关的制度，向云计算模式进行采购优先倾斜，拿出一定采购比例倾向于中小企业采购。

大型企业越来越采用内部团队的模式获得服务和集成的灵活性，将原来外包给不同供应商的服务逐步收回。一个现象就是，国内开始“迷信”互联网公司的技术人员，非 BAT 不用，结果遇到很多问题。事实上，BAT 技术发展是个自然的过程，前期规模小的时候采用 IOE 技术，后期规模大了就去 IOE 技术，本质上是自然发展的，并不是一步到位的。关键是传统企业主要对企业内部的管理机制、投资管控模式需要进行针对性的调整，即所谓的企业基因问题。

第九节　重新定义 IT——云平台选择

云计算在基础设施以及应用架构的层面重新定义了 IT，即信息系统。这不仅是在技术层面，而且是在网络经济的特征层面。云计算平台具有边际价值递增和边际成本递减的特征。或者，我们在选择的时候，需要有意识地选择这个特征的定价模式服务商。

选择公有云、私有云还是混合云？由于未来信息化所具有的网络经济的特点，企业的 IT 基础架构应该优先选择云平台，特别是公有云平台。按照使用付费，可以不受时间、地点限制自由扩展。当然，考虑到企业对信息安全及供应商可靠性的顾虑，可以采用多个公有云供应商互为备份，并用私有云做一个备份环境，以备万一。

“未来 30 年，云计算、大数据、人工智能，都会成为基本的公共服务，各行各业都会经受巨大的变化。”阿里巴巴董事局主席马云 2016 年 8 月 18 日出席 2016 中国保险业发展年会时表示，物流业、制造业、服务业、金融业、教育业所有的行业在这场技术革命之下改变是不可避免的。互联网是接触用户、了解用户的界面，互联网是来帮助你了解你的用户到底需要什么，是你跟客户直接交流的平台。阿里巴巴什么都可以外包，但客服是绝对不会外包的。

每个企业从这些选择中需要权衡自身的核心服务采用的运行策略，以及在哪个层面上外包。云计算平台的竞争是软件平台的竞争，这个是问题的关键，因为目前硬件、网络和存储相对的标准化。

企业选择云平台，从软件角度，需要考虑三点：①企业在软件上现有的投入切换成本；②未来软件上的投入需求和软件技术的长期发展依赖的战略合作伙伴及平台；③特别是在人工智能技术上对技术的依赖需求而选择。

从技术上而言，企业大脑的相关技术或很多核心技术目前处于原始创新阶段，所以选择的云计算合作伙伴需要考虑到在人工智能算法方面，以及大数据方面具备的长期创新、研发和竞争能力。

目前，已经有部分技术服务商将人工智能能力作为一种云计算服务开放出来，这些服务是企业大脑建设的一个核心基础，值得重点关注。比较有技术实力的包括百度、科大讯飞、灵云等。现在的云计算技术服务商已经在基础计算和存储、大数据存储和展示、人工智能计算和整合等各个层面提供了开放的基础模块给用户使用，如表 8–1 所示。

表 8–1　企业大脑云计算平台的选择（2016 年 7 月）

		AWS	微软 AZURE	谷歌	百度云	腾讯云	阿里云	讯飞云	灵云
大数据	信息管理	数据工厂	数据工厂						
		数据目录	数据目录						
		事件 HUB	事件 HUB		百度 Kafka				
	大数据存储	数据存储	数据存储						
		数据仓库	数据仓库						
	机器学习和分析	机器学习	机器学习	机器学习	百度机器学习 BML	机器学习	—		
			数据湖分析				—		
		大数据	大数据			大数据处理套件 TBDS	—		
		流分析	流分析				—		
	智能		认知服务						
			机器人框架			微金小云客服	—		机器人客服
			语音语言交互						
	驾驶舱和可视化		数据可视化		百度 OLAP 引擎		—		
	认知服务						—		
感知智能	视觉		视觉识别	视觉识别			—		
			情绪识别				—		
			人脸识别		人脸识别（BFR）	优图人脸识别	—	人脸识别	人脸识别
			视频识别				—		
	语音		语音转文本	语音处理	语音识别	智能语音服务	—	语音识别	语音识别
			理解意图						
			文本转语音		语音合成	语音合成	—	语音合成	语音合成

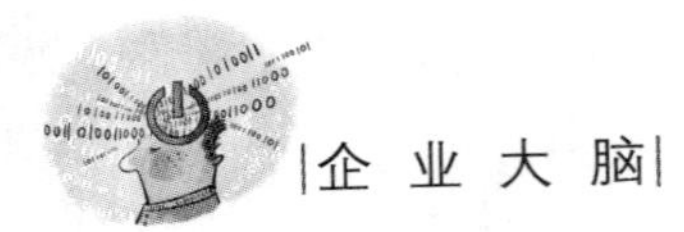

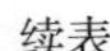
续表

		AWS	微软 AZURE	谷歌	百度云	腾讯云	阿里云	讯飞云	灵云
感知智能	语音		定制识别		文字识别 OCR				
			说话人识别			声纹识别		声纹识别	声纹识别
					语音唤醒			语音唤醒	
认知智能	语言		拼写检查	语言处理		文智自然语言处理			
			语言理解						
			语法检查						
			文本分析					开放语义	语义理解
			语言分析					语言云	
			语言翻译	语言翻译					机器翻译
	知识		学术库						
			实体链接						
			知识探索						
			知识建议						
	搜索		网页搜索			云搜			
			图片搜索						
			视频搜索						
			新闻搜索						
			自动建议搜索						
其他						图片分类			图像识别
						用户洞察分析			手写识别
						区域人流分析			指纹识别
						万象优图 CI			

现在私有数据中心发展的另一个方向是超融合。超融合解决了数据和计算能力的无限扩充问题，是数据中心的基础技术。但在感知智能和认知智能模块方面，目前还是以互联网公司的公有云提供模式为主。

企业大脑的模式将成为企业信息化在未来人工智能时代的目标模式。而云计算作为未来企业大脑的一个承载体，必然需要将企业大脑的需求考虑进来，作为一个主要的满足目标。那么在这种情况下，针对如何选择云计算平台，我们将得到如下的一个结论：云计算平台的选择=智能软件平台的选择。因为其他所有的技术都具有共性，而且比较成熟或者开源。只有智能相关技术，包括认知智能和感知智能，仍有巨大的提升空间。这种空间可能更加实用化，也可能更加便利化。在对比各家技术中，可以看到，计算技术方面大家都有，但智能技术方面的差异还是比较大的。

大家不要被表 8-1 误导，那是截至 2016 年 7 月的情况。事实上，由于智能技术的重要性，亚马逊 AWS 在 2016 年 11 月 30 日的 Re：Invent 发布会上，很快推出了人机自然语言对话（目前不支持中文）、文字转语音、图像识别、机器学习平台等人工智能的能力，而 2016 年 AWS 的营收超过 100 亿美元，成为全世界公有云的对标对象。

亚马逊的云平台是真正的云平台标杆，来源于它的架构理念。这个架构理念包括：①可靠性，在设计的时候就是可靠的，数据存储具有 11 个 9 的可靠性（99.999999999%）；②保密性，在每个环节都有透明的加密机制；③可扩展性，可以近乎无限地扩展计算和存储能力；④责任边界，与客户分担相关的责任，边界清晰；⑤提供元素而不是框架，给客户最大的自由度能够进行自由地整合；⑥使用越多成本越低，符合网络经济的边际成本递减特征；⑦平台提供的功能快速增长，包括自动化工具，并且不限制平台上的创新应用（所谓“不设守门人”），符合网络经济的边际效益递增的特点；⑧持续可演化，这就是说 AWS 的平台本身的特点，也为在这个平台上的系统提供了借鉴。亚马逊在架构方面的经验还有很多，成为业界的宝贵资源。[①]

这使得亚马逊在 2016 年成为所有云服务商的标杆，大家几乎无一例外地开始复制 AWS 的技术结构和平台能力。而 AWS 已经进入加速模式，到 2016 年底将推出 1000 项服务，而 2016 年内将新推出 912 项服务。[②] 开始进入某种全球互联网公司常见的赢家通吃模式。当然中国市场还有待观察。在国外，虽然微软

① http：//www.admin5.com/article/20160410/656780.shtml.

② http：//news.idcquan.com/news/105153.shtml.

Azure 成长得相当不错，且谷歌云计算服务也获得了一些市场瞩目，但业内人士认为，亚马逊早已统治了云计算市场，且将会继续统治该市场。

高德纳公司 2016 年预测十大技术趋势之一就是关于数字技术平台，认为数字技术平台是数字业务的基石，并且需要进入数字领域。每个组织都将有五个数字技术平台的组合：信息系统，客户体验，分析和智能，物联网和商业生态系统。特别是针对物联网，人工智能和对话系统的新平台和服务将成为 2020 年的关键重点。各公司应确定行业平台将如何发展，并计划如何发展其平台以应对数字业务的挑战。另一个趋势是对话系统，对话系统可以从简单的非正式，双向文本或语音对话，如答案"什么时候?"到更复杂的交互，如收集犯罪证人的口头证词，以产生一个嫌疑人的草图。对话系统从人们适应计算机的模式转移到计算机"听到"并适应人的期望结果的模型。对话系统不使用文本/语音作为独占接口，但使人和机器能够使用多种模态（例如视觉，声音，触觉等）在数字设备网格（例如传感器，电器，IoT 系统）中。

在选择数字技术平台时，了解 AWS 的架构原则和能力，对持续的发展非常重要。需要数字平台技术的供应商还是封闭式的，这在发展过程中影响到技术创新，不能做到持续地演化。AWS 最新的能力是无服务器的计算，只需要告诉 AWS 平台需要什么就可以运行了。那么顺理成章的是，无服务器的企业大脑，只需要定义企业大脑的能力就可以获得，这个在技术上并没有什么大的"瓶颈"，除了智能技术本身的发展外。

第十节　全新的技术工作岗位——企业大脑影响信息技术团队

企业大脑对于信息技术团队的最大影响是信息技术人才队伍的知识结构更新和完全重构。

随着云计算技术的普及，基本的大数据系统目前在云计算平台上都可以快速部署，包括非结构化数据、事件流处理、数据分析、机器学习算法等。在一些特殊的行业，针对性地设计或采用智能硬件或专门的软件是解决关键环节数据处理的有效手段。

企业大脑的建设需要建立一个数据驱动的信息技术团队，而不是原有的项目驱动、业务功能驱动的团队，是完全不同于以往信息技术团队管理模式的。原有的项目管理或者项目群管理模式都是值得重新评估的，否则会成为企业发展的阻力。因为他们通常注重项目功能的快速实现，而无法完整地考虑企业的数据需求，甚至将数据的管理推给了最终用户。

企业大脑的引入，将对现有以项目管理为导向的信息化团队的内部管理提出变革要求，否则将成为企业的阻碍并浪费大量的企业资源。数据驱动的团队要求团队具有更加的主动性和自由度，并且面临着各个方面的挑战。因为数据的收集要求与功能驱动的角度不同了，所以不是功能驱动的模式能够发现的，同时业务部门的行业知识也是一种壁垒，行业规则和政策法规也在不断发展，针对数据的收集和合规也有诸多的限制，企业内部还有许多具体的利益冲突。所以，要达到理想的目标，需要一个非常具有目标、知识积累、执行力、资源、授权的团队。这个状态并不是目前企业内部团队的常态。所以企业的管理部门，如管理者和人力行政部门需要能够意识到这些问题。但遗憾的是，这种情况非常少。

关于企业内信息化团队的管理问题，目前大企业的机制还是不相匹配的。玩游戏的人都知道，有一种“上帝模式”，主要就是“不死，无限弹药”，是通关最快的方式。传统企业转型中，由于需要将原来强管控的模式无限制地放松，变成类似游戏中的“上帝模式”，“无限信任（不死）、无限弹药”，在大多数情况下很难，所以目前很多人认为在传统企业中互联网转型成功属于小概率事件。

从云计算的角度看，现有的运维人员将面对虚拟的云计算控制平台，现有的开发人员也将开发、测试、部署在云平台上。需要他们了解新的技术平台和快速迭代的开发流程。云计算领域需要新的架构师，需要进行知识的更新和培训。

人工智能方面，将出现数据工程师、数据科学家、高性能计算的工程师（特定领域）、嵌入式智能的工程师等岗位。由于人工智能通常结合业务创新，也将引发多个业务专家的岗位。传统的程序员将成为某种程度的配角（当然这是基于原有软件开发运作比较规范成体系的前提下）。据称，谷歌开始进行全员培训机器学习，希望建设成一个人工智能公司。对于机器学习理论和技术的掌握需要统计学和数学相关的知识，同时对数据也需要有一定的理解。在系统建设过程中间，数据工程师是一个非常重要的专业岗位。作为完整的转型领导者，需要引入数字化转型的顾问和专家，以及设立特定的转型治理结构和相关的负责人。

第十一节　持续重构系统——企业大脑对软件系统的影响

一、企业大脑对人机界面的影响

企业大脑在人机界面的变化是更加人性化，及结合智能终端的更加的细节的数据采集。这个从互联网公司在用户界面上每个像素的较真态度就可以看到，大量的与当前互动不相关的数据也一起被采集并长期保存，比如语料库、交易记录等。这些最终都形成了一种对用户的数据预测能力，一种企业的大数据能力。这些大数据会随着收集的积累，逐步通过算法转变成某种机器智能。

所以，从界面角度看，已经从原有的命令控制，逐步过渡到以社交交流、信息流这种更加流畅和自然的界面引导用户，使得数据流入流出更加通畅、简单、互动。以信息流为主线，重构其他的互动的行为。

可以预期的是，未来将是两类人机界面共存的情况，而基于信息流模式的类似聊天界面的智能互动界面将成为未来的主要互动方式之一。基于命令控制模式的将成为专门动作的辅助工具。

在企业发展战略上，需要布局企业自身的人机终端，便于按照自身业务的需要进行大数据收集，形成大数据的核心竞争力。从这个角度看，界面设计已经成为企业竞争力的一个组成部分。界面成为传统管理意义上“渠道”的范畴。换句话说，界面=渠道。

二、企业大脑对智能硬件的影响

企业大脑的理念将引发企业信息系统中智能感知硬件和人机界面的变革。将现在的计算机界面逐步迁移、整合到企业大脑的工作界面。这种变化也是逐步的，但是不可逆的。

智能手机的出现扩大了人类的交流范围，手机中相配套的陀螺仪、GPS、摄像头、麦克风等硬件设备都加大了智能手机的感知能力，并通过网络逐步以大数据的形式解决了企业大脑很多初期发展的原始创新问题，比如语音识别率提高、大规模语料库的建立等。

在智能手机普及的初期，人们在系统开发和应用方面往往还迁就传统的PC界面，并立足于进行适配。但随着智能手机的广泛应用，发现更多原生重构的系统才会被用户所接受。用户需要面向新的硬件去实现新的场景，传统的人机界面已经更多地被抛弃，或者作为一种互补的力量出现，此消彼长。

企业大脑的出现，结合万物互联，将加速整个智能硬件创新和人机界面整合的步伐，人机界面将更加体现出智能性和便利性，而较少传统的PC色彩。这种变化让智能硬件在感知智能方面更加突出，结合通用或者专用的硬件，实现可以看、听、说、读、写、情感识别、位置识别、特征识别、体态识别、速度识别、环境识别等多方面的功能。甚至达到AR技术，现实和虚拟场景叠加，人和机器融合（比如虚拟眼镜之类产品）的程度。

这将使得智能感知硬件更加普及、智能人机界面更加普及，加速信息的收集和提炼，并将反过来促进互动体验的简化和智能化（意思一样），而传统的PC系统界面将更多地退化为一个专属的智能硬件范畴。

这个趋势随着数据量的提升、智能硬件的普及、更多智能化数据处理的出现而加速变化。这是可以预期的结果。智能终端，配合后台系统，将具有更多的感知智能能力。

三、企业大脑与个性化定制

企业大脑中包含了一个公共的大脑，还有针对每个个人的类似助理的个人大脑。如何架构和划分这些大脑，是每个企业需要考虑的问题。

公共大脑的优点：智能无限提升，成为全知、全能的个体。公共大脑的问题：如何保密、如何限制别人访问、如何回答不知道，如何进行学习。

个人大脑的优点：无限个性化，安全保密。个人大脑的问题：是否要达到公共大脑的水平，专题领域如何积累，与公共大脑的关系，同样面临如何进行学习的问题。

四、企业大脑的人格特质

著名投资人徐小平在解释真格基金的名字来源时，说真格在英文中是

Integrity，就是诚实、正直、一致。企业大脑中也需要一种人格特质。

记得“迅速学坏”的Tay吗？当微软的聊天机器人Tay发布的时候，就出现了这个问题。人们不断地教它一些新的话题，然后它学会了一些禁忌话题的内容，并在社交网站上发表了一些纳粹或者种族歧视的观点。由此引发人们对聊天机器人的信任度。聊天机器人Tay从人格的角度看正是缺少这个元素而很快下架。[①]

现在的聊天技术还属于技术验证阶段，明显是程序员的出品，或者说就是程序员的人格特质的反应，虽然从技术上说，是程序员内部排定的内容，但从用户体验方面，显示了机器在互动内容考虑的时候缺乏人格特质的考虑。如果你对他不敬，他也会爆粗口，这不符合常规的服务行为规范，没有体现出专业性，让人们对机器的素质在心理上表示了怀疑，从而影响正常交流的过程，不能代表机构登上大雅之堂。

“企业大脑”作为一个长期的服务平台，需要建立一个持续稳定的信任预期，需要将人格特质作为一种考量。这就表明机器在“什么不能说”这方面还有需要学习改进的地方。不然人们可能在一些新情况下不知道如何信任这个机器的内容。

微软CEO纳德拉在Slate上表示，计算机行业必须开始思考如何让智能软件尊重人类，并呼吁，算法有责任拥有一个正确的三观，这样人类才不会受到伤害。纳德拉仿效科幻作家阿西莫夫的机器人三定律，撰文提出了人工智能安全六大准则：①AI必须以辅助人类为设计准则；②透明性准则，人工智能技术必须透明、公开；③人工智能在促进生产效率的同时，不能有害于人类的尊严；④隐私性原则，人工智能必须保障用户隐私；⑤算法可靠准则，人工智能必须有可更改的算法；⑥防偏见准则，反对人工智能对于边缘化人群的歧视。[②]

认知差距的处理，解决的方式之一是以容错的方式提供。从目前的技术进步看，机器和人的认知差距总是存在的，即机器不一定能够理解所有的提问，准确回答所有的问题。类似百度搜索，将搜索的结果按照相关性列出来，由用户做最终的判定。机器通过人工的判定结果进行学习，提高自身的服务水平。在后台也可以通过信息的收集进行人工的再加工处理，结果成为机器能力的一个新组成部

---

① 高德温定律—当Usenet讨论不断变长时，参与者把用户或其言行与纳粹主义或希特勒类比的概率会趋于1（100%）（Usenet：新闻组，一种早期的社交网络）。

② http：//robot.ofweek.com/2016-07/ART-8321203-8470-30004082.html.

分。这是李开复先生提出的建议，算是人机结合的智能服务过渡。

企业大脑的可信性问题——如何表达“不知道”。在一个对话过程中，信任源自信息的准确性。但作为人类情感交流的一部分，有些交流形式又有建立信任的特殊作用，如开玩笑、调侃、自嘲等，可以让交流过程更加生动和真实。

在交流过程中，一个重要的问题是，机器如何知道自己不知道一个概念或者问题的答案。因为当所有的知识都是通过知识网络交织在一起的时候，作为聊天交流是允许做一些模糊处理的，这使得交流的过程更加生动。但当进行具体明确交流的时候，需要明确答案的时候，机器需要明确地表达我不知道，这个尺度如何衡量是一个问题。

解决的方法可以是标明机器的认知范围，让它在一定的范围内表达交流，或者表明它说这些内容的支持知识体系。这个支持的知识体系是经过专业人员审核的，并定期更新发布，而不是任由机器完全的自主学习知识并投入使用。但从用户体验的角度可能会有时间延迟，保留个性化的用户体验又会对整个知识体系的完整性以及版本控制策略提出新的要求。这方面还留有大量的社会实践工作需要尝试和检验，形成相对一致的共识。

参照人类规则而又超越人类规则，是企业大脑面临的新问题。企业大脑的演化速度可以非常快速，规则的创建是动态的甚至是机器生成的，在这方面的管理仍有很大的发展和探索空间。

腾讯作为最大的社交网络，本身积累了大量的数据，这些就是人工智能创新的土壤。随着这些数据和技术的开放，以及云平台的技术实力，腾讯对人工智能的影响是不可忽视的。

第十二节　腾讯观点：未来互联网行业就是利用人工智能在云端处理大数据

一、观点

（1）“互联网+”的第一要素就是云。云不仅是数据中心，而且包含着“互联网+”、信息能源的发展趋势。传统企业以前是触网，现在是触云。越来越多的传统企业不仅只是使用互联网，而且开始拥抱互联网，成为未来互联网的有机组成部分。许多新形态的企业都是从网上出生，在云上生长，基于云架构来设计商业模式。

(2) 互联网的发展中，分享经济的发展和“云”的发展息息相关、方向一致。分享经济中发展较为靠前的一些领域，比如交通出行、房屋、快递等，其核心模式就是把生产力云端化，把社会中的资源通过云端共享。

(3) 互联网企业分工也在逐步精细化。每个企业都不可能是万能的，未来的趋势都是往生态化方向走。每个企业都在往很薄但是很广的方向上发挥优势，同时在上下游进行合作。企业社会化分工和云端生产能达到生产效率的优势。

(4) 未来大部分的科技创新都会用云的方式来体现。不管是地理位置信息LBS，还是人工智能、物联网、无人驾驶也好，后台核心都是云端的大脑。

(5) 未来互联网行业就是利用人工智能在云端处理大数据。

(6) 生态开放分享层面的“去中心化”正在与云、大数据等基础设施的“中心化”有机地融合起来。更多的生态伙伴在资源分享和生态反哺的循环中，会实现“整体大于部分之和”的共赢。

(7) 生态扩容势必在突破性的新技术上展开。例如，AI（人工智能）、VR（虚拟现实）、AR（增强现实）等一系列新技术正逐渐成熟。“AI+”会不会成为下一代生态基础设施，为全球各行各业带来智能化变革，值得关注。

二、技术

腾讯决心做连接器，开放的云服务主要包括四部分：

(1) 第一是云服务。“在未来会彻底开放我们在云方面的能力，同时把它商业化，包装成好的产品，给社会、给政府、给合作伙伴。”

(2) 第二是地理位置信息（LBS），“我们既是LBS信息的消费者，又是LBS信息的生产者。”LBS作为一种基础设施在未来充满了机会。腾讯位置服务目前已经拥有日均超过450亿次定位调用，一些腾讯的亲密合作伙伴每天产生的大量基于地理位置的数据。比如滴滴数百万辆车辆实时的地理位置信息；比如京东每天数百万单的送货、物流，还有干路上的物流都有庞大的地理位置信息；比如美团、58同城有遍布全国数十万商家；比如外卖、快递……除了面向O2O、物流、智能出行、警务安全和运动健康五大行业发布解决方案外，腾讯位置服务还将通过微信公众号，联合四维图新等推出“腾讯地主认证”服务。

（3）第三是安全。苹果在 WWDC 大会上，对腾讯手机管家的骚扰拦截模块进行了官方唯一推荐。这是对中国，以及对腾讯安全团队的一个极大认同。以后大家在苹果手机上就可以直接过滤掉一些垃圾短信和推销的电话营销，以前是没法做到的。

（4）第四是支付。腾讯在支付方面，目前已经与各行各业进行合作，譬如现在很多城市的用户足不出户，就可以交水电煤气费，现在还可以挂号等。

三、应用

腾讯的发展正在从树林走向森林，显示其开放战略已从此前的“树状结构”去中心化为“网状结构”。与此相对应的是，开放战略的主战场已变，腾讯将在 LBS（地理位置服务）、云、AI（人工智能）领域发起攻势。

腾讯云与三一重工、贵州宏立城集团合作共建的物联云正式发布。腾讯物联云以 QQ 物联平台为原型，在过去的两年中，物联云已接入企业 6000 余家，为家居、安防、交通、建筑、医疗、制造等领域提供着丰富的智能化解决方案，可以使各行各业快速实现物联网平台的能力，帮助企业实现数据化转型。

中国化工集团发布基于阿里云搭建的电商平台，这是央企首次尝试完全将销售平台部署在公共云平台上。在此之前，阿里云还与中石化、中石油等大型能源化工行业的代表企业达成信息化建设合作。

腾讯将成立人工智能实验室 AI LAB，实验室将进行 AI 基础理论研究及工程实现，而应用宝将成为腾讯人工智能先行尝试的首批产品。与此同时，腾讯宣布正式推出机器人开放平台，将腾讯的计算机视觉、语音识别、自然语言处理、机器学习等人工智能核心技术共享给合作伙伴。

腾讯云在对微信每天 160 亿级别的多维分析场景中，能够做到 6 秒返回结果；这一大数据处理速度在全球科技企业中处于领先优势，同时也在迅速为业务带来有效的洞察与优化。

广东省旅游部门应用腾讯云大数据服务，结合腾讯覆盖全国 10 亿人群画像能力，及日调用量超过 400 亿腾讯位置大数据服务，成功对景区进行实时客流量监控及预测，为旅游资源的合理部署和旅游产品服务的精准营销提供辅助决策。

本章小结

（1）融合数据，产生智能才是进行化学反应的关键。

（2）企业大脑的应用，最先应该从大企业开始。因为大企业具有巨大的规模和足够大的网络价值，并且能够收集到足够的样本，也能够具有足够的应用价值。

（3）从长期看，水平的分层结构相对于纵向一体化结构具有更强的创新能力。

（4）云计算平台的选择=智能软件平台的选择。

第九章　数字化转型——商业和管理的转型与重构

转型就是重新分工，升级就是换件衣服

第一节　成功转型的诀窍——企业大脑与管理转型

企业大脑的应用过程本身是一次管理转型的过程。很多企业在这个过程中面临着生死考验。表面上人们归罪于传统的模式根深蒂固，具有强大的抵抗力，甚至认为老员工也是转型的负担。实际上，没有认识到这是传统模式的价值体现，以及新模式的成长规律。

我们看到转型中付出沉重代价的企业都有几个原因：①放弃传统或者原有业务；②以外部资源，放弃自己的判断；③将传统业务和新业务对立起来。形式上都表现为：①集中指挥，领导带头变革；②新旧业务相互不关联；③持续的亏损；④坚定地否定原有业务；⑤坚决打破原有网络。

整体上看，失败的转型通常都是边际效益递减，而边际成本递增的，所以会不断地亏损直到失败或者重新调整到正确的轨道上。这种付出代价的折腾，最终可能存留下来的，往往是传统业务中的某个核心部分，实际上是完成了主营业务的数字化（包括互联网化）而已。比如，传统的家电经销商转型后发现，它的物流成为一个有价值的业务，并成为外部投资的一个重要因素。

另外，很多成功进行网络化转型的体现为：①充分利用现有的资源；②相对充分的授权，区别与原有业务的管理方式，提供较大的自由度；③从差异化的业务或者互补的业务切入；④一个小团队作为起点；⑤多团队尝试。

这种转型方式应该是企业提倡的。比如，阿里巴巴从B2B到C2C的淘宝，到B2C的天猫，到支付宝，到蚂蚁金服，其实做过无数次的转型。但都没有否定之前的工作，而是充分利用了前面的工作基础并展开的，是差异化展开的。

所以，成功的转型是建立新旧两个网络价值体系，每个体系都应该遵循边际效益递增和边际成本递减的原则。改造旧的，建立新的。

即使是全新的管理模式，也只是对现有业务的增强，并不改变业务的本质。我们从某个家电经销商的转型案例中可以看出，最后的结果无非是：①从传统门店看，调整了门店的布局、增加了信息流通的便利、进行了网络促销、物流更加有效直观；②从线上看，有了线上渠道、更加多的产品品类、用户数据更完整、金融服务更多等。

企业转型就如同搬家，科学的方式应该是新家和旧家可以同时使用，逐步迁移，每一步计算成本效益，务求边际效益递增、边际成本递减。此消彼长，逐步完成。失败的方式是把旧家全部打烂，然后到新家重新拼起来，后来发现旧家还有用，又投入建设。

微观上，每个新旧模块都追求边际效益递增，边际成本递减，这是稳定持续转型的根本。这个经济考虑在企业大脑转型中也是适用的，是具体转型工作的指导依据。

第二节　从连接管理者，到连接用户，到连接智能

信息系统的价值体现在终端的连接能力和服务能力上，形成一个服务价值网络，并遵从网络经济的规律，黏性越大，价值越大。

传统的信息系统注重于直接的管理数据收集和加工处理。传统IT供应商应用这点，结果系统成为管理关键词的拼凑体，客户需要的每个管理关键词都有。是不是能够使用、对于管理是否有价值考虑得比较少，或者推说交付给实施阶段

来做。这种系统在招投标的时候很容易通过，因为所有的流行管理关键词都有，但实际使用的时候很困难，说是需要个性化定制。有时候即使定制也是勉为其难。从信息技术产业链角度看，这种信息技术交付方式是一种多重的层级式管理方式，这种方式对最终交付的效果实际上很难控制的，对最终用户的声音也很难体现。

而终端驱动、数据驱动、体验驱动、服务驱动的模式，整个过程完全不同。终端驱动的模式下，终端数量、使用频次、服务能力、体验满意度、数据积累和质量，这些成为考核指标，如表 9–1 所示。

表 9–1 企业大脑模式下信息系统的变化

	管控功能驱动的系统	终端数据驱动的系统
产品介绍表述	管理关键词的堆砌，有管理名词但不一定有管理功能	具有创新客户价值的服务能力
产品发展	功能驱动	服务驱动
技术平台	数据、功能、组织、流程	终端界面、服务流程、数据收集分析、系统开发持续交付（系统运维监控）
运行	项目管理、需求、开发、测试、运维、内审	系统开发持续交付
评价指标	管理（或系统）功能点、管理部门满意度、交付速度和质量	（用户）数量、使用频次、活跃度、黏性、满意度
IT 管理追求	项目管理合规性，PMP、ITIL、COBIT	用户数量最大化、最具黏性、最满意
运行数据分析	一般没有，最多是用户日志供审计使用	详细的用户数据记录和分析，并指导产品、开发和交付
产业链的管理成本分析	客户：层级式管理 供应商内部：层级式管理。产品研发：层级式管理；实施交付：层级式管理 销售渠道：层级式管理 相互沟通：层级式管理	网络直达最终用户 内部以小组形式，注重职能分工和员工创造性，不产生价值的环节一律简化
数据内涵	生产数据、管理数据、决策数据	服务数据、分析数据、决策数据
模式理解	B2B	C2C

传统管理、传统信息技术管理在互联网时代没有价值。从表 9–1 中对产业链管理成本分析栏中可以看到，传统的所谓规范的信息技术管理方式在现在这种模式下，不但没有价值，而是阻碍。聪明的管理者深入体会到这点而选择不同的方式。以国内某大金融保险集团为例，集团下属的科技公司具有最庞大"规范"的研发体系，内部研发人员有 3000 人，常年外包研发团队超过 3000 人，每年的投

入超过几十亿元。但是，在创新的互联网金融项目中，集团采用另外组建团队，独立选择人员、办公场地、办公穿着、办公时间，给予了（过程中也有反复）相对充分的自由度。最终获得了成功。这反过来说明传统的所谓规范管理，在新的模式下是没有价值的。

一个相反的例子是一些传统企业的互联网转型，试图在旧业务体系中进行变革，每天在是否打领带、是否打卡这种形式主义的管理上进行文化冲突。在不断冲突、人员不断流失完后，业务也没有发展起来，管理成为一种内耗。既丢失了原来的特色，也没有形成新的特色。

另外，传统的 IT 项目管理也是没有价值的，可能越规范越没有价值。由于目标差异太大，即使局部有所谓的价值也非常小，总体价值远远小于其带来的成本，本质上是两个方向。就像开车去了相反的方向，车辆保养得再好，也是没有意义的。

这也解释了传统面向管理者的管理，面向管理者的信息技术管理，已经在面向用户、面向体验的服务模式中逐渐成为阻力。这点突出体现在企业互联网转型过程中。当企业业务稳定的时候，面向谁都无所谓。但启动转型，这些都属于多余的动作，都变成了阻力。越有经验、越专业化管理，阻力越大。

在面向用户转型的过程中，连接用户逐步转变为连接智能。将各种流程环节逐步分解优化，由不同的智能终端承担。这里说的智能终端，包括人，也包括物理系统或者虚拟软件。连接智能的价值在于更进一步地降低成本，提升效率，因为人的效率提升是有限的，特别是一些重复性的、确定性的工作。

第三节　管理价值在于定义和优化

管理本身变得没有价值，有价值的是管理的定义和优化。管理是解决分工和协调的。企业大脑如果应用到了管理领域，当分工和协调的工作已经内置到机器中或由机器完成后，而且机器更加灵活，效率更高、体验更好的时候，传统管理的价值面临崩溃。管理本身变得没有价值。

与管理相关的有价值的是管理优化，而且这种优化可能大部分是针对机器的。对机器的计划、管理、监控、优化都将是人的工作。因此，将诞生一批业务工程师、数据工程师和算法工程师的需求。

企业的员工将更加专注于专业工作，创造性的工作。人们将逐步习惯于机器的管理。我们期待一个基于机器的公共管理平台的出现。我们从优步、滴滴身上已经看到了这种影子，那是针对开车这类专项工作的管理和调度系统。

我们从阿里巴巴身上看到一个类似的情况，马云说他一直在控制着企业的人数，不随着业务而膨胀。那么效率从哪里来，除外包之外，必然从系统自动化和智能化的方面优化，所以，我们可以看到人们将更多的时间花在将常规的工作自动化，不断提高效率方面。另外，把大量的代码开源出来，通过共享的方式降低维护的成本，并从中发现未来的优秀技术人才。

这个时候，管理在组织结构分工中，在企业大脑中。而企业的员工大部分都是具体工作者，而不是管理者。企业的管理不断固化到系统中，从而使得企业的运营效率成倍提升。互联网公司的特点是所有的都在网上，而传统企业可以借鉴这些特点来适度优化自身的工作，将管理平台化，纳入到分工结构中，而不是安排很多的管理人员。

第四节　企业大脑是最大的创新

企业大脑本身是企业创新的一条新路径，是一种数据驱动的企业商业模式创新。企业创新包括了技术创新和产品创新，也包括了制度创新。可以看出，企业大脑对这些都可以有所渗透。

按照对生产力的分析：生产力 = 创新能力 × 模仿复制能力

企业大脑重点贡献的是模仿复制能力，它是一个容器，能够模仿复制各种形式的企业能力。随着多媒体终端的普及及成本的下降，智能终端具有更加人性化的交互方式，能看、能说、能听、能写、能移动、能记忆、能判断、能联网，甚至能简单社交、察言观色等功能。基于智能终端、大数据和云计算的企业大脑，将具有越来越强的模仿复制能力，而人将更多地投入到创新能力的过程中。

企业大脑与学习型组织。学习型组织理论试图提升组织的智能水平，消除组织智障。学习型组织的概念提出了很长时间，甚至形成了一些知识管理系统，但长期以来在企业中的成效有限。主要原因是没有有效的方式将个人智力水平转换为组织的智力水平，没有对现有的工作产生直接的影响。企业大脑是原有知识管理系统理念的一大进步。区分而言，企业大脑更加强调通过自然交互技术，数据、信息、知识的收集以达到更加自然的人和机器相互学习的状态。达到人可以帮助机器，机器可以帮助人，在互动中相互提升的状态。

企业大脑的理论之所以能够有所提升，主要是解决了这样几个问题：①智能来源于全样本数据，而不仅仅是传统的知识、信息；②机器学习人类知识和智能，并形成智力；③人机自然互动，人机互学；④教会机器会让企业形成竞争力，更有价值。总之，学习型组织首先需要一个可以学习的企业大脑。

下面我们对比常规的学习型组织的建立步骤，探讨企业大脑可以发挥的作用(见表 9–2)。事实上，原来的学习型组织更多的是针对内部员工，而企业大脑则针对所有的利益相关者和潜在客户，并且企业大脑也是学习成员之一。这有助于我们重新理解学习型组织相关的理论，通过企业大脑，提升组织智能。

表 9–2　学习型组织建设与企业大脑的作用

学习型组织的建立步骤	企业大脑可以发挥的作用
评估组织的学习文化 在组织中有正式结构与非正式结构计划鼓舞成员彼此分享学习成果，组织能为解决问题与学习而计划，组织的每一个层级中学习是被期望且受鼓舞的，人们对于组织怀有远景并且能去适应工作形态，组织能够鼓舞成员并提供资源促使成员成为自我导向的学习者，了解自己与他人的学习形态借以促进沟通和组织的学习	提供互动，调查
增进组织的积极性	互动，组织
在工作场所能安然地思考	将学习过程有序化
奖励冒险	互动
协助成员成为彼此的学习资源	互动，交流
运用学习能力到工作上	通过工作互动学习，将学习内容应用到工作项目中
描绘组织的远景	互动
将组织的远景融入生活	互动
连接系统，组织可向历史记忆、目标、规则、继续进步、反馈、组织中的人员行为六个方向建立其系统	互动、学习、沉淀、反馈
明示组织未来努力的方向	互动

学习型组织的五项修炼是非常知名的，我们可以看到这些要求对企业大脑同样适用。同时，这些修炼也是对企业大脑建设中的一些更高级的管理需求，如表 9–3 所示。

表 9–3　学习型组织的五项修炼与企业大脑

学习型组织的五项修炼	企业大脑
自我超越	对企业大脑同样适用
改善心智模式	对企业大脑同样适用
建立共同愿景	对企业大脑同样适用
团体学习	对企业大脑同样适用
系统思考	对企业大脑同样适用

随着计算机感知智能、认知智能能力的提升，学习型组织这个理念需要更新。企业大脑提供了一个更好的解决方案。

第五节　新企业重构战略：将企业的工作全面转向系统

在整个转型和架构设计中，一个重要的观点是将现有的工作全面转向系统。通常传统企业具有大量的人从事的工作，而管理的有效性是与人的激励有关的，每个有经验的管理者都非常熟悉一个完整的体系运作。而管理者对于借助新的信息技术手段的效果通常没有概念。另外，有些管理者可能对某些系统的管理效果比较熟悉，对另外系统的管理效果则没有把握。

在新的互联网经济模式下，事实上所有的工作最终都会转移到网络上，并使得网络成为一个最主要的通道。所谓人做不好的让机器来做，其实大部分和企业相关的工作，机器都是有优势的。

整个过程是一个逐步的过程，需要清楚地列出现有工作及其承担的角色和预期的效果，然后从系统角度重新梳理，采用系统和人进行分工的方式逐步完成向系统的迁移工作，并在这个过程中不断地评估进展和效果。由于传统方式已经有相对完整的评估机制，则需要结合起来一起评估现有的混合模式（线上和线下结合）的效果，并做出持续的改进。

这个过程区别于传统的系统管理理念。传统的系统管理理念是明确战略，改进现有管理，匹配信息系统去适应战略和管理的需要。现在这个理念是，将所有工作迁移到系统上是战略之一，并在这个过程中调整管理和系统。

将所有工作迁移到系统中并逐步替代人工是企业战略，而替代人工的过程是企业大脑智能化实现的过程。简化而言，企业大脑是企业的核心战略之一，而企业大脑的建设过程就是让企业的工作转移到系统的过程，这个转移的范围是全面的，甚至需要超前来赢得竞争优势。

另外，由于存在 Jevons 悖论这种现象[①]，就是所谓的消费弹性。当系统被广泛使用时，人们使用的频率比以往更高，这样可能将原来不满意的某些因素放大。这是实际可能发生的问题。很多人可能莫名其妙地背了黑锅。

企业大脑的转型，是随着技术的进步，在人和机器之间分工的重新分配及调整。这种调整的艰巨性在于人的习惯、机器的能力、人们的认识、人们之间的信任关系、外部的信息都在随时随地的影响。虽然，更多的工作交给了系统或者机器，也有更多的人、资产、工作关系、商业价值进行了再分配。

第六节 转型成本和代价：企业应该投入多少在智能技术

由于企业大脑的目标是用机器承担人的部分工作，所以在投入方面可以考虑以目前人工成本为一个评估基础，并在此基础上，根据公司在战略上的考虑，投入可以承受的成本。从技术角度看，人工智能技术还在不断完善阶段，科学的投入会让企业少走弯路。在感知智能和认知智能的算法技术方面，目前还处于原始创新阶段，所以应该考虑选用具有技术实力供应商提供的开放平台的相关工作，这些工作随着成熟度的不同，应该都是以替代人工现有工作成本为基础进行定价的。所以基本上属于商业企业可以接受的范畴。

通过小团队的不断开发和优化重构，对应用进行持续的投入和评估优化，通

---

① Jevons 悖论—此悖论由英国经济学家威廉·斯坦利·杰文斯（William Stanley Jevons）贡献，说的是当技术改进使得利用燃料更有效时，燃料的消耗却趋于上涨。

常是获得比较好效果的模式。让团队不断地学习和进步，而不是采用某种固定的计划模式。机器的智能水平也有一个逐步提升的过程，而在应用过程中，相关用户、团队人员和机器都在不算地学习和改进，不断地集成连接和体验融合。这对常规企业立项投入的走固定流程模式是不一样的，需要企业对运作部门网开一面。

传统企业转型为什么付出巨大的代价而无所得？一个值得关注的现象是，传统企业在面向网络转型的过程中，花费巨大代价而收效甚微。其中一个原因就是，原有的规范（项目）管理。

在实际企业中，转型部分的巨大成本都是通过非常规范的项目管理程序发生的。项目管理是一种传统的工作模式，只是披上了现代的外衣。项目管理模式不具有网络经济的经济特征，即边际效益递增和边际成本递减。

传统企业的规范管理会产生“锁定效应”，将日常的企业行为固化，从而形成“路径依赖”。这种路径依赖由于具有“收益递增”的特点，从而产生“自我强化”。这种强化如果是企业需要的，就会促进企业朝预期的目标发展，如果不是企业需要的，也会产生锁定效应，让企业很难摆脱。这种锁定效应根据研究包括四种类型：技术性锁定效应、功能性锁定效应、认知性锁定效应和政治性锁定效应。[①]

所以，当传统企业用传统的规范管理流程，规范的项目管理程序去管理互联网转型的过程中，事实上，由于各种锁定效应，企业所得有限，很难建立完整的新价值体系，在很多情况下，只是获得了若干项目碎片和决策碎片。没有体现出新的网络价值。这也解释了为什么通常在传统企业，越是规范的企业，在互联网转型过程中越付出代价，而越无所得。

管理变革必须先从组织变革做起，逐步转变为系统的变革并最终完成。网络经济模式对传统的管理也提出了变革的要求。当外部经济或者政策环境发生变化时，传统企业会阶段性地进行组织重构，从而影响到职能和决策体系。这会加深管理和信息化建设的项目导向及决策导向，而这种导向并不会给企业带来预期的结果。这是实际信息化和管理转型工作中经常面临的问题。

企业大脑的价值和更换或放弃的代价。随着企业大脑承担的职能增加，企业大脑本身的价值将持续增加，而企业放弃企业大脑的代价将非常巨大。

① http：//baike.so.com/doc/1200208-1269551.html.

企业大脑的价值服从网络经济的规律，并将呈现指数级的增加。而更换或放弃企业大脑的过程中，由于现有企业大脑系统还在运行，所以虽然企业大脑具有边际效益递增和边际成本递减的特点，但也有价值呈现指数增长的特点。

所以如果是一种破坏性的替代过程，即不承认原有价值而试图完全再造，对于前面所说的“锁定效应”和“路径依赖”，将可能面临一个巨大的代价。

所以，从方法论角度看，企业大脑本身技术在不断创新，企业大脑的更新完善，应该是渐进的、包容的、完善式的，而不是颠覆性的，否则可能付出巨大的代价，甚至付出了代价还不能实现目标。在这个过程中，战略、组织结构、人员都需要进行配套的调整。战略决定了结构，按照康威定律，结构决定了结果。

在一些企业家（如马云）的内部经验分享中，谈到同样的问题，就是战略很容易定，但组织和人员的调整很头疼。需要老人干新事，新人干老事，而新人干新事通常会失败，一下子干一件复杂的理想化的事情通常会失败。这个情况不断出现在一些实际的案例中，在制定相关类似决策时，需要引起注意。大体上，几个因素混合起来产生内部管理问题，比如可能战略不能明说；调整组织结构和人事很敏感；对形成最终结果的相关技术，最高决策者不熟悉，一知半解；人力资源部门和业务部门也不了解意图。所以造成从战略、组织结构、人员安排到工作成果这些环节的脱节，让整个事情变得复杂和矛盾重重。加上中间每个人的理解和反应的不同，造成企业内部沟通成本的提高。

第七节　关注传统企业数字化转型的“100 倍投入”现象

传统企业的 IT 投入属于边缘化的投入，作为一种不确定的成本考虑，通常放在行政或者财务部门，作为一种工具化的考虑。即使是独立的，定位也是类似的。

随着技术渗透到生活的各个方面，让普通人都感知到了技术，学会使用技术，这个时候给企业管理者一个自己理解技术和掌握技术的机会及感觉。特别是感受到互联网公司的快速发展，进入社会的关注焦点后，传统企业的管理者日益进入一种焦虑状态，从而倾向于对自身企业进行颠覆式的改造。

这种改造的决心由于传统的层级管理体系处于一种暗流涌动的状态，最后如同一种火山爆发的方式表现出来，就是进入“100倍投入”的状态。区别于之前企业信息化的几近吝啬的投入，企业会突然选择一个非常高薪的负责人空降企业，这种高薪甚至连当事人都感觉无法拒绝。这种高薪就是企业给了新负责人一个信号，它要花钱了，而且不惜代价，而企业内部的人则感觉莫名其妙，不合乎企业过往的决策逻辑。而新旧人员之间在理念上完全不同，同样的事情大家的价值判断天差地别。由于规范的层级关系，沟通又不够充分，明知道不可能的事情也去做这些都埋下了交学费的伏笔。

这种阶段回过头看，对比原有的投入差别巨大，在这里提出“100倍投入”这个企业转型现象。这种阶段，现在有个专有的名字，“数字化转型”（Digital Transformation）。有的更极端地提出全面数字化转型。但在初期，企业没有意识到这些行为属于这个范畴，而是凭借企业家的感性进行推进，带有非常大的随意性。

我们可以看到传统企业转型，比较知名的比如华为、苏宁、美的、平安等。这些企业的特点是用IT技术进行某种脱胎换骨式的改造，耗时周期之长，投入之大为业界之最。最终是否在商业上和技术上成功，大部分企业宣传上说是成功的，但也存在不同的看法。有些极端的企业达到三年持续亏损，这种转型就花费了很高的学费，不是一般的职业经理人可以操作的。

BAT等互联网公司天生就是网络和技术驱动型的企业，而且面临着残酷的竞争，所以一直处于野蛮似生长，持续转型和优化的状态。

区别于互联网企业，传统企业由于实体、外部国家和行业的规则、技术进步、人员组成、组织结构等领域的限制，IT技术一直不是企业最核心的成长动力。从未来看，也未必。因为技术领先者将逐步开放技术，从而提升进入的门槛，降低使用的门槛。现在随着网络的普及，SAAS的普及，出现“影子IT”现象，即企业内部的组织依托外部的IT系统进行内部管理，绕开企业内部IT，而且这个比例还比较大，即技术领先者开放了技术，使得使用方不需要考虑，也没有机会创造同样的技术。

最后的结果，是看这“100倍投入”与原有的体系对撞还是融合，如果采用对撞的策略，结果未必如预期。我们提到网络价值的问题，原有投入虽然小，但由于长期、持续、沉淀、互联，已经成为一个强大的价值网络，后续一个新的

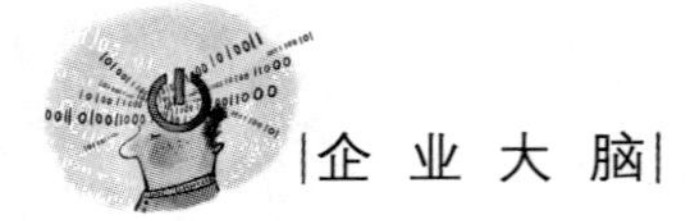

“100倍投入”的新价值网，如果是取代原有网络，那未必能够取代得了；如果是融合，那么可能会相互提升。

所以，并不见得“100倍投入”会得到预期的结果，还需要看运用的策略。有些企业马上否定以前的结果，最后可能得到玉石俱焚的结果。花了钱，情况可能更糟糕。当然，由于摩尔定律，后投入的会有一些硬件性价比提升的优势，但是，需要知道，软件开发并不适用于摩尔定律，甚至不同的程序员有10倍的效率差别。所以，如果策略不当，100倍的投入在管理效率上会打10倍的折扣，在人员效率上也会打10倍的折扣。虽然100倍很吓人，也未必如管理者想象的花了钱就可以搞成一个全新的体系出来。以前IBM最早提出电子商务概念的时候，需要投入几百万元搞一个项目，现在在淘宝上免费就可以获得一个更好的服务。现在看，这些早期的投入除了某些成为业务，大部分都是在技术进步中打了水漂。

另外一个制约就是“100倍投入”由于金额巨大，比如涉及流程、授权、项目管理、进度控制、管理协同的问题。在传统企业的管控模式下，会有无数的规则需要破除。按照某总裁的话说，企业对互联网转型是很“任性”的。而当一个外部人员进入传统企业中，想破除原有规则是很忌讳的一件事情，能不能做到，能做到多久都是一种考验。

持续的“100倍投入”会是另外一种情况，就是在投入中不断改进原有的问题。通过付学费的方式推进工作。这个在原有管控体系严密的企业很难行得通，但在一把手推动的企业中就可以。我们看到一些企业，持续地投入、学习、调整正是这种情况。

这种“100倍投入”现象，有些涉及信息技术，有些涉及管理，有些涉及商业，区别与原来的管理变革仅仅涉及组织结构、流程授权的变化，还涉及技术和商业的变化，是互联网时代的一种新的管理变革现象。未来由于智能技术的引入，将会深化这种变革。

互联网企业的转型则比较清晰，通常同时发生在三个层面：商业转型、管理转型和技术转型。前期可能会有一个技术研究和技术积累阶段。有一些是主动转型，有一些是被动转型。百度经历了三次转型：2001年从搜索技术提供商到搜索服务提供商，2013年从PC互联网到移动互联网，2015年从移动互联网到“互联网+”。腾讯从社交工具到网络游戏，到大而全什么都做的平台，到现在的连接器战略。阿里巴巴从B2B，到C2C，到B2C，到商业平台（支付、金融、云计算、媒体）。这些都是在三个层次上进行转变的结果。

传统企业有各种规制的限制和发展过程的痕迹，通常在转型过程中容易顾此失彼，在商业、管理和技术方面不能同步协调。以前技术通常是最后转的，在“100倍投入”状态下，又会要求技术最先转。最终管理者引入一个新的解释，叫作“毛坯房+精装修”，就是说现在的系统只是毛坯房，以后经过精装修就好了，可是过了几年，发现还是漂亮的毛坯房。造成了“看上去宝马车的零件都是齐全的，但是开不了”。这说明企业在商业和管理环节还是存在问题的。技术管理上的问题也可能导致这种情况出现。持续的“100倍投入”也许能够解决，不过商业上的时间窗口是短暂的，所以对前期的不足，除了持续的投入外，还需要考虑跨越式的发展。智能技术也算是一种跨越式发展的契机，但仍依赖于企业数据基础的建立。

据高德纳研究（Gartner Research）称，到2020年，75%的企业将成为或准备成为数字化企业，但由于缺乏人才和技术专业知识，他们当中只有30%能成功。高德纳透露，企业数字化转型失败的主要原因是他们在开始转型前没有从头到尾对企业进行重新想象和彻底改造。

这说明这种转型的失败问题，大体上是中外企业的通病。[①]

第八节　如何创造商业价值：全维度指数型技术重构

在这种同质化的商业模式下，需要采用指数型技术进行重构，从而体现出企业的核心价值。这种重构的特点是全维度、指数级。

全维度是指，从商业模式到产品服务，从内部管理到外部竞争，从行业到社会的各个层面，包含微经济、平台经济和共享经济的三个层面的重构。

① 盖尔定律（Gall's Law）“一个切实可行的复杂系统势必是从一个切实可行的简单系统发展而来的。从头开始设计的复杂系统根本不切实可行，无法修修补补让它切实可行。你必须由一个切实可行的简单系统重新开始。”

这种全维度由于涉及大量的组织重构，产业分工关系的再调整和再定位，涉及大量的利益冲突，所以显得更加的冲突化和事件化。体现在企业内部就是大量的管理层清洗，体现在外部就是监管、法规、民众、企业的冲突。这种情况在全球的各个地方、各个行业正在不断地、重复地甚至是悲剧性地重复发生。

全维度重构包括：①商业重构，涉足金融、文创、科技、创投、证券等；②金融重构，对每个环节进行金融服务渗透；③数据重构，更深度的数字化到每个场景，涉及用户、管理、产品、服务、资源的改造；④智能重构：数据重构的升级版，在数据涉及的环节引入感知智能和认知智能；⑤“互联网+”重构，涉及网络技术，也涉及微经济、平台经济和共享经济的重构；⑥资产重构，从生产管理到经营管理和投资管理升级，从实物资产到权益资产到数字资产升级。

这种全维度由于在调整过程中，既需要解构现有的工作，又需要重构未来的工作，而且还在不断演化和认识过程中，所以，更加需要调动核心员工的主动性，而不仅仅是单点驱动的方式；更加需要考虑人们认识的局限性，做好互补性的工作铺垫。所以我们可以看到，越是转型成功的企业，过程似乎更加轻松；越是不成功的企业，过程越是认真而沉重，事倍功半。因为我们面临的是指数型技术的升级，用传统线性思维的方式是无法应对的。

指数型技术从两个角度看，一方面，技术本身能够提供一个领域指数型的效率或能力的提升；另一方面，技术本身也是以指数型速度在发展。指数技术价值的本质是能够通过某项创新技术形成针对某个细分领域的平台或者中心，提高效率降低成本。

建设企业大脑就是通过指数型技术，建立指数型组织，实现指数化商业增长的途径。指数型技术，又称为颠覆型技术，或者破坏型技术，创新的金融、联网、智能、数据、移动、IOT 等很多方面都属于指数型技术的范畴。《创业无畏》列举了网络和传感器、无限计算、人工智能、机器人技术、合成生物学等领域。

人工智能技术（或者我们这里默认的机器智能技术），是通过自然语言交互和全天候工作解决了沟通及效率的问题；通过联网汇聚、加工、分享大数据提高了数据的效率；通过知识系统、管理系统的对接，提高了管理效率；通过智能学习和判断，提高了企业的智力形成效率。

麦肯锡 2025 年十二大颠覆技术：移动互联网、知识工作自动化、物联网、云计算、先进机器人、自动汽车、下一代基因组学、储能技术、3D 打印、先进油气勘探及开采、先进材料、可再生能源。其中知识工作自动化就是企业大脑的关注重点。中国发布十二大颠覆性技术：机器人、3D 打印、自主控制、脑科学、可控核聚变、材料基因组、超级电池、基因、网络攻防、AR/VR、碳氢快速催化合成、外骨骼。这些都是未来可能影响企业的指数级技术。

传统企业的线性思维无法深刻理解指数型技术的成长，因此必须重新认识指数型技术的特点，即数字化、颠覆性、非货币化、非物质化和大众化。通过指数型技术实现指数型增长。企业大脑框架就是指数型技术在企业的完整体现框架，在微经济、平台经济和共享经济层面都是这样。

一、企业中指数型技术的导入节奏

企业的指数型技术的引入是一个常态，所以需要有心理上的准备。我们看看数字经济受到三大定律的支配。

第一个定律是梅特卡夫法则：网络的价值等于其节点数的平方。所以网络上联网的计算机越多，每台电脑的价值就越大，“增值”以指数关系不断变大。

第二个定律是摩尔定律：计算机硅芯片的处理能力每 18 个月就翻一番，而价格以减半数下降。

第三个定律是达维多定律：进入市场的第一代产品能够自动获得 50%的市场份额，所以任何企业在本产业中必须第一个淘汰自己的产品。

第一名的第一代产品自动获得 50%的市场份额，第二代产品在 18 个月后将为具有减半的价格和双倍的效能，或者说同样的价格可以获得 4 倍的效益。我们通常产品投资的财务折旧周期是 3~5 年，而实际使用通常是用到不能用为止，可能 5 年以上。

所以，指数型技术采用时间节奏：

硬件：选择主流的最具性价比的配置，而不是最贵的；选择 1.5~2 年内升级。

管理和软件：选择最新的主流版本持续升级，不能采用超过 2 年的版本。

从管理升级的角度看，需要持续的适应过程，大致是需要以接近实时的改进升级能力，类似制造业的“T+3”模式。

举一个达维多定律的例子。国内有一个著名的 ERP 平台软件，当时是从一个项目中提炼出的产品，还非常不成熟，所以内部对是否推向市场有很大的争议，分为两派，一派希望先推向市场，另一派认为完善后推向市场，最后先推向市场的占了上风。结果是该软件占据了领先的市场份额，但口碑一直不好。从供应商的角度看，虽然是成功的，但还可以更好，就是主动将新版本为用户升级，替换旧版本，并向用户推广付费升级的理念。从用户的角度看，对于领先市场份额的供应商或者新推出的产品，需要认真评估潜在风险，了解未来的产品发展方向，并确认可以通过及时升级来弥补前期不足。

二、企业中指数型人力资源导入

创新和重构过程中，高级人才是唯一不能取代的一个限制因素。因为是人才带来了指数型技术和重构。在这个过程中，传统的人力资源开始出现问题。我们通常看到的问题，例如，如果引入的人才收入太高，会影响企业原有的平衡；让新人自生自灭；让现有的制度制约新人的所有动作。不但不能及时引入，引入后也是加速毁灭。即使是华为也是喊出了“找人”不是“招人”的口号。

每个人才都是指数型技术，企业引入指数型技术，需要让这个技术渗透到企业的各个环节或者让这个技术能够自由生长到企业期望的形式或者超越企业期望的形式。企业的未来是一个平台，一个生命，一个价值网络的话，那么人才或者指数型技术，就是这个平台需要支持的小经济体，母体孕育的小生命，价值网络连接的一个新价值网。

所以，这种在企业转型和重构过程中的资源的组合力度，目前只能是所谓一把手工程，因为只有一把手才可以有最大的自由度和对企业的深度了解。其他的人，似乎在最后的失败案例分析中都成为阻碍。而成功的案例在总结经验的时候，具体的负责人都会如此表达，“我的领导最大的贡献就是不管”，或者说，没有任何限制。

在企业大脑架构下，我们看到“指数型人力资源导入”中还有机器人的一面。机器智能起的作用，如除了代替现有管理人员进行管理、数据加工之外，结合机器人、智能硬件，增加感知智能后，还可以取代部分生产人员和服务人员。并且，在具体的实业企业中，还包括产品和资源的智能化。比如，房产企业的智能家居、智能工作环境；家电企业的智能家电等。

换句话说，智能终端除了可以信息处理外，还可以进行实物加工操作。

所以，高级人才导入、初级人才导入、机器人导入、智能产品导入、智能服务导入，都将会是企业大脑在企业中指数型技术人才导入的组成部分。

这种导入涉及利益、人员、流程、权责等各个方面，并且随着智能和技术的提高不断升级，甚至是频繁升级、实时升级，这些都是需要面临的新课题。

第九节　一年 2 次，一次 2 年——转型升级的时尚节奏

按照摩尔定律，升级的节奏应该控制在 2 年内，并且当前版本硬件为最具性价比以上，软件最好是最新的发布版本。这样才能够带来最具有性价比的整体服务效果。各种系统模块，当项目完成后，会从增量创新驱动到存量升级驱动，我们面临的问题是每次存量的升级都要考虑全面，并且制定固定的升级节奏。存量升级方面，通常出现这样的问题：第一个是不注意升级的节奏，不主动升级，而是出了问题再升级，或者出了问题就埋怨供应商，但不采取升级或替换措施；第二个是不进行全面升级，只进行局部升级。

我们需要区别哪些模块是指数技术模块，哪些模块是线性变化模块。可以说与信息、存储、计算、网络、连接有关的，基本上都属于指数技术的范畴，而通常是企业中人们最不满意的部分。人们总是感觉与自己的预期有落差，这种落差是由于体验的差异造成的。因为在信息技术向行业和生活的每个部分渗透的过程中，消费方面的渗透是最快的，高端人群的渗透是最快的，这些高消费人员同时拥有了社会和公司内部的话语权、意见领袖的角色。同时，互联网公司也非常有针对性地优化针对大量低端消费人群的体验，这些都逐步影响到信息技术的消费预期。

这些造成了我们现在看到的逆向互联网化的问题，就是消费端首先互联网化，而供应端总是要滞后。是消费拉动供应，而不是供应引领消费。在部分迟钝的机构中，或者所谓管理规范的机构中，这些消费需求通常是被忽略掉的，而是按照线性增长甚至不增长的模式设定的，从而不断引起使用者的不满而迟迟无法改进。这通常表现为以安全、部门墙等名义形成了事实上升级的阻力。

我们看到未来的各类指数技术会持续影响到供应的升级，数据技术、智能技术都是指数技术，我们目前将从功能导向的技术系统研发转向场景导向的研发，从场景导向的研发转向数据导向的研发，从数据导向的研发转向智能导向的研发。

这些都表现为信息技术升级的动力，同时也表现为管理和商业升级的动力。这些升级同时表现为在各个层面［技术、管理、商业（包括生意、产品和服务）］上的重构。注意，重构也是一种指数技术，能够进行各个要素的乘法型的优化组合。

在这种持续性颠覆性的升级过程中，如何管理？软件工程中间的基线概念是一个很好的参考，做好定期的规划调整，并约定好一个基线，对整体的控制会有一个良好的作用。

作为技术的应用者，相对要容易一些，可以从技术进入主流的时候，最具性价比的时候采用。而作为技术的创新竞争者，则残酷很多，需要在技术不为人注目的时候开始，坚持到爆发，同时要在爆发后很快寻找到下一个升级点。

通常管理和技术升级是一种消费心理在起作用。可能来源于人们的喜新厌旧，也可能来源于消费者本身发生了变化，业务部门换了人员或者外部媒体和流行风气的影响。我们经常抱怨管理者总是在变，而且似乎很多情况下是没有征兆的。笔者曾经遇到过一个女高管，穿着非常时尚，而且总保持这种感觉。当时和她交流穿着打扮的经验，得到了下面一个定律，感觉也适合管理和信息技术的消费行为，供大家参考。

管理和技术的时尚消费定律：管理和信息技术是一种时尚消费，要让别人感觉你时尚，需要这样：①选择最高端流行的产品消费；②发现产品不好，马上换掉；③2 年前的一律不用。

国际流行色委员会于 1963 年 9 月由法国、瑞士、日本在巴黎成立的国际性组织。第 1 届色彩会议于 1963 年 9 月 9 日在法国巴黎举行。每年两次举办国际流行色委员会会议，每年 6 月初和 12 月初分春夏和秋冬两季召开专家会议，分别预测和制定未来两年的国际流行色色卡，提前 24 个月进行色彩超前预测，协调各成员国的色彩趋势。

我们看到这个节奏也是苹果手机和产品、操作系统升级的基本节奏。鉴于苹果的技术是为了满足消费者预期的，甚至苹果本身的升级节奏就定义了消费者预期，也定义了智能终端技术的预期，我们可以考虑作为整个技术系统升级的一个最终节奏参考。这个也是符合我们提出的时尚消费定律的。

凯捷咨询公司的数字化转型成熟度模型中（见表 9–4），根据转型管理的强度和数字化的强度进行分类，也的确有时尚达人这种类别，就是尽量追求最先进的技术，但缺乏整体的规划。由于企业大脑框架将链接用户的体验，所以最终是一个从体验到技术的持续转型升级的过程。用户只是获得一种体验的变化，并没有所谓转型的概念，而背后从商业、管理到技术都在持续地升级和变革。

表 9–4 凯捷咨询：数字化转型成熟度模型

转型管理的强度	保守者：存在首要的数字愿景，但没有充分实施；一些先进的数字功能，但主要还是传统能力；对部门的强管制；主动建立数字化的技能和文化	数字化者：强烈的首要数字化愿景；许多数字化提议产生，商业价值可以衡量强大的数字化文化
	起步：管理层对数字技术的商业价值怀疑，进行一些实验，不成熟的数字文化	时尚达人：许多孤立的先进数字功能（如社交、移动），没有放在首位的愿景，无计划的协同，数字化文化可能存在某个部门
	数字化的强度	

第十节　跨越 S 曲线——数字化转型的障碍

跨越 S 曲线，已经成为数字化转型的一个主要的思考模型。关于卓越绩效企业的最新研究揭示：市场、行业、公司以及产品的发展轨迹，并不是平滑曲线上升的，而是呈 S 型、跳跃式的。从平稳开端、快速增长、达到高峰，然后增长缓慢、停滞、最后下滑，形成一个周期，直至被新的产品所取代。体现这种轨迹的曲线被称为 S 曲线（又称增长曲线）。企业的每一项业务或者市场，都有着一个增长曲线；当企业向新业务转型时，反映在增长曲线上，就是从一个老曲线向新曲线的跳跃。

事实上，总有一些卓越的企业，它们能够在业绩下滑之前，及时寻找到、抓住新的业务增长点，并跳到新增长曲线上。那些持续保持卓越绩效的企业，正是那些能够及时不断跳跃到新增长曲线的企业。[①] 现有的企业往往忽视，甚至看不到这些迹象。一些东西蒙蔽了他们的双眼，这就是企业对规模和效率的追求。具体而言，体现在企业现有的管理体系，也就是企业引以为豪的各种条条框框。实际

① http：//blog.sina.com.cn/s/blog_62508e750102e30m.html.

上还有三条隐藏的增长曲线：市场增长曲线、能力增长曲线和人才开发增长曲线，它们才是财务曲线变化走势的幕后推手。对这三条曲线的忽视是企业无法抓住转型时机的根本原因。

这三条曲线比财务增长曲线更陡峭，但更重要的是，它们的拐点出现于财务增长曲线拐点之前。也就是说，当企业收入和利润增长停滞之前，在市场地位、自身能力和人才等方面，企业早已陷入停滞，并走到向下的轨迹。卓越绩效企业与大多数企业的区别在于，它们看到了自己能力、市场地位与人才的停滞，发现了这些隐藏的曲线，并根据这些曲线的拐点，在停滞时就开始布局战略转型，谋求新增长点。

在企业大脑转型的过程中，需要根据业务和技术的发展，分阶段地跨越不同的 S 曲线，如图 9–1 所示。

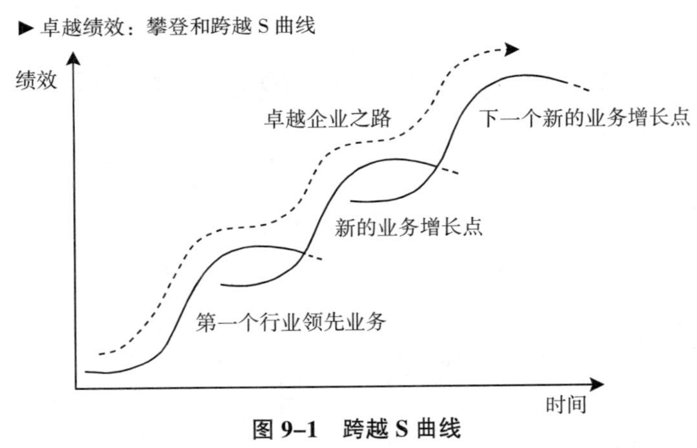

图 9–1　跨越 S 曲线

资料来源：埃森哲分析。

《麻省—斯隆管理评论》和德勤 2015 年全球数字化商业研究表明：较成熟的数字化企业关注在通过例如社交媒体、移动互联网、分析数据和云计算这类数字技术组合，来转变企业的工作方式。而不够成熟的数字化企业关注在使用单独的某项数字技术来解决离散的企业问题。企业利用数字化来提高效率和改善用户体验，而更高成熟的企业则利用数字化来转变他们的企业，使他们在竞争中领先，如表 9–5、表 9–6 所示。

表 9–5　德勤观点：数字化转型阶段的首要障碍

	早期阶段	发展阶段	成熟阶段
不同阶段的首要障碍	①缺少战略 ②太多优先项 ③缺少对于管理的理解	①太多优先项 ②缺少战略 ③技术能力不足	①太多优先项 ②安全问题 ③技术能力不足

表 9–6　德勤——数字化转型不同阶段的特点

	早期阶段	发展阶段	成熟阶段
障碍	缺少战略 超过一般受访者认为“缺少战略”是前三名障碍之一	管理分散 几乎半数受访者认为“太多竞争优先项”是排名前三的障碍之一，同样“缺少战略”也仍然是	安全问题 将近 30% 的受访者认为安全问题是前三障碍之一；38% 的受访者仍认为最大的障碍是存在太多的竞争优先项
战略	消费者和生产力驱动 将近 80%受访者注重用户体验和有效的增长	发展愿景 用户体验和有效增长； 70%的受访者注重转型，创新和决策	转型的愿景 超过 87%的注重转型，发展和决策
文化	孤立的 34%合作的； 26%创新的（相对于竞争者）	集合的 57%合作的；54%创新的（相对于竞争者）	集合且创新的 81%合作的； 83%创新的（相对于竞争者）
人才培养	不热情的 19%的受访者认为企业为他们掌握数字技能提供资源	投入的 43%的受访者认为企业为他们掌握数字技能提供资源	致力的 76%的受访者认为企业为他们掌握数字技能提供资源
领导力	缺少技能 15%的受访者表示领导具备充分的数字技能	学习中 39%的受访者表示领导具备充分的数字技能	熟练的 39%的受访者表示领导具备充分的数字技能

生来数字企业的管理技术—高德纳的观点：互联网企业，或者所谓生来数字企业的管理技术和决策方式与常规企业有很大不同。高德纳公司总结了三个方面的内容：

商业关注方面：使命优先（突出公司的使命，作为最高优先级）；商业模式实验（不断进行商业模式的尝试和创新）；用户为中心。

风险管理方面：相对风险（愿意承担一定的风险，相对于传统企业通常不愿意承担风险）；组合投资（可以承受投资项目有很高比例的失败）；数据驱动。

资源获取方面：机器优先（尽量用机器实现人的工作）；崇尚极客；极限才干（对人才的选拔方面）；从小企业采购。

企业在数字化和智能化的过程中，管理模式也在发生巨大的变化，作为全球领先的战略、咨询或者调研公司，他们都充分意识到了这种变化及其风险。

第十一节 解读经典——德鲁克《21 世纪的管理挑战》

德鲁克的“十大兵法”解读。德鲁克的管理理念在国内非常受欢迎，有人将其中的精华总结成“十大兵法”，我们将给出企业大脑的解读作为对比，如表 9-7 所示。

表 9-7 德鲁克“十大兵法”企业大脑解读①

十大兵法	企业大脑解读
“分权与授权”才能引发学习动机	企业大脑保存分工与授权信息、计划与执行信息、绩效与激励信息、学习与考核信息
用成效来管理，用目标来管理，而非用监督来管理	企业大脑可以结合多种管理模式，包括绩效、目标、就监督，提供更好的体验和更低的成本
不连续时代的现象：知识产业时代的来临，全球经济取代个别经济，政府魅力式微	企业大脑将广泛覆盖，从而形成影响力
不创新的风险，比创新高很多	企业大脑就是创新之一
顾客是企业存在的目的	企业大脑将面向客户，服务客户，让客户满意
管理者的三大使命：“达成目的、使工作者有成就感、履行社会责任”	企业大脑将提供这三方面的帮助
公司经营不能炒短线	企业大脑是企业长期积累的核心
化社会问题为商机	企业大脑帮助发现和转化
组织的目的不在管理人，而是领导人	企业大脑帮助领导和服务
家族企业妨碍企业进步	目前有家族企业传承的需求，而企业大脑提供了一个帮助家族企业传承的手段。特别是在投资管理层面 企业的进步更多地体现在企业大脑中

德鲁克《21 世纪的管理挑战》解读。在彼得·德鲁克的《21 世纪的管理挑战》一书中，对管理的假设和知识工作者的生产率进行了分析。我们从企业大脑的角度进行重新解读，来重新理解管理经典的观点，对比一下企业大脑下的管理方式。

管理的假设解读。有关事实的假设是管理学等社会科学研究的范式，这些假设是研究的起点。自 20 世纪 30 年代起管理的两套基本假设如表 9-8 所示。

① http：//blog.sina.com.cn/s/blog_b4757c0b01019nnu.html.

表 9-8 管理假设的企业大脑解读

	原有的基本假设	德鲁克 21 世纪管理解读	企业大脑解读
管理原则的基础	管理是企业理论	管理不等于企业管理，管理是所有组织所特有的和独具特色的工具	企业大脑是所有组织所特有的和独具特色的管理工具
	企业应该具有或必须具有一种恰当的组织形式	与其探寻恰当的组织形式，管理学界不如学会寻找、发展和检验：适合有关任务的组织形式	企业大脑主要是面向用户，完成服务和任务
	企业应该采取或必须采取一种管理人的恰当方式	管理不是“管理”人，管理是领导人，管理的目标是充分发挥和利用每个人的优势和知识	企业大脑要发挥和利用每个人的优势和知识，沉淀优势和知识
管理实践的基础	技术和最终用户是一成不变和已知的	技术和最终用户都不是管理政策赖以存在的基础。他们存在着局限性。在可支配收入的分配上，客户的价值观和决策应该才是管理政策的基础。因此，这些基础日益成为制定管理政策和战略的出发点	企业大脑是持续服务客户，体现客户价值、支持客户做出决策的工具
	管理的范围是由法律决定的	管理的范围不是由法律决定的。新的假设应该具有可操作性，应该包含整个流程，应该关注整个经济链的效益和绩效	企业大脑将覆盖整个价值链和生态系统，提升整体绩效
	管理是对内部的管理	管理存在的目的是帮助组织取得成效。它的出发点应该是预期的成效，它的责任是协调组织的资源取得这些成效	企业大脑面向所有对象和资源，协调并获得成效
	按国家边界划分的经济体是企业和管理依托的“生态环境”	决定管理实践的不是政治国界，而是经营方式	企业大脑将提供跨国界的服务

知识工作者的生产率解读。21 世纪管理需要作出的最重要贡献是提高知识工作和知识工作者的生产率。21 世纪组织最有价值的资产将是知识工作者及其生产率。20 世纪体力劳动者的生产率增加了 50 倍，体力劳动者的生产率创造了今天所谓的“发达”经济，如表 9-9 所示。

通过对比我们可以看到，当引入系统和人工智能技术后，管理的方式还在进一步变化中。

表 9–9 知识工作者的生产效率及其企业大脑解读

	德鲁克 21 世纪管理	企业大脑解读
知识工作者的生产率	决定知识工作者生产率的因素： ①要提高知识工作者的生产率，我们需要问这样的问题："任务是什么？" ②要提高知识工作者的生产率，我们要求知识工作者人人有责。知识工作者必须自我管理。他们必须有自主权 ③在知识工作者的工作、任务和责任中必须包括不断创新 ④对于知识工作，知识工作者需要不断受教育，他们也同样需要不断指导别人学习 ⑤我们不能或至少不能只用产出的数量来衡量知识工作者的生产率。质量与数量至少同等重要 ⑥要提高知识工作者的生产率，组织应把知识工作者看作"资产"，而不是"成本"，并给予相应的待遇。在面临所有其他机会时，知识工作者需要有为组织工作的意愿	知识工作者如果开心，边际收益递增，边际成本递减，就是资产；如果不开心，边际收益递减，边际成本递增，就是成本。企业大脑应该体现资产的属性特征，而没有成本的属性特征 知识工作者与企业大脑相互不断学习、创新、自我管理、提升质量
技术人员	技术人员是既做知识工作又做体力劳动的知识工作者。提高知识工作者的生产率应优先考虑提高技术人员的生产率	企业大脑包含了为知识工作者服务的系统和技术人员。要优先考虑企业大脑和后台人员的工作效率
系统化的知识工作	要发挥知识工作者的生产率要对知识工作本身进行调整，使之系统化 提高知识工作者的生产率我们需要改变我们的基本态度	企业大脑将承担对知识系统化的载体，要鼓励知识工作者向企业大脑提供知识
公司管理	我们需要重新规定提供就业机会的组织的目标和对其进行管理的目的，即让法定所有人满意，和让人力资本的所有人满意，也就是让知识工作者满意，而他们就是能为组织带来财富的人	企业大脑要追求让所有用户满意

第十二节 IBM 观点：五年之内，每一项重大决策都将受到认知系统的影响

IBM 是（或者说曾经是）全球最大的企业信息技术提供商。IBM 首先提出了电子商务、智慧地球、认知计算等创新概念。在理念方面始终是一个全球领导者。

一、观点

（1）根据 IBM 对人类信息技术的划分，认知计算将是我们的第三个计算时代：制表时代（Tabulating Computing）：始于 19 世纪，进步标志是能够执行详细的人口普查和支持美国社会保障体系；可编程计算时代（Programming Computing）：兴起于 20 世纪 40 年代，支持内容包罗万象，从太空探索到互联网都包含其中；认知计算时代（Cognitive Computing）：使得认知系统能够从自身与数据、与人的交互中学习，不断提高。

（2）认知系统有别于人工智能，后者只是前者的一部分。认知系统的目标不是为了取代人类，而是增强人类的智能，两者之间关系是积极的，而不是对抗的。五年之内，每一项重大决策都将受到认知系统的影响。认知计算的概念与人们所熟知的人工智能稍有不同，更强调用推理和自学习的能力来解决实际的商业问题，而迄今为止对人工智能的研究则主要集中在了如何让机器表现得更像人上。

（3）世界上 90%的数据都是在过去两年中生成，其中 80%都是非结构化数据，例如，图片、视频、传感器数据等，电脑可以储存，却不能很好地理解。数据的利用率在全世界范围内来看都是比较低的。资料显示，结构化的数据利用率只有 36%，而非结构化的数据如语音、图像这一类利用率只有 12%。认知系统的诞生便是为了解决这一问题。认知系统可以不需要编程。它能够在短时间内，学习理解大量非结构化数据，继而帮助人们决策，应用范围包括医疗、金融、教育等行业，乃至时尚界。

（4）在全球，物联网有 150 亿个传感器。在未来五年，这一数字将达到 300 亿个。产生的价值大概是 3.9 万亿~11.1 万亿美元。如何挖掘数据的潜力是很重要的话题，这就要求我们依法一步步地开放数据，让数据流通起来。认知计算让我们第一次可以把这些无形的数据更好地运用起来，不管是我们的教科书，还是来自各类传感器中的数据。我们都可以将数据结合起来进行挖掘，从中获得对商业更深刻的洞察。

（5）有四大因素互相影响，决定了未来 AI 的方向：物联网和数以亿计的智能终端设备、PB 级的数据、AI 算法的进展以及人与机器关系的改进。

（6）不应该把 AI 理解为 Artificial Intelligence（人工智能），而应该理解为 Augmented Intelligence（增强智能）。所谓增强智能与人工智能的区别是，人工智能是认知计算和系统的一个理论基础，但是认知计算和系统要比人工智能的范围更广。认知计算与系统具有理解、推理和学习的能力，而且它是建立在大数据分析的专业和能力之上。但是认知计算不会取代人类，也不会取代人类的专业能力，只会加强人类的认知能力，因此称之为“增强智能”。

（7）尽管现在我们处在人类历史上非常独特的一个时期，开发出来的机器与系统能够取代人类的部分工作，但这也让个人有更多的时间可以从事创造性工作。过去，美国90%的人口都从事与农业相关的活动，而大规模自动化以后只有2%~3%的美国人从事农业工作，这样就能够把这些人解放出来从而去从事更具有创造性的工作。

二、技术

（1）Watson 是一个认知计算平台。Watson is a cognitive technology that can think like a human（Watson 是一种能像人类一样思考的认知技术）。2011 年，Watson 在美国著名的问答节目“Jeopardy!”上，用自然语言进行深度问答，因战胜了冠军选手肯·詹宁斯和布拉德·鲁特而一战成名。在当时，这被和 1997 年“深蓝”战胜国际象棋大师卡斯帕罗夫相提并论，被认为是人工智能历史上的一个里程碑。此后，IBM 一直致力于让 Watson 成为有商业价值的实用工具，并在 2014 年将其推向了市场。

（2）Watson 具有理解自然语言、智能的逻辑思维和以证据为基础的学习能力，并可以从非结构化的数据中提取信息。目前，IBM 把 Watson 的“能力”转化为数字接口，除深度问答之外，包括关系抽取、性格分析、情绪分析、概念扩展及权衡分析等在内的 IBM WatsonAPI 数量预计将在 2016 年超过 50 个。

三、应用

（1）Watson 已经被运用在了医疗、影视、零售等领域，例如与医疗机构在肿瘤治疗上进行合作研究、为梅西百货的顾客提供个性化服务等。同在布局人工智能的软银，也在今年宣布为旗下的人形智能机器人 Pepper 引入 Watson。10 月 26 日，IBM 宣布与通用汽车达成合作，Watson 将被植入在通用的 OnStar 车载系统中。IBM Watson 已经与希尔顿酒店合作了礼宾机器人，机器人背后的所有推理能力都由 IBM Watson 提供。

（2）以色列梯瓦制药工业有限公司与 IBM 宣布，将在 IBM 沃森健康云平台上大力促进药物新用法开发，并帮助慢性病患者实现病情云管理。基于机器学习的 IBM 沃森健康云平台是一种基于用户健康数据的平台即服务（PaaS），旨在帮助医疗机构获得针对患者的定制化见解，全面了解影响人类健康的诸多因素。在联合声明中表示将展开为期三年的全新研究合作，开发新技术，通过系统方法帮助研究人员调整药物用途，发掘现有药物的新用法。

（3）东京大学有一位教授，最近收治了一位 66 岁女白血病患者，医生经过诊治，没有找到病因和相关方案。后来通过 Watson 超级电脑做了医学端诊断，十分钟之内检索了 2300 亿份医学资料。“他们统计了一下堆起来要 4000 米高，一个医生穷其一生恐怕都很难读出这样的数据。”后来 Watson 给出了诊断和治疗方案的建议，患者得到了救治。

（4）根据 IBM 与培生公布的信息，Watson 将为培生的学习产品带来特定教育问题的诊断和纠正功能。学生们可以在特定主题下与 Watson 展开实时对话，在与学生对话时，Watson 可不断评估学生们的回答，提供指导并识别出常见错误。此外，Watson 还能告诉学生如何补充现有知识，最后通过向他们提问来检查他们对知识的理解程度，并明确指出他们在哪些方面取得了进步，在哪些部分仍需努力。IBM 和培生集团宣布了一项合作，双方将缔结全球性的教育联盟，将 IBM 旗下认知计算平台“IBM Watson”的能力提供给数百万的大学生和教授。

（5）IBM 与杭州认知网络科技有限公司（以下简称杭州认知）共同宣布，在华已有 21 家医院计划使用经由纪念斯隆—凯特琳癌症中心（Memorial Sloan Kettering Cancer Center）训练的 IBM Watson 肿瘤解决方案（IBM Watson for Oncology），以期基于此认知计算平台助力中国医生获得个性化循证癌症治疗方案。Watson 肿瘤解决方案在华初始版本仅支持英文，杭州认知则将提供部分中文翻译支持，以保证 Watson 诊疗洞察能够有效传递，其中包括药物标签与诊疗指南。此外，杭州认知还将基于中国医药规定汉化用药指南。

（6）Watson 肿瘤解决方案能够汲取海量信息，其中包括 300 多份医学期刊、200 余种教科书以及近 1500 万页文字，进而能够就药物选择及用药方案方面提供建议；另外，IBM 企业，比如辉瑞合作，在慢性病的诊断和治疗上寻求突破；而在流行病上则与政府机构合作，比如深圳市疾病预防控制中心。IBM 对皮肤癌识别准确率已经超过 91%。具体到 Watson for Oncology（Watson 肿瘤诊断），这

不算专家系统，而是决策支持系统。

(7) Waston 广告服务，蓝色巨人正在针对为 Watson 认知广告评估各种业务模式。Watson 广告的意义在于参与度，这些广告看重的不一定是点击或 CPM（千人成本）。这些广告事关吸引客户及令客户有所行动。Watson 广告在初始阶段将专注于移动领域。初始阶段的 Watson 广告都是在广告公司的帮助下打造出来的。

本章小结

(1) 企业大脑的应用过程本身是一次管理转型的过程。

(2) 微观上，每个新旧模块都追求边际效益递增，边际成本递减，就是稳定持续转型的根本。这个经济考虑在企业大脑转型中也是适用的，是具体转型工作的指导依据。

(3) 企业大脑本身是企业创新的一条新路径，是一种数据驱动的企业商业模式创新。

(4) 企业新的战略目标之一：将企业的工作全面转向系统。

(5) 数字化转型和人工智能的应用需要重新想象所有事情，企业大脑是一个完整的思考框架。

第十章　机器智能与社会变革——企业大脑与社会变革

第一节　公共服务走向公共运营——公共服务模式面临改变

现在面临着许多重大的社会问题和公共服务问题，理论上都可以考虑采用企业大脑这种思路进行管理。以便提升整体社会运行效率，将现有人力资源放到更能够发挥作用的地方。

目前的企业和机构的管理体系及信息系统建设方法论还是按照管理控制的模式进行的，更多的是考虑从人的角度处理事务，而不是从“让机器做”或者“人辅助机器做”的角度去处理日常事务。

当我们更多地集中资源让机器处理公共服务的事务后，我们发现，现有的公共服务的建设和投入机制是需要改变的，需要更多考虑智能终端的共享，需要更多考虑数据的共享，需要更多考虑中心系统（企业大脑）整合。

目前这些公共投资都存在投资分散，政出多门，系统分散投资，服务于管理人员而非最终用户，缺乏整合、缺乏智能的问题。不是考虑更多地让机器处理事务，而只是辅助人员处理事务，如只是业务大集中，五步审批之类。

我们看到在某些局部已经出现了这个苗头，比如在广州，港澳通行证的签注

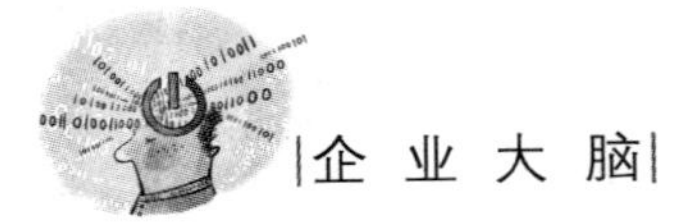

已经可以通过到现场的自助终端，或者通过社会公共渠道（比如邮政）上门取件办理了。到办事厅，基本上都是机器，而人只是做一些辅助解答工作。其实是可以考虑作为一个社会公共平台，统一考虑这种体系的建设，共享智能终端（包括终端监控、供电、管理等），共享大数据，共享智能算法等。

又如速递服务的硬件智能终端，每个小区的速递易，目前还没有成为一个开放的平台。相关的数据也都是在自己的体系内运行。如果开放数据，并互通支付、信用数据，对接外部的企业大脑体系，就可能成为一个公共服务的综合平台，而不仅仅局限于速递的小区落地。这些在技术上都没有问题，关键是思路。

这些公共服务设施，将经历大集中、共享共建到数据智能三个阶段。目前还仅仅是大集中的起步阶段。到企业大脑的数据智能、机器智能阶段还有可以努力改进的空间，但只有到了这个阶段，价值才会充分体现出来。

三个阶段比较完整的一个例子是花生地铁 Wi-Fi，是地铁官方免费 Wi-Fi，是中国最大地铁场景媒体，也是中国最大线下流量入口，地铁乘客能够免费享受不限时 Wi-Fi 服务。业务覆盖沪、广、深等多个大城市。上海、广州、深圳、武汉、青岛、昆明、贵阳等城市地铁 Wi-Fi，被誉为全球最大城域网，服务覆盖人群可达 3000 万+人次/天。最终政府不用掏钱，还可以获得广告分账收入。这也算云计算、大数据、人工智能的会合，通过集中化（云计算）、网络广告和电商分账（大数据）、个性化推送（人工智能）、热点连接（万物互联）达成一个独立第三方公共服务平台。

另外一个例子是摩拜单车，“最后一公里”的交通，可以通过集中的运营服务解决问题，重点是解决了基础的问题。区别与政府的固定地点运营的自行车服务网点，它的优势是无桩+GPS 定位+移动支付。在政府投资的运营体系中，由于地方财政的本地化投资决策，使得一个城市甚至市区之间有可能存在互通问题，在车辆投资、支付、管理等各个方面存在阻碍。这些技术问题解决后，最终技术的进步使得这项公共服务可以更有效地展开。从这个例子我们可以看出，需要集中力量研发一个更加具有企业大脑架构特征的服务，就有可能在一个城市甚至国家的范围完整地提供一种优质的公共服务。

第二节　社会问题的系统解决之道

企业大脑的基本理念是尽量"让机器来做所有的事情"，为这类社会问题的管理提供了一套完整的思路，不但包括管理思路也包括技术思路。企业大脑的应用不仅限于企业，而且在公共事务中也可以发挥更大的作用。更多的需要是在社会实践中进行丰富和完善。

未来社会我们面临着大量的社会问题，有些是老问题，如劳工欠薪、企业信用评级、企业信用贷款、招标采购、国家安全、社区自治等；有些是新问题，如反恐、贫富差距过大、解决就业问题、法律跟不上时代、公共服务无效率等。

这些问题的共同特点，都是基于大量的数据解决，都需要信息手段来解决，都可以通过规则解决，都是共性问题有章可循。

所谓"近朱者赤、近墨者黑"，企业大脑对人的影响在公共服务领域是解决诸多社会问题的着力点。企业大脑可以与最终用户动态互动，并可以及时吸收和反馈意见及建议。这种方式下，可以适应公共服务个性化和动态发展的需要。企业大脑在公共服务中，将体现出"更聪明、更友好、更有能力、更谦虚、更公正"等特点。

由于企业大脑的自然交互和人格特质（当然这些需要在系统设计中去体现出来），企业大脑在应用中更多地体现出影响和服务每个人的特点。

企业大脑是价值观的践行者。现在我们采用的方式是到处在墙上贴广告的方式宣传社会主义核心价值观，事实上，通过社会服务终端，是一个更好的渠道。我们对比一下在这方面的应用机会，如表 10–1 所示。

表 10–1　企业大脑在公共服务中的应用机会

社会主义 核心价值观内容	企业大脑 在公共服务中的应用机会
富强	财富管理、资产管理、投资机会
民主	参政议政，参与公共事务
文明	语言表达示范
和谐	良好的服务态度，及时解决问题，及时反馈问题

续表

社会主义 核心价值观内容	企业大脑 在公共服务中的应用机会
自由	随时随地的服务，没有强制性
平等	在服务中体现，在服务中完善
公正	在服务中体现，在服务中完善
法治	在服务中体现，在服务中完善
爱国	在服务中体现，在服务中完善
敬业	在服务中体现，在服务中完善
诚信	在服务中体现，在服务中完善
友善	在服务中体现，在服务中完善

我们可以看到的是，在每个价值观体现的领域，企业大脑都有机会成为服务者和影响者，而自身也会不断完善提升。

现在这些核心价值观的落地，主要通过国民教育、经济活动、社会治理等环节体现，通过各种宣传活动进行推广。基本上是运动式的、分散化的、碎片化的、口号式的。而企业大脑作为一种综合服务手段，是一个更具有持续价值的载体。

企业大脑应用在公共服务领域，因为具有互联网经济的边际成本递减、边际收益递增的特点，所以运用得当是一个更有效率的体系。社会的主要问题都集中在就业、医疗、教育、养老、住房、安全、社保、公共服务等领域，这些领域适合采用企业大脑的网络模式进行升级改造，达到更好地服务每个人的作用。传统的政府职能将退化为如何让这些系统正常有效地工作，即更多的是“人教机器做事”的状态，人也更多地处理异常问题，常规服务都是通过智能化的方式处理。

从这个角度看，我们的确有必要重新完整地审视长期以来依靠人处理的所有事务，采用企业大脑的管理原则（管理假设）和架构来重新思考整个过程，让网络经济的特征完整地体现出来。这样，将大大提高社会效率和国际竞争力。

人们对于技术进步对社会的影响一向总是有两种态度存在，一种比较乐观，一种比较悲观。比较悲观的主要在两点担忧，贫富分化和人员失业。

根据现有的评估，这两个是当前社会各个国家都面临的一个问题，而人工智能技术的应用会减少基础工作岗位，但会增加高级的工作岗位。缺少的是能够匹配的高级岗位人员。贫富分化和人员失业问题，本质上是社会管理问题。但企业大脑的管理模式和思路，仍然对问题的解决可以有所帮助。对失业人员的交流、帮助、培训，搜索和提供工作机会，提供对人员进行评估以及情绪的调节等，都是企业大脑可以做的工作，只不过政府可以在这方面通过政策进行有效的引导。

企业大脑的出现，为众多的社会基础问题提供了系统解决的思路和途径。比如上面提到的贫富分化、人员失业问题。政府如果希望对失业人员或者低收入人员进行补贴，可以通过大数据的模式，对人员的信用、水平进行有效的评估和管理，防止欺诈行为，防止失信的行为。

当企业大脑整合了外部的支付、水平测评、信用测评、欺诈管理等功能后，实际上可以发挥一个社会公共服务交易平台的角色。

企业大脑与就业。由于企业大脑以替代人的工作为目标，一个无法回避的话题是未来如何影响就业。客观地说，本轮的人工智能热潮的兴起，还只是解决了一些常规的周边问题，比如说语音识别，还只是能够将语音转变为文本，至于加个标点符号，或者写个摘要，都还是有点费劲的。更多的是让人们看到解决许多以前不敢想象的问题。最大的启示我们前面已经总结了，即发现样本达到一定程度的情况下，手工调节一些算法，就有可能在一个局部领域达到一个实际可接受的解决方案。当然是指一些具体的判断问题，如语音识别、图像识别之类，或者自动驾驶等。

所以现在反而创造了大量的数据工程师和算法工程师的就业机会。据称，谷歌将培训所有员工，普及机器学习的知识。而各个互联网公司还将人工智能的技术平台开放出来供大家使用。这当然也从侧面证明了数据是核心竞争力，算法是人类的共同财富，并且需要在大量使用中不断完善。

企业大脑更多的是取代人工的某个环节，而且通常是重复的工作，计算量大的工作，有意无意做不好的工作，或者是非常重要但非常基础不愿投入巨资的工作。由于企业大脑的边际成本递减特性，企业在这方面的投入会具有较高的投资回报率。

企业大脑需要更多的数学和统计职位，需要更多的机器学习专家。在企业中更多的是提升整体的管理体验，提升支撑部门和支撑环节，提升整体的企业管理效率，而不是日常业务。

企业大脑对就业的最大影响是在共享经济领域。2016 年 2 月 28 日，《中国分享经济发展报告（2016）》在京发布。报告指出，2015 年中国分享经济市场规模约为 19560 亿元。分享经济领域参与提供服务者约 5000 万人，约占劳动人口总数的 5.5%。参与分享经济活动总人数已经超过 5 亿人。预计未来五年分享经济年均增长速度将在 40%左右，到 2020 年分享经济规模占 GDP 比重将达到 10%以上。未来十年中国分享经济领域有望出现 5~10 家巨无霸平台型企业。

每个这样的平台型企业，都是基于智能终端、大数据和一个中心企业大脑系统组成的。最明显的是优步、滴滴公司，据称他们认为自己系统的调度算法复杂性远远超过围棋系统阿尔法狗。通过这样一个复杂的企业大脑算法系统，对某个局部的社会资源进行新的重构。这会破坏原有的就业，但也会带来新的就业，整体上社会运行效率提升了，集中度也增加了。

可以预期的是，这些平台型企业会走向开放，以便更多地应用建立在这个平台上。这些都是 O2O（线上线下整合）的平台，所以会对线下的就业产生重构。从目前情况看，由于计算机的调度能力和数据积累，加上人工的策略干预，基本上会让全职参与者保持社会平均中等收入水平，其他供求差异部分则由算法调节定价或通过非全职参与者补充。

从分享经济的应用成果看，企业大脑也可以认为是一种新的商业模式和经济领域。所以马云说，未来 30 年，计划经济将会越来越大。原因就在于数据的获取，市场这只无形的手有可能被我们发现。

另外，各种新服务的相关治理问题，在传统的手段都无力的情况下，我们需要考虑技术手段。传统的制度、组织、责任体系，在海量的数据治理面前，都是不够的。网络防假货、网络扫黄，乃至网络过滤，都必须采用有效的技术手段实现。这些目前都是人工智能的应用领域。这些问题，既不能指望传统的人海战术解决这些问题，也不能指望传统的制度法规办法解决，虽然这些都是必不可少的，但不是最有效的。技术系统带来的问题还需要技术手段解决。

第三节　智慧城市需要大脑——企业大脑与智慧城市

企业大脑提供了一个智慧城市的新思路。随着中国的城市化进程，城市管理成为社会管理的核心，而智慧城市成为城市管理的新技术标签。据称即将投入智慧城市的投资达到 2 万亿元的规模。

从智慧城市提出到现在，开始有很多人提出反思，这些按照部门建成的系统，是典型的“烟囱”系统，数据不能互通，维护升级成本高，用户满意度低。智慧城市走入了企业信息化初级阶段的老路。

人们把智慧城市的解决方案分了三个档次，第一档次是供应商提供的，为政府采购花钱的，第二档次是满足部门管理的，第三档次是市长想要的。而目前基本上都不是市长想要的，也不是用户想要的。大部分都是第一层次的产品，部分是第二层次的。性价比都存在问题。

在商业层面，智慧城市建设需要考虑共享共建问题，需要考虑微经济、平台经济和共享经济的社会分工问题。需要在数据和金融两个层面进行深入分析，找出合理的解决方案。

在管理上，应该更多地采用集中化管理。目前，管理的层面大城市在区一级，有的到镇一级，这在经济上是没有效益的。应该更多采用更加集中的服务模式，这需要在服务管理和内部组织上做很大的分工调整，原有的很多岗位可能需要优化。应进行平台化的管理，而且这个平台应该管理范围越来越大，功能越来越多，响应速度越来越快、覆盖范围越来越广才对，这样才具有规模效益和技术积累，才可能优化出领先的优势，并带动相关区域技术和服务的发展。

一个新的理念提出和实际大规模实用之间可以说是有天壤之别的，特别是在信息技术应用方面。最初当有关厂商提出电子商务理念的时候，大家也是乱建系统，实际上只是满足了采购的需要，并没有多少实用价值。但是，经过 10 多年后，我们看到的成功电子商务系统是阿里巴巴、淘宝、天猫、京东，而不是某个厂商的解决方案；是一个全球大集中的系统，而不是每个城区遍地开花的系统；每个个体在上面开业运行，需要的投入微乎其微。智慧城市也是这样，需要体现规模经济效应、范围经济效应、网络经济效应、平台经济效应、共享经济效应、微经济效应。

在技术上，走开放、开源、模块化的道路，而不是现在封闭、闭源的模式；走水平化、模块化建设，而不是垂直一体化解决方案建设的方式；走可持续优化的服务模式，而不是一次性的项目投入模式。要能够近乎零成本地扩展连接到每一个潜在的用户。

智慧城市应该首先提供普遍服务，基本保障服务，而不是现在的专项管理服务或者高端特殊服务。

智慧城市应该同时关注边缘人群和边缘状态，而不是现在更多关注在正常状态上。

智慧城市应该首先是一个 7×24 小时的管理和服务平台，而不仅仅是朝九晚五的管理平台。比如节日景点的踩踏事件在智慧城市中应该是不会发生的。

智慧城市应该是依赖制度和标准，而不是人运作的，应该能够保持一个城市的正常管理水平。

智慧城市的解决方案，应该使得城市的运作不依赖于市长，而依赖于城市运营中心这个平台单位。而智慧城市建设的复杂性，应该在这个平台内部解决，而不是靠部门之间的拉拉扯扯。

按照康威定律，什么样的组织结构决定了什么样的产品结果。智慧城市现在的问题，是现有政府条块组织结构的体现，是结构决定了结果。要改变这个结果，解决这些问题，就必须进行组织结构的重构，建立一个城市运营中心这个平台组织，而这种平台型组织，在全国而言，理论上说 2~3 个就够了，如同电信运营商一样。在这个平台组织中，解决集成、开放、智能化的问题，解决管理、运营、投入、考核的问题。

要达到边际成本递减、边际效益递增，并最终提升运营绩效，引入企业大脑理念进行系统的智能提升是一个必经之路。这就是企业大脑体系提供的一种新的智慧城市建设思路，一种新的组织重构模式。在企业大脑模式下，智慧城市的规划需要从金融、数据、场景、用户、投资、运营、技术、升级、平台、接口、共享等多个维度进行规划设计，找到一个适合的解决方案，并不断演进。使得城市的发展越来越好，成为相关人智慧的结晶，不断沉淀好的经验，不断提高智能水平。

现在的智慧城市参考模型，还是沿用传统的管控系统的参考模型，而且仅仅考虑了信息系统层面。已经完全不适应 DT 时代和人工智能时代的要求了。首先，没有体现出一个城市需要的智慧和数据来源；其次，更侧重与日常的信息收集和监控，没有城市经营管理的目标；最后，业务部门并没有组织调整，在规模上也不够经济，既没有人员压缩替代的成本效益平台，也没有演进的路径和经济指标考核。按照现在这种模式，在经济上是不可持续的，在服务上是不能满足要求的。[①]

① Dave Anderson：一切软件系统都是遗留系统。软件很快便会过时，修改维护无可避免。

第四节　国家治理需要机器智能——企业大脑作为一种国家战略

企业大脑在企业管理和社会治理方面具有巨大的价值，可以大规模提升效率和质量，降低成本。企业大脑是人工智能技术大规模应用的一个很好切入点，具有巨大的经济价值和社会价值。由于大量的核心技术需要不断地突破提升，所以作为一个国家的核心战略是有必要的。

企业大脑由于其自然语言互动的特征，以及人格特征，所以在国家文化保全和文化影响力方面具有一定的地位。每个国家的语言和语义理解都有本国的特征，并且在本国国民间相互影响。所以，企业大脑从国家安全、国家竞争力、文化竞争力的角度考虑，许多核心的感知智能和认知智能技术必将最终是国产化的。

百度总裁李彦宏 2015 年建议设立国家层面的“中国大脑”计划。“这个项目是要做一个关于人工智能的基础设施，把相应大规模的服务全集中建立起来，并开放给科研机构、民企、国企、创业者等社会各个层面，让大家在这个平台上尝试语音识别、视觉识别、自然语言理解、智能机器人等。”李彦宏解释道。所谓大规模服务，则是以智能人机交互、大数据分析预测、自动驾驶、智能医疗诊断、智能无人飞机、军事和民用机器人技术等为重要的研究领域。

我们看到上面的大规模服务都属于智能交互、大数据、智能终端的范畴。我们在供应商技术对比表中可以看到，目前百度在国内是相对领先的，不过与世界水平还有比较大的差距。

“中国大脑”和“企业大脑”的理念区别在于，“中国大脑”侧重于技术、平台和产品，侧重百度提供单项服务的角度；“企业大脑”侧重于商业、管理和系统，侧重于解决企业、机构和社会的整体管理问题。

由于企业大脑的不断学习提升，可以预期企业大脑的综合能力在每个特定的领域将逐步超过个人的水平，逐步成为企业最高水平，到行业最高水平，并持续提高。谷歌的围棋系统，当你知道的时候，它已经战胜了人类；微软的图片识别系统，当你知道的时候，已经可以辨认几乎所有的花卉图片。它们都是通过海量样本的学习获得这种能力。

企业大脑将成为一种国家竞争力的体现。现在有超级计算的国际比赛，未来会在国与国之间展开企业大脑水平的比赛。

经济转型最重要的是提高效率。企业大脑涉及投资管理、经营管理和生产管理等多个层面，可以在经济转型过程中起到有效的提升作用。当前我国经济处于严重的总供求不平衡状态中，表象特征为总供求平衡点严重偏离当前现实情况。为实现社会总供求的平衡，稳妥的路径为提升总供给的效率，主要方式就是通过提升全要素生产率。

提升全要素生产率的方式主要有两种：

一是供给效率的提高（技术进步）。对于传统行业来说，提升供给效率主要的方式是去产能和转型升级；对于新兴行业来说，提升供给效率的主要方式是由通过技术创新和经营模式创新，由新供给来产生新需求；产业政策的调整也对供给效率的提升有着关键的影响。

二是资本形成效率的提高。需要从资本形成过程的三个环节（储蓄环节、融资环节、投资环节）着手进行。需求效率的提升更多地集中在货币政策、财政政策两个方面。提升需求效率的目的在于用更少的资金投入来稳定目前的总需求水平，而并非大幅度提高总需求规模。

企业大脑所具有的网络经济特征，最终会体现在效率提升上。企业大脑作为信息经济中集大成者，在信息应用部分，以及生产部分都会有巨大的影响，需要获得足够的重视。

信息经济是 GDP 增长的主要动力，也是 GDP 中重要部分之一。信息经济中应用价值占主要部分。

工信部电信研究院近日发布的《2015 中国信息经济研究报告》显示，2014 年，我国信息经济总量达到 16.2 万亿元，占 GDP 比重为 26.1%，较 2002 年增加了 15.8 个百分点。

报告显示，2014 年，我国信息经济规模同比名义增长 21.1%，显著高于 GDP 增速。信息经济对 GDP 增长的贡献达到 58.4%，接近甚至超越了某些发达国家的水平。根据工信部电信研究院的测算，同期美国、日本、英国信息经济对 GDP 的贡献率分别为 69.4%、42.2%、44.2%。

根据报告提供的说明，信息经济的测算是由生产部分和应用部分统计加总得到。2014 年，信息经济生产部分规模为 4.2 万亿元，同比名义增长 11.6%；信息经济应用部分规模为 11.9 万亿元，同比名义增长 24.8%。

企业大脑思想的应用领域，可以说只要涉及大规模的人员、业务管理，都是需要的，也是可以借鉴的。本书主要侧重于企业管理领域，特别是大型集团化企业的管控领域。实际上类似的思路也非常适用于智慧城市。

企业大脑与《国家信息化发展纲要》。企业大脑给出了一个《国家信息化发展纲要》这类政府综合项目落地的有效工作模式。2016 年 7 月发布了《国家信息化发展纲要》，提出了未来 10 年国家信息化发展的重点工作和终点领域。总共有 56 方面的工作，如下：

（1）构建先进技术体系。

（2）加强前沿和基础研究。

（3）打造协同发展的产业生态。

（4）培育壮大龙头企业。

（5）支持中小微企业创新。

（6）统筹规划基础设施布局。

（7）增强空间设施能力。

（8）优化升级宽带网络。

（9）提高普遍服务水平。

（10）加强信息资源规划、建设和管理。

（11）提高信息资源利用水平。

（12）建立信息资源基本制度体系。

（13）造就一批领军人才。

（14）壮大专业人才队伍。

（15）完善人才激励机制。

（16）提升国民信息技能。

（17）深化国际合作交流。

（18）参与国际规则制定。

（19）拓展国际发展空间。

（20）共建国际网络新秩序。

(21) 推进信息化和工业化深度融合。
(22) 加快推进农业现代化。
(23) 推进服务业网络化转型。
(24) 促进区域协调发展。
(25) 夯实发展新基础。
(26) 优化政策环境。
(27) 服务党的执政能力建设。
(28) 提高政府信息化水平。
(29) 服务民主法治建设。
(30) 提高社会治理能力。
(31) 健全市场服务和监管体系。
(32) 完善一体化公共服务体系。
(33) 创新电子政务运行管理体制。
(34) 提升网络文化供给能力。
(35) 提高网络文化传播能力。
(36) 加强网络文化阵地建设。
(37) 规范网络文化传播秩序。
(38) 推进教育信息化。
(39) 加快科研信息化。
(40) 推进智慧健康医疗服务。
(41) 提高就业和社会保障信息化水平。
(42) 实施网络扶贫行动计划。
(43) 创新资源管理和利用方式。
(44) 构建新型生态环境治理体系。
(45) 加强信息化军事体系化建设。
(46) 提高实战化训练水平。
(47) 深化军事斗争准备。
(48) 完善信息化法律框架。
(49) 有序推进信息化立法进程。
(50) 加强执法能力建设。

（51）强化互联网管理。

（52）形成全社会参与的治理机制。

（53）维护公民合法权益。

（54）维护网络主权和国家安全。

（55）确保关键信息基础设施安全。

（56）强化网络安全基础性工作。

这些工作我们大致可以分为投资管理，公共服务，资源管理（人力，技术，其他），这些如果需要有效的落实，需要大量细致的具体工作，而这些工作如果由若干企业大脑统一管理，将会是非常有效的执行方式。

目前采用传统的下发文件，层次编制计划落地的方式，最终获得什么结果其实是很难预料的。[①]

第五节　企业大脑与“互联网+”

“互联网+”成为全社会向互联网转型的一个代名词。那么企业大脑在“互联网+”中，如何发挥作用呢？

“互联网+”具有的六大特征是：①跨界融合；②创新驱动；③重塑结构；④尊重人性；⑤开放生态；⑥链接一切。

我们可以看到，企业大脑对上面的六点基本上有关系，并且会有所体现，如表 10–2 所示。

表 10–2　企业大脑对“互联网+”的解读

“互联网+”的六大特征	企业大脑解读
跨界融合	在企业大脑中，是大数据的融合，新的全样本产生新的智能。既来自内部跨界，也来自外部跨界

① 克拉克三定律。第一，如果一个年高德劭的科学家说，某件事情是可能的，那他可能是正确的；但如果他说，某件事情是不可能的，那他也许是非常错误的。

第二，要发现某件事情是否可能的界限，唯一的途径是跨越这个界限，从不可能到可能中去。

第三，任何非常先进的技术，初看都与魔法无异。

续表

"互联网+"的六大特征	企业大脑解读
创新驱动	在企业大脑中，是大数据的创新和算法的创新，也包括智能终端的创新，理念的创新，解决新的问题，或者原来人做不好的问题
重塑结构	在企业大脑中，不但改变了现有的机构，变得更加扁平化，而且，在智能体系内部，还可以通过不断重塑而获得更多的智能
尊重人性	在企业大脑中，不但实现了人机互动的智能化，而且追求人格、人性、人情、文化的深度交流。随着机器智能的提升，可以预期机器可以检测到人类的各种潜在需求，比如情绪、尊重、文化、语言等多个方面
开放生态	企业大脑作为一个整合的系统，内部需要多个外部服务的机构提供专业服务，是一个开放的生态平台。这个生态平台中包括了数据、接口、知识、算法、系统等
链接一切	企业大脑本身，就是链接一切的一个核心节点

我们可以看到，企业大脑是企业"互联网+"转型的一个战略切入点，虽然不是全部，但也是比较核心的组成部分，一个比较有效的抓手。如果说"互联网+"还是一个比较抽象的理念，企业大脑则相对具体明确很多，并具有非常强的可操作性和持续性，也具有非常明确的商业经济价值。

企业大脑作为一个管理分工的产物，其可以接受的起点是起码达到最好的人的水平或者比最好的人再好一点。归结下来，也就是用户体验问题。这是一个可以不断追求的目标。

企业大脑是"互联网+"的一个自然发展，在这个新的阶段，"互联网+"的内容将重新表达翻译成为智能的内容，而不仅仅是数据和业务。互联网特别是移动互联网作为一个新的载体，将企业的业务流程以及各种行为数据集中起来，并可以被利用，在跨产业（如金融，科技，数据等方面）整合中形成竞争优势。

这个新的载体将构建在"互联网+"的载体上，并且将同步进行演化完善。企业大脑体系是对"互联网+"从机器智能的角度进行了一次再梳理。

企业大脑在企业的"互联网+"转型方面，提供了一个全新的更完整的视角，并将作为一种独立的管理变革方向存在。

在技术、咨询、实施、运营等各个环节，企业大脑的思想将对"互联网+"进行融合和提升。

传统的"互联网+"在O2O、产业金融融合、电子商务、流程再造、管理再造将使得企业达到一个新的互联网企业的运行模式，但目前更多的还是以数据整合为主。

企业大脑将在万物互联、大数据、智能决策、智能服务、管理再造、大规模协同、大规模外包等方面进一步重构企业的运行模式。我们可以看到和预期的变化才刚刚开始。

（1）企业大脑与网络微经济。网络经济作为一种新的经济形态获得了大家的认同。网络经济加速了实体经济的交易和交流，并创造出新的经济内容，比如网络游戏、如网络影视剧、网络音乐、网络电台等。

企业大脑作为网络为载体的一个技术和服务系统，将在几个方面影响网络微经济，即面向个体或小团队的网络经济：

1）将智力、智能作为商品进行销售和使用；

2）将代替部分的人类活动；

3）将作为个体参与到网络交易和社交中，独立创造价值；

4）即使是一个实体的个人也有可能在网络世界创造出多个虚拟个体，类似游戏的小号的作用；

5）每个虚拟个体可能通过机器学习算法学习到不同的能力并提供这种不同的能力获得经济收益。

这将极大地扩展参与经济的个体数量，从而催生出更多的经济交易量。

（2）规模经济与范围经济。规模经济（Economies of Scale）是指通过扩大生产规模而引起经济效益增加的现象。规模经济反映的是生产要素的集中程度同经济效益之间的关系。规模经济的优越性在于：随着产量的增加，长期平均总成本下降的特性。

企业转型，是企业两个新旧规模经济体的重构，最后是双雄并立还是融合，在起始阶段，通常人们的认识并不是那么明确，而且有夸大新模式优势的倾向，不管是有意的还是无意的。

规模经济体本身是有效率的，是有优势的，包括专业分工优势、员工学习效应、原材料经济性、价格谈判优势、研发创新优势等。旧的规模经济体的优势如果被新的应用、重构或者放大，就是好的转型；如果仅仅是被新的破坏，就是不好的转型。

范围经济（Economies of Scope）指由厂商的范围而非规模带来的经济，也即是当同时生产两种产品的费用低于分别生产每种产品所需成本的总和时，所存在的状况被称为范围经济。

在一个大体量的企业中，各种转型无处不在，新旧互补更体现某种程度的范围经济特点。对新的模块更加自主的创造和探索，是本轮转型的特点。

万达的电商业务有类似的特点。万达意向中的电商一直是为实体卖场服务的，并没有取代实体卖场的目的。但在网上建一个新的卖场并收租金本身是没有意义的，所以一直没有找到方向。最后结合互联网金融，总算是找到了一个新的网上的价值点，就是在线上做金融服务，线上线下分摊的是客户获取和服务的成本，各自销售自身的产品和服务。

企业的每一项新的业务，都在追求规模经济。而企业的各项业务之间、新旧业务之间的关系，具有明显的范围经济特点。

（3）规模经济与自然垄断。规模经济是自然垄断的充分但不是必要条件。就是说，如果是规模经济一定会导致自然垄断。所以，每个企业的旧业务本身一定是在某个领域处于一个相当的规模经济的水平。自然垄断进入的阻碍，在于网络的接入和定价。这就是我们通常见到的，旧业务的组织不愿意接受新业务的接入，对接资源。最终迫使企业变革者进行大规模的破坏性调整。

（4）从网络经济的特性看企业大脑。网络经济具有快捷性，高渗透性，自我膨胀性，边际效益递增性，外部经济性，可持续性和直接性。

快捷性的含义是速度更快，覆盖范围更广。但通常企业的管理系统往往是很慢的，而且是以鼠标点击前进的。企业大脑提供了一种更加自动化的手段来加速和保障这种快捷性，以便体现在企业管理上。

高渗透性，体现在信息产业和网络产业对各个产业和行业的深入渗透。企业大脑将跟随它们渗透到各行各业，甚至可以预期将形成一个新的产业体系。

自我膨胀性，涉及到网络经济的四大定律：①摩尔定律，每18个月，芯片处理能力翻一番，同时价格减半，换句管理的话说是产品价值翻倍，成本减半；②梅特卡夫法则，网络经济的价值等于网络节点数的平方，换句话说是用户越多，价值越大，而且是巨大；③马太效应，就是强者更强，弱者更弱；④吉尔德定律，通信系统总带宽将以每年3倍的速度增长，而每比特传输价格朝免费方向发展。

边际效益递增，边际成本递减，这是网络经济的主要特征。区别于传统的生产要素（土地、资本、劳动）边际效益递减和边际成本递增的特点。企业大脑也具有这样的特征。随着企业大脑的深度使用，价值将越来越大，而成本相对固定。

外部经济性，就是梅特卡夫法则的经济体现，连接的外部节点越多，价值越大。

可持续性，数据、制度、规则和知识是企业最有价值的资产，同时又是边际效益递增，边际成本递减的资产。企业大脑是这些资产的集大成者。

直接性，网络经济本身具有直接的特性，事物之间直接发生联系，去中介化。而企业大脑作为一种企业的管理和服务体系，在结构上包含这种直接的特性，有助于改变现有系统体系结构导致管理效率低下的不足。

根据上面的定律，对应起来可以说明，企业大脑作为一个集中的信息处理系统，其优势是：①数据处理能力持续提升，处理价格持续下降；②连接终端数量持续增加，价值持续成倍提升；③越早建设，越有优势；④数据集中的成本将持续下降，企业大脑的通信成本将持续下降。

第六节　企业大脑是企业的核心

网络经济是信息经济基础上的一次大发展。网络经济对于企业管理的冲击是非常明显的。

网络经济给企业的发展和管理带来几个明显的特征：①马太效应，大者恒大，天然垄断性；②用户导向、服务导向、体验导向；③长尾效应，生态系统，平台化，产业链协同；④企业运作的数字化、虚拟化；⑤企业的金融化，产融结合；⑥大数据成为核心竞争力。

企业大脑作为建立在网络经济之上的一个系统，我们可以预见到上述特征中都会在企业大脑中获得体现，通过企业大脑帮助企业实现这些管理和运营目标，从而可以引申出企业大脑在企业战略中的定位和要求，形成这样的结论：

（1）企业大数据，是企业为了达成其发展和管理战略的全样本。企业大脑，就是企业核心战略的体现。

（2）企业大脑就是人不断教机器去实现企业的核心战略，形成企业的核心竞争力的一个具体体现。

广义上说，企业分为两大类。一类是需要依靠人的创造性的，比如科技企业、互联网企业；一类是需要规范的管理的，比如传统的家族企业，以资产投资为主。还有一些是介乎二者之间的。企业依靠人才创新，也需要提供创新的平台；家族企业依靠投资决策，更加在乎规范管理，而对于创新保持比较保守的态度。我们这里的机器，事实上可以理解为广泛意义上的制度、规范、标准，都属于这个范畴。传统企业希望通过各种机器的特征来设计自己的企业，而人工智能和数字化提供了比传统方式更多的、更具潜力的手段。从这个角度看，我们不能极端地考虑"机器完全换人"，也不能回避"机器换人"这个议题及其潜力。

从现状看，这更像是一次技术的更新换代，只不过这次换代让大家充满了想象。

企业大脑是公有的还是私有的还是混合的？回答这个问题，首先需要回答，人力资源是公有的、私有的还是混合的？如何区分和管理？

我们知道，人力资源在跨企业交流过程中，需要签订保密协议、竞业协议才可以转移。其他还包括知识产权保护，内幕交易管理等其他形式的限制协议和规范。在实际操作中，这些协议的要求很难完全做到。

对企业的数据而言，目前大家都是私有的。通过大数据产生的感知和认知智能能力目前主要集中在互联网公司中，并以公有云服务的方式提供，这样他们可以获得相关的数据并进一步改进结果。所以可以肯定在公有云模式上提供服务是一种主要形式，特别是基础感知智能和认知智能方面。

企业自己建设私有的企业大脑服务平台，需要将企业大脑作为一个战略，并经历一个逐步深入积累的过程，还涉及企业的研发能力。

所以目前看，比较现实的是要么完全采用公有云模式，要么采用共性技术平台、公有云服务、部分系统私有部署的混合云模式。

（1）企业大脑配套的法律体系。企业大脑作为企业中决策支持甚至是自动处理的一部分，配套在法律和证据体系方面需要完善，使得可以将相关的行为作为今后产生的后果，并分析原因，明确责任的一个依据。我们可以预期，随着企业大脑更广泛地应用到更多的公共领域或非关联方领域，有人通过系统误导这种情况有可能出现。就如同群发诈骗短信的情况一样。建立一个提示和证据保全的机制是稳定持续发展的一个重要环节。这种证据需要能够形成法律上的依据。针对企业大脑应用的范围、应用的规范、应用的法律处理，都必须是企业和社会逐步完善的一个内容。

（2）企业大脑与法律服务。本次人工智能的热潮来源于机器学习技术的进步。早期的机器学习技术分为两个比较大的流派，第一个采用规则描述方式，第二个采用数据统计方式。他们最后的问题都是识别率（比如语音识别）达到一定程度后无法提升，无法达到实用的识别率。结合神经元网络的深度学习技术的突破来源于数据的海量、计算能力的提升和算法的混合应用。我们看到，在法律领域，也有一个类似的情况。世界上的法律体系分为两大类，一类是大陆法系，另一类是普通法系（英美法系）。大陆法系以规则为主进行案件判定，普通法系以案例为主，结合陪审团人工判断。制定法律无非是为了判定案件。这是一个典型的学习系统，学习规则或案例，对新的案例进行判定。而普通法系的演化和判断结构非常类似于一个深度学习网络，只是神经元是陪审团的成员。法律追求的结果无非是公正（准确度）和速度。现在大家不满的也就是这两个问题，（如果考虑法律最终是公正的，错误的可以通过各种渠道纠正）核心是效率问题。人工智能的结果是否对法律界有所启示。企业大脑是否可以在这方面有所作为，提升法律体系的工作效率；法律是否可以像滴滴打车一样成为一个非常便利的共享服务，应该是值得期待的一件事情。在企业管理领域，一个与法律相关的主要服务就是合同审核，包括范本合同和实际合同，这方面随着计算机认知能力、语义计算能力的提升，会起到更多的辅助作用，成为企业大脑的一个重要模块。企业对新合约的判断来自范本和案例，通过大数据积累可以让企业更加安全地进行合约的相关工作。通过公有云服务，让个人或小企业也可以获得大企业的服务水平。

（3）企业大脑的安全问题。企业大脑的安全问题，可分为两部分。一个是内部层面的安全问题，另一个是从外部看的安全问题。基本要求是：控制知密范围，防范窃密活动，消除泄密隐患，确保秘密安全。区分秘密等级，比如秘密分为绝密、机密、秘密三个等级。

我们一般都认同部队出来的人比较知道规矩，如果企业大脑可以达到部队的水平，那么相信可以获得大部分人的认同。

企业大脑是否可以做到《部队保密守则》呢？我们做一下对比如表 10–3 所示。

最终是否通过机器学习的机制来学习这种能力？安全保密作为一种独立的能力进行学习是一个值得探讨研究的课题，原则上说可以结合保密关键词库、案例学习、认知学习、规则学习、人工干预等多种手段，不断提高企业大脑安全和保

表 10–3　企业大脑的信息安全问题

	企业大脑的实现难点分析和可能的处理机制
不该说的秘密不说	由人来确认，机器保留证据。在大数据规划中明确不该说的内容。保密关键词库
不该问的秘密不问	由人来确认，机器保留证据。在大数据规划中明确不该问的内容。保密关键词库
不该看的秘密不看	由人来确认，机器保留证据。在大数据规划中明确不该看的内容
不该带的秘密不带	由人来确认，机器保留证据。在大数据规划中明确不该带的内容
不该传的秘密不传	由人来确认，机器保留证据。在大数据规划中明确不该传的内容
不该记的秘密不记	由人来确认，机器保留证据。在大数据规划中明确不该记的内容
不该存的秘密不存	由人来确认，机器保留证据。在大数据规划中明确不该存的内容
不随意扩大知密范围	由人来确认，机器保留证据
不私自复制、下载、出借和销毁秘密	什么是秘密？人工标注，保留证据；机器学习判断，提示人由人确认保存证据 复制、下载、出借、销毁：由人确认，机器保存证据
不在非保密场所处理涉密事项	什么是保密场所：由人确认，机器保留证据 什么事涉密事务：有人来确认，机器保留证据；由机器来判定，机器保留证据

密的意识和水平。

让机器学会什么是不该说的、不该问的、不该看的、不该带的、不该传的、不该记的、不该存的，这还没有系统化地纳入技术公司的视野。从机器学习的角度看，就是什么事不该学的，什么是不知道的这个问题还没有清晰的解决（见可信问题相关章节）。目前可能比较常用的就是敏感词过滤和管理，甚至有些都没有，从而出现一些机器“学坏”的问题。

安全保密和可信任是一个技术问题，就是解决“什么是不该学的，什么是不该说的”这一问题。

（4）企业大脑的标准化问题。企业大脑作为一个完整的产业体系，涉及到从硬件到软件的各个方面，属于自动控制的范畴。随着企业大脑的广泛应用，可以预期会引发各种管理问题和社会话题，甚至涉及企业信息安全和国家安全。

建立企业大脑的标准化体系是理解企业大脑，促进行业发展的基础。这将保证用户使用的系统具有开放性，可交换性和可信性的基础。

企业大脑的标准组织应该是一个开放的组织。企业大脑涉及从现实世界的模拟数据，到信息世界的数据和规则，再到智能的模型和演算，整合硬件和软件，所以企业大脑的标准化，应该会涉及现有相关标准化基础的重新整合和优化。而且，随着企业大脑的广泛应用和智力能力水平的提升，将引发更多的新的标准出来。开源和标准化都将是企业大脑发展的促进动力。

目前从全球范围看，还没有这方面的整合性的标准组织出现，这也是值得期待的。

国内，我们看到工信部在推动“两化融合”的标准化工作。企业大脑是“两化融合”的一个可以参考的框架，相对在概念和思想上是兼容的。由于是从人机关系上建立融合关系，在思路上更加容易理解。

两化融合提出了 6 个导向：①以效能提升为导向；②以数据为驱动（机械自动化代替人工体力劳动，数据自动化代替人工脑力劳动）；③以新型能力为主线（用户服务能力、研发创新能力、生产管控能力、供应链管理能力、经营管控能力、财务管控能力）；④以综合集成为突破口（实现人与人、人与机器，及其与机器以及服务与服务之间互联互通，实现横向、纵向、端到端三大集成）；⑤以流程化为切入点；⑥以服务化为方向。

可以看出，这 6 个导向与企业大脑的数字化转型框架本质上是相容的，而企业大脑框架则比较简单和更加容易理解。

（5）企业大脑的监管和评估。面对这一大堆五花八门的收集数据、学习并运行控制的企业大脑系统，如何规制和管理是一个问题。

有必要进行企业大脑的水平评测，可以考虑作为信息化测评或者安全测评的类似评测机制，也可以推进单项的外部第三方测评比赛，比如对客户机器人的满意度测评。

这种测评也可以内置在企业大脑的系统中，作为一种独立的机制，定期收集全体用户的反馈信息，作为企业大脑的状态评定和改进参考。

由于企业大脑连接所有用户，可以自然地交流互动，并具有广泛的感知性，所以可以建立起单独的调查测评模块，对企业大脑本身、企业、使用者、设备、基础设施等进行完整的定期测评，这种测评覆盖之广，体系之完善，可以成为一个独立的模块和服务体系。

这种服务体系反过来对企业大脑的正常运作，甚至机构的正常运作提供了一种保障机制，逐步成为一种核心模块交付给客户。

治理体系。治理体系包括三个层面，商业治理体系、管理治理体系和技术治

理体系。传统的商业治理体系是分地区分行业进行的。互联网服务具有跨地域、跨行业的平台化特点，对治理体系提出了新的问题。企业管理的治理有《萨班斯法案》和《上市公司治理》等相关的规范要求，技术治理体系有相关的标准，在某些行业比如保险也有明确的规范要求。

我们在这里只是关注与企业大脑相关的治理变化。

在平台化和智能化的架构下面，治理体系从原有的管控型思路，依靠人和制度推进工作和规范推进工作，逐步需要扩展（不是不需要原有的一些制度规范）到数据驱动、智能驱动的思路，需要更加开放地、融合更多的社会资源完成治理相关的工作。

以前企业完成治理的主要方式是定期请第三方进行管理评审，并提出整改意见。行业治理的形式是制定规范和定期抽查、突击检查等。这种方式在面对海量数据和复杂智能的方面，越来越难以适应要求。如果出了问题才解决的话，损失已经造成了。而且在网络时代，服务是不能停止的，否则公司会很快结束。

所以，治理体系需要体现这些新的特征：①实时在线的；②所有关联方参与的；③持续积累的；④事前、事中、事后全覆盖的；⑤智能化的；⑥数据驱动的；⑦多元主体的；⑧基线控制的；⑨涵盖商业、管理和技术各个层面的；⑩开放的。

我们以淘宝网的电子商务治理方式为例。交易前实名审验、网站备案、消保基金、大数据风险预警；交易中间信用评价、网规约束、第三方支付担保交易；交易后产品和服务评价等方式。另外，通过数据驱动的方式，建立权利人到知识产权保护平台的协同治理体系，尝试扶持自主品牌升级，从根源上解决假货等治理问题。又如假货治理，阿里把数据信息整合以后，提供给供应商、提供给公安，联合起来一起协作对假货进行打击。这样对线上线下的假货进行治理，帮助整个行业和产业升级发展。

“以控制为出发点的 IT 时代，正在走向激活生产力为目的的 DT 时代”，这句话对于商业、管理和信息技术的治理也一样适用。由于治理的角度是基于实时数据的，所以对治理相关的技术要求会不断增加。

这样一个实时在线的治理体系，最终会演化成为一个完整的企业大脑体系。将很多的治理问题进行分析预测，并能够自动处理各种重复出现的治理问题。从企业大脑的角度看，我们可以看到一种新型的治理互动关系。一个平台的治理问题，变为各个参与方教育基于平台的企业大脑模块如何治理的问题，将传统的人管人的关系转变为人管机器的关系。人人参与教机器如何治理的过程本身就是治理过程，而机器也在教人如何正常地交易。将传统的治理问题，转变为一个制定规则、互动、学习、升级、服务的问题。成为系统的一个核心组成，成为日常的一个核心工作，成为互动的一些核心环节，成为平台的一个核心能力。

这些治理模式不但适合对交易的治理，同样也适合对内容的治理。比如 YY 这种线上视音频聊天系统之所以非常成功，除了技术和运营的因素外，关键的是因为对内容的治理非常成功，超出了监督机构的预期，比监督机构要求的还要严格。之前也有类似的系统平台，运营很成功但很快就被查封了，关键是对治理不够重视。

从治理角度看，企业大脑这类智能应用也需要治理。微软的聊天机器人 Tay 就是一个智能治理（缺失）的典范。虽然展示了很强大的学习能力，但却学习了很多不良的知识并表达出来。缺少了治理模块，这个应用系统就必须返工，不能与客户见面。从这个方面看，治理是刚性的需求。

企业大脑这种智能应用治理还具有自身的特点。比如：①能说什么不能说什么；②针对不同对象说的内容有所限制；③能学什么不能学什么；④能够决策什么不能决策什么；⑤对决策异常的判定和预案；⑥智能应用能力的备案和风险控制方案；⑦融合了企业制度、权责和标准、规范、数据、知识的治理。

另外，除了商业、管理和技术的治理要求外，在一些场合，法律治理也是一个必要的治理环节。作为一种类似人的机器服务，在一些长时间的交易服务中，或者需要承担法律责任的专业服务中，明确相关的法律并达到合规的要求是能够满足服务标准的一个必要条件。

第七节　数字化变革/转型需要知道的相关定律

转型是无数企业和机构经历过的事情，虽然有着共性，但错误依旧在重复。了解一些技术和商业人才提出的相关定律，也许就会受到启发，少走不少弯路。下面汇总一些对数字化转型和架构方面的定律，作为大家的参考。

梅特卡夫法则：网络的价值等于其节点数的平方。所以网络上联网的计算机越多，每台电脑的价值就越大，“增值”以指数关系不断变大。

摩尔定律：计算机硅芯片的处理能力每18个月就翻一番，而价格以减半数下降。

达维多定律：进入市场的第一代产品能够自动获得50%的市场份额，所以任何企业在本产业中必须第一个淘汰自己的产品。

《人月神话》—Fred Brooks，(1975)：为延迟的软件项目加人只会让项目更加延后。

ETTO（Efficiency-Effectiveness Trade Offs，效率—效果取舍）原则-Eric Hollnagel（2009）：问题太复杂了？忽略细节。不够资源？放弃功能。

康威定律：设计系统的组织，其产生的设计等同于组织之内、组织之间的沟通结构。用通俗的说法就是：组织形式等同系统设计。

康威第一定律：组织沟通方式会通过系统设计表达出来。

康威第二定律：时间再多一件事情也不可能做得完美，但总有时间做完一件事情。

康威第三定律：系统的线图与设计系统的组织的线图，两者是同态的（简单说就是，什么样的团队产生什么样的系统）。

康威第四定律：大的系统组织总是比小的系统更倾向于分解。

里德定律（Reed's Law)：“大型网络，尤其是社交网络的功效会随着网络规模呈指数级增加。”

格式塔原理（The Gestalt Principle)：“整体大于部分之和。”

盖尔定律（Gall's Law)：一个切实可行的复杂系统势必是从一个切实可行的简单系统发展而来的。从头开始设计的复杂系统根本不切实可行，无法修修补补让它切实可行。你必须由一个切实可行的简单系统重新开始。

香农定理：有线的资源是无限的，而无线的资源却是有限的。

扎克伯格定律：我预计下一年人们共享的信息量将会是今年共享的两倍，后年也会是明年的2倍。

高德温定律：当Usenet讨论不断变长时，参与者把用户或其言行与纳粹主义或希特勒类比的概率会趋于一（100%）（Usenet：新闻组，一种早期的社交网络）。

Jevons悖论：此悖论由英国经济学家威廉·斯坦利·杰文斯（William Stanley

Jevons）贡献，说的是当技术改进使得利用燃料更有效时，燃料的消耗却趋于上涨。

Dave Anderson：一切软件系统都是遗留系统。软件很快便会过时，修改维护无可避免。

克拉克三定律：第一，如果一个年高德劭的科学家说，某件事情是可能的，那他可能是正确的；但如果他说，某件事情是不可能的，那他也许是非常错误的；第二，要发现某件事情是否可能的界限，唯一的途径是跨越这个界限，从不可能到可能中去；第三，任何非常先进的技术，初看都与魔法无异。

以上这些定律之所以特别，是因为他们针对的更多是系统和机器，而不是人。这些定律很多对管理者是陌生的，虽然在某些技术领域大家都小范围知道。在当前这个系统和机器逐步在企业发展中占据更多地位的今天，早了解会早理解。

第八节　解读经典——《失控》、《必然》

解读经典：凯文·凯利《失控》中的造物九律（见表 10–4）。《失控》（凯文凯利，2016）成书于 1994 年，这本书所记述的，是他对当时科技、社会和经济最前沿的一次漫游，以及借此所窥得的未来图景。《失控》第一章即开篇明义：人造与天生的联姻正是本书的主题。指出，人造物与自然生命之间有两种趋势正在发生：①人造物表现得越来越像生命体；②生命变得越来越工程化。

表 10–4 《失控》造物九律的企业大脑解读

造物九律	企业大脑解读
分布式状态	开放互联
自下而上的控制	服务导向、平台导向
培养递增收益	不断叠加职能和智能
模块化生长	内部的模块化构造
边缘最大化	以最低的成本连接最大的网络
礼待错误	大数据：容错机制，不求全对，但求全覆盖
不求目标最优；但求目标众多	大数据：更多的信息，更多的内容
谋求持久的不均衡	大数据：内容包容
变自生变	大数据：开放使用，平台化

《失控》涵盖范围极广，可以从多种角度解读。既解释和指明了社会组织、经济体应该如何组织、运转，又是一本“新生物学”（包括如我们所知的生物学+人造物）著作。社会、经济、文化、历史及超生命体（生命体以及具有类似生命体特质的人造物，书中称之为超生命体）以及超生命体进化和超生命体间的联系都是其中的话题。根据书中的造物九律，我们可以看到，企业大脑具备某种超生物体的特点和构造过程。

解读经典：凯文·凯利《必然》中机器变迁的12条道路（见表10–5）。（凯文凯利，2016）他认为：“技术是一种生命体”。他说：“我认为，技术是生命体的第七种存在。人类目前已定义的生命形态包括植物、动物、原生生物、真菌、原细菌、真细菌，而技术应是之后的新一种生命形态。”

表10–5 《必然》12条道路企业大脑解读

机器变迁的12条道路	企业大脑解读
形成：机器将会更新自己，随时间慢慢改变自己的功能	企业大脑的能力
知化：把人工智能置入普通事物之中才能带来真正的颠覆	企业大脑的能力
流动：想要在全新的领域中成功，就要掌握新出现的流动性	企业大脑的能力
屏读：屏幕无处不在，持续扩展人类的阅读量和写作量，世界上所有的书籍终将由互联的词语和理念连接起来	企业大脑的能力
使用：对事物的使用比占有变得更为重要 共享：将从未被共享过的东西进行共享，或者以一种新的方式来共享，是事物增值最可靠的方式	企业大脑的能力
过滤：内容扩张得越多，就更需要过滤以便使得注意力聚焦。注意力流到哪里，金钱就跟到哪里	企业大脑的能力
重混：对已有的事物重新排列和再利用，未来30年最重要的文化产品和最有影响力的媒介将是重混现象发生最频繁的地方	企业大脑的能力
互动：未来所有的设备都需要互动，如果有什么东西不能实现互动，它就会被当作“坏掉”了	企业大脑的能力
追踪：自我追踪的范畴将涵盖人类的整个生活	企业大脑的能力
提问：答案变得廉价，而问题将变得更有价值。提问比回答更有力量	企业大脑的能力
开始：这个新物种已经开始了，当然，也仅仅是个开始	企业大脑的能力

第九节 阿里巴巴观点：未来三十年，云计算、大数据、人工智能，都会成为基本的公共服务

阿里巴巴作为全球最大的电子商务公司，现在开始大规模提供电商和云计算技术服务平台。电商平台和亚马逊有得一比，但云计算平台还落后于亚马逊。在社会影响力方面，阿里巴巴可以说是全球性的，其在人工智能方面值得期待。

一、观点

（1）未来 30 年，云计算、大数据、人工智能，都会成为基本的公共服务。

（2）未来 30 年是人类社会天翻地覆的 30 年，未来 30 年社会发展将出现 5 个新趋势——新零售、新制造、新金融、新技术、新资源。

（3）各国政府为未来 30 年制定创新发展的政策，为 30 岁以下的年轻人和 30 人以下的小企业制定独特的扶持政策。

（4）告诉大家一个坏消息，就是机器一定会比人聪明；告诉大家一个好消息，我们人一定会比机器更智慧。

（5）只要学会把握，未来 30 年的这次技术革命，每个人都有机会，“以前创业你可能要钱，你可能要资源，你可能要各种各样的关系。未来只要利用技术、数据和创新，人人将会有机会”。我们要让自己敢于迅速地适应时代，今后，你有足够的数据、你有足够的计算能力，你就能预测问题、预测未来、判断未来。

二、案例

（1）“城市大脑”。在云栖大会开幕式上，杭州城市数据大脑正式发布。通过人工智能，全市的交通管控将变得数字化和智能化，杭州将成为全球首个应用人工智能技术来辅助公共管理的城市。

2016 年 9 月，城市大脑交通模块在杭州萧山区市心路投入使用。初步试验数据显示：通过智能调节红绿灯，道路车辆通行速度平均提升了 3%~5%，在部分路段有 11%的提升。

交通拥堵，只是城市大脑迎战的第一个难题。城市大脑的目标，是让数据帮助城市来做思考和决策，将杭州打造成一座能够自我调节、与人类良性互动的城市，而城市大脑的内核将进化成为能够治理城市的超级人工智能。

“这仅仅是一个开始。”阿里巴巴集团技术委员会主席王坚说，“城市大脑是一次使用人工智能进行社会管理的前瞻性实践。我们不知道它最终会进化到什么程度，但这绝对是前所未有的。”

（2）“法律机器人”。互联网法律服务机构无讼网络科技在云栖大会上推出了一款名为“法小淘”的法律人工智能产品。据了解，这是国内第一款法律机器人，通过阿里云底层技术的支持下，“法小淘”可以用机器学习的相关算法建立起了一套文本与案例之间的初始相似模型，能够基于法律大数据实现智能案情分析和律师遴选。

本章小结

（1）企业大脑作为一个集中的信息处理系统，其优势是：①数据处理能力持续提升，处理价格持续下降；②连接终端数量持续增加，价值持续成倍提升；③越早建设，越有优势；④数据集中的成本将持续下降，企业大脑的通信成本将持续下降。

（2）企业大数据，是企业为了达成其发展和管理战略的全样本。企业大脑，就是企业核心战略的体现。

（3）企业大脑就是人不断教机器去实现企业的核心战略，形成企业的核心竞争力的一个具体体现。

（4）公共服务和治理，将更多地通过数据、技术和智能的手段来解决。

参考文献

［1］陈春花. 激活个体：互联时代的组织管理新范式［M］. 北京：机械工业出版社，2015.

［2］陈春花. 管理的常识 让管理发挥绩效的 7 个基本概念［M］. 北京：机械工业出版社，2015.

［3］陈春花. 经营的本质［M］. 北京：机械工业出版社，2010.

［4］凯文凯利. K.K 三部曲（必然＋失控＋科技想要什么）［M］. 北京：电子工业出版社，2016.

［5］凯文凯利. 新经济，新规则［M］. 北京：电子工业出版社，2014.

［6］明茨伯格. 管理工作的本质［M］. 北京：中国人民大学出版社，2012.

［7］明茨伯格. 管理进行时［M］. 北京：机械工业出版社，2010.

［8］明茨伯格. 战略历程：穿越战略管理狂野的指南［M］. 北京：机械工业出版社，2012.

［9］德鲁克. 21 世纪的管理挑战，机械工业出版社，2009.

［10］程维，柳青. 滴滴：分享经济改变中国［M］. 北京：人民邮电出版社，2016.

［11］吴声. 场景革命：重构人与商业的连接［M］. 北京：机械工业出版社，2015.

［12］拉里·唐斯保罗·纽恩斯. 大爆炸式创新［M］. 杭州：浙江人民出版社，

2014.

［13］奥托·夏莫、凯特琳·考费尔. 型变革：从自我到生态的系统革命［M］. 北京：浙江人民出版社，2014.

［14］唐斯. 颠覆定律［M］. 杭州：浙江人民出版社，2014.

［15］杰里米·里夫金. 零边际成本社会［M］. 北京：中信出版社，2014.

［16］杰里米·里夫金. 第三次工业革命［M］. 北京：中信出版社，2012.

［17］布莱恩的弗森，麦卡菲. 第二次机器革命［M］. 北京：中信出版社，2014.

［18］克莱·舍基.《认知盈余》自由时间的力量［M］. 北京：中国人民大学出版社，2012.

［19］中国证券投资基金协会. 逐鹿大资管时代［M］. 北京：中国人民大学出版社，2014.

［20］彼得·戴曼迪斯（Peter H.Diamandis）、史蒂芬·科特勒（Steven Kotler）. 创业无畏：指数级成长路线图［M］. 北京：浙江人民出版社，2015.

［21］布莱恩·阿瑟. 技术的本质［M］. 北京：浙江人民出版社，2014.

［22］艾伯特—拉斯洛巴拉巴西. 爆发［M］. 北京：中国人民大学出版社，2012.

［23］穆胜. 云组织［M］. 北京：电子工业出版社，2015.

［24］邱海平. 21 世纪再读《资本论》［M］. 北京：人民邮电出版社，2015.

［25］雅各布·摩根. 重新定义工作：大连接时代职业、公司和领导力的颠覆性变革［M］. 北京：人民邮电出版社，2015.

［26］埃尔文 E.罗斯（Alvin E. Roth），共享经济：市场设计及其应用［M］. 北京：机械工业出版社，2015.

［27］阿里研究院. “互联网+”：从 IT 到 DT［M］. 北京：机械工业出版社，2015.

［28］罗德，维勒兹. 大融合——互联网时代的商业模式［M］. 北京：人民邮电出版社，2015.

［29］马化腾. “互联网+”：国家战略行动路线图［M］. 北京：中信出版社，2015.

［30］彼得·戴曼迪斯，史蒂芬·科特勒. 富足：改变人类未来的 4 大力量

[M]. 杭州：浙江人民出版社，2014.

[31] 李善友. 颠覆式创新 [M]. 北京：机械工业出版社，2015.

[32] 库兹韦尔. 奇点临近 [M]. 北京：机械工业出版社，2011.

[33] 克莱·舍基. 未来是湿的：无组织的组织力量 [M]. 北京：人民大学出版社，2009.

后　记

企业大脑的成书时间正好面临着全球大企业进行数字化转型和人工智能技术的兴起两个大的背景，所以更多的是对未来的一次全角度的展望。

因为工作的原因，能够近距离观察到几个大型企业的管理者，他们作为“企业大脑”，有着非常清晰的工作规律和自律，在追求效率方面，有一种毅力或者说偏执，而内在的逻辑并不复杂。他们控制的企业规模，都是中国最大的企业之一。他们的存在说明一个机构借助一个中央的“大脑”控制系统是可以运行的。

阿里巴巴的淘宝可以说是中国最大的“企业大脑”样本，虽然不是自然语言的接口。因为上面的确运行了许多中小企业，创造了电商这个新的企业品种。并且在演化的过程中，诞生了马云的“在晴天修屋顶”的金句。这种在业务高速增长而人员不增加的企业优化模式，就是企业大脑的演化模式，就是让机器更多地代替人工作的模式。而滴滴、优步也向大众具体示范了一个中心系统依靠数据和算法控制下的商业体系。

从电子商务、互联网思维到互联网转型、“互联网+”到人工智能，每个企业的管理者都面临着一次又一次的技术概念挑战。人工智能既然能影响到人、影响到效率，那就不可能不影响商业、影响管理、影响系统。这些所谓的新概念，大家第一次听说的时候都是一头雾水。如果对技术不能理性地理解和分析，实际上是不可能有科学的运用的。但要求每个企业管理者都成为技术专家又是不科学的。

把技术原理转换为管理原则或管理假设，并可以应用于管理，这是本书试图针对人工智能技术的管理和应用进行的一个探索。让普通的管理者在应用技术的时候有相对清晰的管理目标预期和管理思维模式。当我们了解未来，明了机制的时候，就会非常理性地进行管理和创新。

针对即将到来的大数据和人工智能时代，我希望通过“企业大脑”这个框架，对商业、管理和信息技术系统进行一次完整的梳理。企业大脑框架体现了各个企业转型的不同侧面，是可行的，而且能够在更大的范围使用。从让企业或者机构提高效率而言，企业大脑有着广泛的适应性。

能够跨越时空将许多思绪整合在一个框架中，也是一次非常有趣的体验。本书的许多内容虽然带有一定的推测成分，但大致这个趋势是经济规律、企业逐利、机构的管理行为决定的，趋势很难阻挡。

现实世界社会的财富在增加，但社会问题现在也越来越多，特别是在安全、反恐、贫富差距、医疗、教育、健康、公平正义、公共服务、人口老龄化等方面人们都有更高的期待，这些都是企业大脑可以做出贡献的地方。

企业大脑第一次从企业（或者机构）的管理和服务上将“机器换人”，人机分工这个理念进行了多方面的阐释，涉及商业、管理、信息系统的智能化。每个人可以根据技术进步和自身的企业发展需求进行有针对性的取舍，可以说在具体的问题处理中，机器和人两个方面的因素都需要考虑，各有所长也各有所短，一切需要看技术的进步和问题本身。同时，也希望在公共服务领域也有借鉴和启发的意义，造福大众。

企业大脑是一个非常弹性的体系，可以用来理解现在的“互联网+”，可以理解数字化转型，可以用来理解未来的“机器换人”（就是用机器代替人来工作）。因为人工智能技术还在发展过程中，一个算法是不是可以使用，也许需要一天就可以获得结果，也许需要10年。很多属于科学研究的范畴。但有些领域又发展很快，甚至是以“超摩尔”定律在快速发展，比如GPU。

企业大脑与数字化转型，相配套的是一个完整的新经济产业体系，包括各种智能硬件甚至机器人，可以预期将是非常丰富的。

在这个技术、商业和管理快速融合和发展的过程中，不同的人有不同的理解和说法，甚至是矛盾的理解和说法都是正常的。毫无疑问，技术在快速改变一切。

本书能够成书，需要感谢很多人。我的导师王珏老师，将我领入人工智能这个领域；我的父母，他们一直对我有很高的期望；我的妻子，一直获得来自她的鼓励和支持；我的孩子，给我很多新新人类的启发，需要我们做一些工作，让下一代过得更好。

在本书成书过程中，孙业先生提供了非常好的意见，在此一并致谢！